무엇이 나를 행복하게 만드는가

무엇이 나를
행복하게 만드는가

Repacking Your Bags

리처드 J. 라이더, 데이비드 A. 샤피로 지음 | 김정홍 옮김

북플레저

내가 가진 모든 것이
나를 행복하게 해주는가?

✦

인생은 절대 서둘러서는 안 된다.
- 마사이족의 격언 -

어느 늦은 오후, 세렝게티의 고원지대를 여행하던 중 딕은
인생의 새로운 돌파구를 열게 될 하나의 질문과 마주쳤다.

그해 동부 아프리카는 유례없는 가뭄에 시달리고 있었다.
거대한 평원은 바싹 말라 온통 먼지뿐이었고, 강바닥은 쩍쩍 갈
라져 있었다. 풀이 자라던 벌판에는 마른 지푸라기들만 바람에
흩어지고, 평원을 물들이던 색색의 꽃들도 제 빛깔을 잃은 지 오
래였다. 푸석푸석한 평원 위로는 황토색 먼지만이 제멋대로 휘
날리고 있었다.

멀리 지평선을 배경으로 300만 마리가 넘는 동물들이 물을
찾아 떼를 지어 이동하는 모습이 보였다. 강이 사라진 대신 동물

의 기나긴 행렬이 강물처럼 끊임없이 평원을 가로질러 흐르고 있었다. 비참한 풍경이었지만 지구상 그 어디에서도 볼 수 없는 장관이기도 했다. 여행은 어느덧 중반쯤 와 있었고, 눈앞에 펼쳐진 황량한 풍경은 이 여행을 떠나게 만든 삶의 모습과 너무도 닮아 있었다.

해가 기울 때쯤이면 신기루가 나타났다 사라지곤 했다. 날이 저물어도 뜨거운 열기는 마치 악몽처럼 끈질기게 남아 있었다. 우리 일행은 랜드로버 안에서 마치 낡은 헝겊인형처럼 널브러져 마른 숨을 내쉬었다. 아무리 문을 확 닫아도 차체의 작은 틈새로 쉴 새 없이 먼지가 스며들어 왔다. 모두들 꼼짝없이 먼지를 뒤집어쓴 채 점점 갈라진 땅바닥처럼 변해가고 있었다.

12명의 중년으로 구성된 탐험가 일행은 이미 1만 1,200킬로미터를 행군한 터라 지칠 대로 지쳐 있었다. '내적 탐험Inventure Expedition'이라는 진지한 주제를 가슴에 품고 아프리카와 '나 자신'에 맞서 정면으로 부딪힌다는 각오로 떠나왔지만 어느새 그들은 한계에 도달해 있었다. 특히 리더 역할을 맡은 딕은 안전에 대한 막중한 책임감과 끝없이 터지는 성가신 일들로 인해 거의 쓰러지기 일보직전이었다. 일행은 고원에 위치한 작은 마사이족 마을인 마가두루로 차를 몰았다. 그곳에서 야영을 한 뒤 아침에 떠날 예정이었다.

마을로 들어서자 키가 크고 비쩍 마른 마사이족 남자가 갑자기 일행 앞에 쓱 나타났다. 그는 기다란 창을 땅에 박고 한쪽 다리를 허벅지 안쪽에 받친 채 왜가리처럼 서 있었다. 일행과 눈이 마주치자 그는 허리춤에 달린 작은 칼을 바로 잡더니 돌연 낡은 담요를 활짝 펼쳐 몸에 둘렀다. 그 단순한 동작만으로도 어딘가 범할 수 없는 위엄이 서려 있었다. 초점 없는 그의 시선은 일행의 등 뒤로 펼쳐진 메마른 평원을 향해 있었지만 동시에 이 낯선 이방인들을 바라보는 것 같기도 했다. 자신만만하고 진지한 그의 얼굴에선 어떤 감정도 읽을 수 없었다. 짧은 시간 동안 묘한 긴장감이 흘렀다.

그러다 갑자기 그는 활짝 웃으며 영어와 스와힐리어를 섞어 가며 인사를 건넸다.

"잠보! 우리 봄마(마을)에 잘 오셨습니다!"

그러고는 가이드인 데이비드 피터슨과 재빨리 몇 마디를 나누더니 옆에 있는 가축우리 쪽을 바라보며 고개를 끄덕였다. 그러자 관목 수풀에서 여자와 아이들의 웃음소리가 터져 나왔다. 딕은 데이비드에게 물었다.

"뭐라는 거죠?"

데이비드가 웃으며 대답했다.

"당신들이 자기네 소똥 냄새 때문에 괴로워하지 않았으면 한다는군요. "

　그 한마디가 서먹서먹하던 분위기를 금세 날려버렸다. 일행의 웃음소리는 공중으로 퍼져나가 원주민들의 웃음소리와 한데 어우러졌다. 마사이족 사나이는 자신을 타데우스 올 코이에라고 소개했다. 마을의 족장인 그는 정중하게 딕의 손을 꼭 잡으며 반갑게 맞아주었다. 곧이어 그들은 많은 대화를 나누게 되었다.

　코이에는 외국 선교사가 운영하는 학교에서 교육을 받았으며 영어도 그곳에서 배웠다고 했다. 하지만 그는 자신이 어째서 문명의 이기를 거부했는지에 대해서는 아무런 말도 하지 않았다. 나이는 마흔 살밖에 안 되었지만 그는 여기서 상당히 영향력 있는 족장인 것 같았다. 이야기를 하면 할수록 그에게서 뭔가 남다른 분위기가 느껴졌다. 그것은 자신이 어떤 위치에 있는지 분명히 알고 있고, 자기 생활에 깊이 만족하고 있는 사람에게서만 느낄 수 있는 내적 충만함과 안정감이었다. 마사이족은 낯선 사람들에 대해서 몹시 경계하고 의심하는 편이지만, 다행히 일행은 코이에 덕분에 이방인 취급을 면할 수 있었다.

　코이에는 사교적이고 재치가 넘치는 인물이었다. 그는 언어와 관습의 장벽을 초월하고 일행과 자기 부락 사이의 보이지 않는 경계를 자유롭게 넘나드는 신비로운 능력을 지니고 있었다. 모닥불 가에 둘러앉아 그해의 가뭄에 대해 이야기할 때에는 두

눈에 눈물이 맺히기도 했다. 마사이족에게 가뭄은 사형선고나 다름없었던 것이다.

　다음 날 아침 마을을 떠날 때 딕은 보기만 해도 눈부신 자기 배낭을 뽐내듯 걸머졌다. 첨단 소재로 만들어진 아주 가벼운 최신 배낭이라 물건을 효율적으로 담을 수 있었다. 겉에는 수많은 버클과 걸쇠, 지퍼가 달려 있고, 크고 작은 주머니들이 칸칸이 붙어 있었으며 안에는 온갖 물건들로 가득 차 있었다. 배낭 회사 입장에서 보면 그는 마치 걸어 다니는 광고판과도 같았다.

　딕에게는 짐을 줄일 수 없는 충분한 이유가 있었다. 일행을 책임지는 리더로서 구급상자를 비롯해 즐거운 여행에 필요한 잡동사니들까지도 빠짐없이 챙겨 넣어야 했던 것이다. 딕은 보이스카우트 출신은 아니지만 '유비무환'이라는 그들의 모토를 신봉했으며, 일어날 수 있는 모든 일에 대비하는 것을 철칙으로 삼고 있었다.

　흡사 집을 지고 가는 달팽이처럼 뒤뚱거리며 걷는 동안 코이에는 하염없이 딕의 배낭을 흘깃거렸다. 그의 짐이라곤 창 한 자루와 가축을 돌보는 데 필요한 막대기 하나가 전부였다. 코이에는 딕의 배낭에 어떤 것들이 들어 있는지 몹시 궁금해하고 있었다. 딕은 코이에의 호기심이 그저 반갑기만 했다. 자신이 얼마나 여행 준비를 철저히 했는지, 온갖 일에 대비하여 어떻게 짐을 꾸렸는지 자랑하고 싶어 안달이 날 지경이었으니까.

　오후 늦게 다른 부락에 도착해서 캠프를 설치할 때 마침내 기회가 왔다. 딕은 깜짝 놀랄 그의 표정을 기대하며 버클을 풀고 지퍼를 열었다. 그리고 칸칸이 꽉 들어차 있던 온갖 신기한 물건들을 하나하나 꺼내어 코이에 앞에 펼쳐놓기 시작했다.

　각종 식기, 가위, 칼, 삽, 방향 탐지기, 천체 망원경, 지도, 수첩과 필기도구, 각양각색의 옷가지들, 비상약, 응급치료 도구, 무엇이든 보관할 수 있는 방수 봉투…, 눈이 휘둥그레질 만한 물건들이 한없이 쏟아져 나왔다. 마침내 배낭이 텅 비고 모든 물건이 바닥에 펼쳐지자 딕은 마치 다큐멘터리에 등장하는 탐험가가 된 기분이었다. '지구상에서 가장 멀리 떨어진 오지를 탐험할 때 필요한 것들'이란 제목에 너무도 잘 어울리는 장면 아닌가? 딕은 가슴이 뿌듯해졌다.

　코이에는 검은 눈을 깜박거리며 작은 쇼핑몰과도 같은 짐들을 하나하나 뜯어보고 있었다. 그리고 몇 분 뒤 딕을 쳐다보며 간단하지만 깊은 울림이 담긴 질문을 던졌다.

　　　"이 모든 것이 당신을 행복하게 해줍니까?"

　순간, 딕은 온몸이 그대로 굳어버렸다. 그 질문에는 아주 강렬한 무언가가 담겨 있었다. 단숨에 마음 속 가장 깊은 곳에 잠들어 있던 가치관의 급소를 파고드는 그 한마디.

딕은 그 질문에 그날 저녁이 되어서도 대답할 수 없었다. 아니 몇 주가 지나도록 확실한 답을 찾을 수 없었다. 찰나의 순간이었지만 그의 질문은 딕에게 그때까지 짊어지고 온 짐에 대해, 그리고 그렇게 많은 짐을 지고 온 이유에 대해 근본적으로 다시 생각하는 시간을 갖게 했다. 나아가 이번 여행에 들고 온 짐뿐만이 아니라 평생에 걸쳐 짊어져 왔던 모든 짐에 대해서도 코이에와 딕은 모닥불 가에 마주 앉아 밤이 깊도록 이야기를 나누었다. 자기가 하는 말에 스스로 귀를 기울여가며 딕은 삶의 핵심이 되는 가치관들을 하나하나 재확인하고 있었다. 그는 타닥타닥 타오르는 모닥불을 바라보며 자신이 소유한 모든 것을 하나하나 살펴보기 시작했다. 그리고 그것들이 정말 자신을 행복하게 해주는지 따져보았다. 어떤 것들은 행복하게 해주었지만 그렇지 않은 것들이 더 많았다. 정말이지 계속 짊어지고 다녀야 할 만큼 중요한 것들은 몇 개 되지 않았다.

다음 날 아침, 다시 배낭을 꾸리면서 딕은 더 이상 필요 없다고 생각되는 물건들을 골라내기 시작했다. 해본 사람이라면 알겠지만 이것도 결코 만만한 일이 아니다. 그 어떤 사소한 물건조차도 골라내려고 하면 누군가 이렇게 속삭이는 것만 같았다.

"이봐, 잘 생각해 봐. 언젠가는 쓸모가 있을걸?"

딕은 눈을 질끈 감고 물건들을 골라냈다. 그리고 그것들을 마을 사람들에게 모두 나눠주었다. 놀랍게도 남은 여정을 마칠 때까지 사라진 그 물건들에 미련을 갖는 순간은 결코 오지 않았다. 오히려 가벼워진 배낭만큼 남은 여행 동안 딕의 마음은 한결 홀가분하기만 했다. 더 놀라운 것은 리더로서 감당해야 했던 책임감과 그에 따른 온갖 스트레스마저 점차 사라지고 있었다는 사실이다.

이 낯선 경험을 통해 딕은 삶의 우선순위에 따라 짐을 덜고, 과감하게 버리며 지혜롭게 소유하는 방법에 대한 깊은 통찰의 기회를 얻을 수 있었다.

'나는 내 삶을 제대로 누리지 못하고 있는 것 같아.'

'남은 인생을 어떻게 살아야 할지 모르겠어.'

'나는 과연 내 인생의 주인 노릇을 하고 있는 것일까?'

앞의 질문들이 가슴에 와닿는다면 이 책은 당신을 위한 것이다. 이 책은 앞으로의 삶을 지금까지와는 다른 모습으로 살고 싶은 사람들, 이제껏 고수해 왔던 삶의 양식이 자신을 짓누른다고 느끼는 사람들, 원하는 것은 웬만큼 가졌으면서도 여전히 성취감을 못 느끼는 사람들을 위한 것이다. 지금까지 직장과 가정을 비롯해 주변 사람들이 요구하는 모든 것에 일일이 부응하느라 마치 곡예사처럼 아슬아슬하게 하루하루를 악전고투하며 살아왔다고 느끼는가? 그렇다면 스위스의 위대한 심리학자 카를 융의 말에 귀를 기울여 보라.

"인생의 아침 프로그램에 따라 인생의 오후를 살 수는 없다. 아침에는 위대했던 것들이 오후에는 보잘 것 없어지고, 아침에 진리였던 것이 오후에는 거짓이 될 수 있기 때문이다."

딕과 내가 이 책을 쓰기 시작했을 때 우리의 나이는 40대 후반과 30대 중반이었다. 나이는 달랐지만 둘 다 인생의 절반쯤에서 각기 맨 앞줄과 끝줄에 선 채 카를 융이 말한 '인생의 오후'에 접어들고 있었다. 그리고 우리는 똑같이 이렇게 묻고 있었다.

"이제 여기서 또 어디로, 어떻게 갈 것인가?"

인생의 아침에 품었던 신념을 앞으로도 계속 품고 갈 수 있다는 착각 속에서 우리는 도대체 무엇을 움켜쥐고 무엇을 버려야 할지 혼란스러워하고 있었다.

우리는 언제부터인가 짐이 너무 많아지고 있음을 느꼈다. 게다가 그 짐들은 지금까지 우리의 삶을 지탱해 주던 것들이었다. 일, 가족, 사랑, 인간관계…, 이 모든 것은 한때 우리의 삶을 풍요롭게 채워주었지만 이제 더 이상 감당하기 힘들 만큼 버거워졌다. 닥치는 대로 꾸역꾸역 채워 넣다 보니 정작 인생을 제대로 즐기기 위한 공간이 없다는 사실을 뒤늦게 알아챈 것이다.

어쩌면 인생에서 가장 좋은 시절은 이미 끝난 것이 아닐까? 되고 싶었던, 내가 하고 싶었던 일들은 이제 영영 멀어져 버린 것이 아닐까? 지금 이 모습 이대로 나머지 인생을 살아가야만 하는 것은 아닐까?

하지만 이 책을 쓰는 동안 우리는 '인생의 오후'를 위한 프로그램이 바로 우리 안에 있다는 사실을 발견했다. 짐이 무거워지는 것을 느끼는 그 순간이 바로 새로운 성장과 또 다른 여정을 위한 '클릭 타임'인 것이다. 그 프로그램을 클릭하기 위해서는 지금 짊어진 인생의 가방을 풀고 다시 꾸려야 한다.

가방을 푼다는 것은 지금 우리가 들고 다니는 것이 도대체 무엇이며, 그것을 왜 들고 다니는지 찬찬히 되돌아본다는 뜻이다. 지금 소유하고 책임지고 있으며 관계 맺고 있는 것들이 과연 앞으로도 우리에게 도움이 될 것인가? 오히려 발목을 붙들어 매게 되지는 않을까?

가방을 다시 꾸린다는 것은 끝없는 재평가와 재창조를 의미한다. 우선순위를 정한 뒤 바람직한 삶의 조건들을 바꾸고, 살아

있다는 강렬한 느낌을 되살리는 것이다. 우리가 믿어왔던 삶의
방식들이 앞길을 인도하기는커녕 걸림돌이나 족쇄가 되지 않게
하려면 가방을 다시 꾸리는 일부터 시작해야 한다.

가방을 다시 꾸리고 집을 나서는 중년의 발걸음은 짐을 잔
뜩 짊어지고 있는 젊은이보다 가볍다. 그의 눈앞에 펼쳐진 길은
가장 멋진 인생의 여정이 될 수 있다. 가방을 다시 꾸려본 사람
들은 인생의 황혼기가 사실은 진정한 '황금기'라는 사실을 깨닫
게 된다.

몇 년 간 이 책을 집필하는 동안 우리는 코이에를 다시 만나
수많은 대화를 나누었다. 깊은 밤 모닥불 가에 둘러앉아 별을 바
라보거나 바람이 휩쓸고 간 평원을 함께 횡단하면서 우리는 자
기 자신을 깊이 통찰하는 기회를 만났다. 코이에는 우리에게 '선
택의 자유란 우리가 가진, 그래서 언제든 잃어버릴 수 있는 그런
것이 아니라 우리의 내면을 이루는 그 무엇'이라는 사실을 조용
히 일깨워 주었다. 결국 우리가 만나야 할 진정한 상대는 내면
깊숙한 곳에 가려진 채 빨리 발견되기만을 기다리는 우리의 본
질이 아닐까. 우리는 언제든 마음만 먹으면 엉켜 있는 삶의 실타
래를 풀어내고, 오랫동안 짓눌려온 존재의 무게를 덜어낼 수 있
다. 언제든 가방을 풀고 짐을 덜어낸 뒤 다시 꾸릴 수 있다. 자,
그럼 이제 다시 꾸린 가방을 들고 일어나 눈앞에 펼쳐진 삶을 보

자. 진정 자신이 원하는 곳으로 데려다줄 새로운 길이 별자리처럼 환하게 펼쳐질 것이다. 당신은 그 길을 따라 남은 여행을 마음껏 즐기기만 하면 된다.

'당신의 가방 안에 무엇을 담아야 할까?'

그것이 바로 이 책에서 말하고 싶은 이야기의 전부다. 가방을 다시 꾸리는 일은 결코 한 번에 끝낼 수 있는 것이 아니다. 그것은 코이에의 질문처럼 지나온 삶을 되돌아보고 끊임없이 현재를 반성하게 만든다. 또한 현재 인생의 어느 지점에 와 있는 이 책은 당신에게 매우 의미심장한 경험이 된다. 가방을 다시 꾸리는 여행에 동참하는 방법은 여러 가지다. 책을 읽는 동안 누구나 자기만의 방법을 찾을 수 있다. 그러나 가장 좋은 방법은 우리 두 사람으로 하여금 이 책을 쓰게 만든 그 질문에서 출발하는 것이다.

"내가 가진 모든 것이 나를 행복하게 해주는가?"

목차

✦

걱정일랑 모두 낡은 가방에 넣어버리고
이제 웃어라 ,웃어라, 웃어라!

- 조지 에세프 -

OI

무엇이 나를
행복하게 만드는가

✦

당신의 웃음은 어디에?

영화 〈굿바이 뉴욕, 굿모닝 내 사랑City Slickers〉의 주인공 미
치 로빈스는 일 더미에 파묻혀 살아가는 광고 세일즈맨이다. 어
느 날 사는 게 지긋지긋해진 그는 평생 바라던 일을 저질러보기
로 작심한다. 친구 두 명과 함께 서부의 목장으로 카우보이 체험
을 떠나기로 한 것이다. 그러나 막상 떠날 시간이 다가오자 그는
과연 자신이 이 여행을 진정 원하는지 고민에 빠진다.

'이렇게 잡다한 일상과 인생의 고초를 짊어지고 떠나는 것

이라면 값진 여행은커녕 고생길만 될 텐데.'

하지만 그의 아내는 망설이는 그에게 무조건 떠나라고 한다.

"떠나야 해요. 잃어버린 당신의 웃음을 되찾기 위해서 꼭 떠나야 해요."

남편이 예전처럼 유머 감각을 되찾는 것이야말로 그 어떤 일보다 중요하다는 사실을 그녀는 알고 있었다.

결국 미치는 여행을 떠났고, 그제야 비로소 아내의 말이 옳았다는 사실을 알게 된다. 그는 웃음의 가치가 어떤 것인지, 웃음 하나로 인생이 얼마나 달라지는지 새삼 깨닫게 된다. 물론 영화가 끝날 때까지 그의 생활은 하나도 달라진 것이 없다. 그러나 모든 것이 변해 있었다. 전과 똑같은 일을 하고 똑같은 가족과 식사를 하며 똑같은 문제와 씨름하지만 웃음을 되찾은 덕분에 그는 그 모든 일을 새로운 기쁨으로 대하게 된 것이다.

오늘날 우리 주변에는 '아직 떠나지 못한 미치'가 너무도 많다. 그들의 공통점은 웃음을 잃어버렸다는 것이다. 기쁨은 없고 고등학교 수학시간처럼 지루하고 단조로운 날들만 되풀이되고 있다. 앞으로도 끝없이 반복될 것 같은 이 지루한 삶을 생각하면 맥이 빠지고 만다. 덫에 걸려 꼼짝할 수 없는 삶의 한가운데에 나만 덩그러니 홀로 던져진 기분이다. 사는 시늉은 하지만 삶에는 이미 생명이 느껴지지 않는다.

"그저 한숨만 나와. 이제는 재미란 것이 뭔지도 모르겠어."

과연 우리 삶을 행복하게 하던 그 많은 재미가 모두 다 사라져 버린 것일까? 사실은 재미가 사라진 것이 아니라 우리가 재미에 너무 중독되어 있는 것이다. 모든 중독성 물질이 그러하듯 사람들은 재미에 대해서도 오랫동안 내성을 키워왔다. 그래서 재미있는 일을 하면서도 재미를 못 느끼고 있다. 정말로 잃어버린 것은 재미와 즐거움이 아니라 그것을 느끼는 감각이다. 재미있는 사람과 함께 있고, 재미있는 일도 하면서 모두 재미없다고 말하는 것은 바로 그 때문이다.

'나'를 나답게 하는 것은 무엇인가?

사람들은 활기와 행복에 꼭 필요한 미묘하고도 결정적인 요소를 잃어버렸다. 그것은 바로 '독창성'이다. 나를 진정 '나'이게 하는 것, 나를 남과 다른 존재로 만들어주는 독창성은 도대체 어디로 갔단 말인가?

20세기의 유명한 교육자이자 심리학자인 알프레드 아들러 Alfred Adler는 독창성이야말로 행복하고 충만한 라이프스타일을 유지시키는 필수 요소라고 했다. 하지만 어처구니없게도 그가 만든 신조어 '라이프스타일'은 이제 거의 '독창성'의 반대 개념이 되어버리고 말았다. 오늘날 라이프스타일이란 쇼핑몰에서 사들이는 물건, 즉 행복을 위해 꼭 필요한 물건처럼 인식되고 있다. 이렇게 공장에서 틀에 넣고 찍어낸 보편적이고 표준화된 행복에 만족할 수 있을까? 많은 사람이 웃음을 잃어버린 것도 당연하다. 하지만 더욱 무서운 것은 설령 웃음을 발견한다 해도 그것을 알아채는 사람들이 과연 얼마나 되겠느냐 하는 것이다.

파리의 카페에서 개똥을 밟다

나는 오랫동안 작가 헨리 밀러Henry Miller와 시인 짐 모리슨 Jim Morrison의 삶을 합쳐놓은 듯한 라이프스타일을 갈망해 왔다. 그게 구체적으로 어떤 것인지는 설명할 수 없지만 일상과 예술의 경계 지점에서 아슬아슬하게 삶을 꾸려나가는 고뇌에 찬 예술가의 삶에는 뭔가 그럴싸한 맛이 들어 있을 것만 같았다. 그래서 결국 파리로 떠났다.

세월의 때가 잔뜩 묻어 있는 어느 호텔에 여장을 푼 뒤 나는 고뇌에 찬 예술가의 모습이라고 여겨지는 것들은 모조리 흉내 내며 살기 시작했다. 옷은 어두운 색상으로만 걸치고 사색하는 표정을 짓기 위해 미간을 찌푸렸으며 그들처럼 보이기 위해 담배도 물었다. 소설가 에드거 앨런 포Edgar Allan Poe가 묘사한 철학적 탐정 오귀스트 뒤팽처럼 낮에도 커튼을 치고 등불 아래 앉아 책을 펼쳐들기도 했다. 거울에 비친 내 모습은 정말이지 존재의 어두운 심연을 여행하는 예술가처럼 보였다. 기분이 좋았다. 하지만 그것은 허위의식으로 만들어진 가면의 삶에 불과했다.

언젠가 《포브스Forbes》가 출간 75주년을 기념하여 '왜 우리는 그 많은 것을 갖고 있으면서도 이토록 불만인가?'라는 문제를 특집으로 다룬 적이 있다. 거기 실린 유명한 저술가들의 글들은 모두 한 가지 공통점을 이야기하고 있다. 사람들이 행복을 느끼지 못하는 까닭은 그들의 삶에 뭔가가 빠져 있기 때문이며, 그 빈자리는 세상의 어떤 신기한 발명품이나 재미있는 장난감으로도 채울 수 없다는 사실, 바로 그것이었다.

우리는 늘 어딘가를 향해 가지만 그 어디에도 다다르지 못한다. 뭔가를 선택하자마자 다른 것을 갈망하며 안달하기 시작한다. 애당초 내게 맞지 않는 것을 선택하기 때문이다.

'저 사람처럼 살 수 있다면 얼마나 행복할까?'

'저런 라이프스타일을 갖는다면 행복해질 거야.'

그러고는 거기에 따르는 모든 것을 살 수만 있다면 나도 행복해질 거라고 여기지만 그것은 생각의 덫에 불과하다. 사람들은 행복을 마치 붙잡아서 새장 안에 가둬둘 수 있는 물건인 양

언제나 욕망의 잠자리채를 들고 다니며 허공을 휘젓는다. 그러나 행복이란 줄에 묶인 애완견이 아니라 어깨 위에 앉은 매와 같다. 주인은 매와 함께할 수는 있지만 매를 소유할 수는 없다. 그것은 언제든지 날아갈 수 있고 또 언제든지 돌아올 수 있다. 행복은 원래 방랑벽이 있어 결코 붙잡아 둘 수 없기 때문이다. 만일 행복을 줄에 묶어둔다면 그것은 시름시름 앓다가 거짓말처럼 사라져 버릴 것이다. 너무 꽉 껴안고 있으면 사랑을 느낄 공간조차 없어지듯이 행복 또한 자유롭게 돌아다닐 공간이 필요하다. 행복을 풀어줘 보라. 그러면 당신은 더 행복해질 것이다.

다시 파리로 돌아가 '고뇌에 찬 예술가'처럼 살고 싶어 했던 그 어리석은 친구를 만나보자. 어느 날 오후, 나는 카페에 앉아 보르도(꽤 비싼 와인이었다)를 홀짝홀짝 마시고 있었다. 마치 속세에서 초탈한 듯한 표정을 짓고 담배 연기를 길게 뿜어내며 창밖을 응시했다. 그리고 길을 오가는 행인들의 의미 없는 몸짓을 바라보며 인생의 무상함을 생각했다. 그때 강아지 한 마리가 다가오더니 카페 입구에 쪼그리고 앉아 똥을 싸기 시작했다. 내 눈에는 그것이 지루하기 짝이 없는 일상의 단면을 보여주는 것만 같았다.

나는 와인 한 잔을 더 주문했다. 그리고 사람들이 개똥을 밟고 지나가는 모습을 느긋하게 지켜보기로 했다. 어쩌면 우리의 삶을 요약해 놓은 단편영화처럼 흥미로울 수 있을 것 같았다. 유쾌하게 길을 걷다 갑자기 아무런 이유도 없이 냄새나는 배설물 때문에 더럽혀지는 것이 우리 일상이 아니던가?

창밖에서 벌어지는 그 무성영화는 정말 혼자 보기 아까울 만큼 재미있었다. 누군가는 개똥을 밟기 직전에 재빨리 피하기도 하고, 또 더러는 그냥 밟고 지나갔다. 개똥 하나를 놓고 마치 서커스의 공중곡예와도 같은 아슬아슬한 쇼가 벌어지고 있었다. 나는 슬며시 미소를 짓다가 결국 큰소리로 웃었다. 그때 카페 주인이 의아한 표정으로 다가왔다. 나는 그를 맞은편에 앉게 한 뒤 철학에서부터 메이저리그에 이르기까지 많은 대화를 나누었다. 우리는 금세 친해졌다. 잠시 후 그는 내게 자기 아내를 소개해 주었다.

"저런, 너무 야위었군요. 미국 양반."

그의 아내는 주방으로 들어가더니 토마토 수프를 한 사발 내왔다. 여태까지 먹어본 중에 가장 맛있는 수프였다. 카페 주인은 나를 위해 기꺼이 특제 와인을 땄고 우리 모두 흠뻑 취하기 시작했다. 그날 저녁, 나는 지난 5개월 동안 파리에서 나누었던 것보다 더 많은 대화를 그들과 나누었다. 그리고 카페 주인 내외와 흥겹게 취해가는 동안 어느덧 예술가의 고뇌 따위는 싹 잊어버리고 말았다.

　가게가 문 닫을 시간이 되어서야 나는 자리에서 일어났다. 새로 사귄 친구들과 포옹을 나누고 즐거운 마음으로 카페 문을 나섰다. 그리고 바로 그 개똥을 밟은 것이다. 그 순간 나는 파리의 하늘이 온통 떠나가도록 폭소를 터뜨렸다.

　그렇게 나는 웃음을 되찾았고 그 웃음은 파리에서 돌아온 뒤에도 오랫동안 내게서 떠나지 않았다. 만일 길을 가다 개똥을 밟게 된다면 크게 웃어보라. 그리고 자신의 라이프스타일이 과연 내게 맞는지 생각해 보라. 어쩌면 개똥이란 자신에게 솔직해지라는 신호일지도 모른다.

피에로의 가면을 쓰면 웃을 수 있을까?

　영화 〈007〉의 주인공 피어스 브로스넌이 멋진 정장을 입고 우아하게 보드카마티니를 마시고 있다. 이 한 편의 광고가 전파를 타는 동안 TV 앞에 앉아 있던 내 친구는 배우가 입은 양복을 이미 마음속으로 주문하고 있었다. 잠시 후 친구는 캔 맥주를 따르다 갑자기 근처 술집으로 달려가 이렇게 주문했다.

　"보드카마티니, 젓지 말고 흔들어서."

아무렴 무슨 상관이랴. 적어도 그날 저녁만큼은 〈007〉 주인공처럼 매력적인 남성이 된 기분에 한껏 젖어들 수 있었다. 다음 날 친구가 주문한 것은 럭셔리한 양복이 아니라 등산 장비들이었다. 출근할 때 펼쳐든 쇼핑 카탈로그에서 히말라야를 오르는 탐험가의 사진을 보고 한눈에 반한 것이다. 그 뒤로 나는 그 친구가 히말라야를, 아니 마을 뒷산이라도 오르는 것을 한 번도 본 적이 없다.

TV와 인터넷을 통해 쏟아지는 무수한 광고에서 우리는 포장이 잘된 라이프스타일을 날마다 접한다. 아무리 절제력을 지닌 사람이라도 한두 번쯤은 광고 속 이미지들에 현혹되어 제품을 구입한다. 우리를 행복하게 해줄 것 같은, 그래서 그 제품만 사면 광고 이미지와 같은 라이프스타일을 갖게 될 것 같은 착각에 빠져 우리 삶에는 이렇게 욕망의 유효기간이 지난 상품들만 무수히 쌓여간다. 먼지를 뒤집어쓴 잡동사니가 잔뜩 쌓여 있는 창고를 떠올려보라. 우리의 삶이 그런 꼴이라면 참을 수 있을까?

미리 포장된 라이프스타일은 다른 누군가—물론 가공의 인물이겠지만—에게 나의 삶을 대신 살게 하는 것과 같다. 포장된 라이프스타일이 보여주는 것은 언제나 성공한 스타들의 이미지다. 그들은 늘 미소를 짓고 있으며 아름답고 건강하다. 그들은 자신감이 넘치는 표정으로 이렇게 말한다.

"자, 이제 선택하세요. 그럼 당신도 이렇게 멋지게 살 수 있답니다. "

사람들은 그것을 선택한다. 그리고 자신이 선택한 라이프스타일이 효과가 없을 때 사람들은 라이프스타일이 아니라 자기 자신을 의심하게 된다.

'아, 뭔가 딱 하나가 빠진 것 같군. 그것만 있으면 진짜로 행복해질 수 있을 텐데.'

이것이 바로 카탈로그 쇼핑식 인생관이다. 그런데 문제는 거의 매일같이 새로운 쇼핑 카탈로그가 배달된다는 것이다. 사람들은 채워지지 않는 욕망 안에 갇힌 채 무의미한 쳇바퀴만 굴리고 있다. 설레는 마음으로 사들인 물건들이 결코 우리를 만족시켜 주지 못하는데도, 아니 만족을 못하기 때문에 더 많이 사들인다. 그렇게 물건을 쌓아두는 일에 점점 중독되면서도 내성 역시 강해진 탓에 영원히 만족을 느낄 수 없다.

하버드 대학의 경제학자 줄리엣 쇼어Juliet Schor가 《과로하는 미국인들The Overworked American》이란 책에서 서술한 바와 같이 20세기 중반 이래 미국인들은 선택권만 주어지면 좀 더 높은 임금과 좀 더 많은 여가 시간이 주어지는 곳으로 끊임없이 옮겨 다닌다. 하지만 그렇게 해서 과연 행복해졌을까? 여론조사 결과 절대다수가 'No!'라고 대답했다. 때문에 우리는 더 많은 일, 더 많은 상품, 그리고 더 심각한 지구파괴의 쳇바퀴 속에 갇혀버린다고 줄리엣 쇼어는 말한다.

늦은 저녁 퇴근길에서 문득 차창에 비친 자기 얼굴이 낯설게 느껴진 적 있는가? 즐겁고 행복한 인생을 살고 싶어 하던 그 젊은이는 어디로 갔을까? 어렵게 취직한 직장에서 청춘을 바쳐 열심히, 치열하게 살아가던 이들이 어느 시점—대개는 중년 무렵이지만—에 이르러 깊은 한숨을 내쉰다.

"아니, 이게 다야? 즐겁고 행복한 인생은 도대체 언제부터 시작되는 거야?"

성공해야 행복한 것이 아니라 행복해야 성공한다는 단순한 사실을 우리는 너무 쉽게 잊고 산다. 사람들이 대부분 겪는 비애는 자기만의 성공관을 전혀 갖고 있지 않다는 데 있다. 그들은 잘 포장된 행복의 이미지를 돈으로 사면 행복해진다고 믿어왔다. 이것은 마치 피에로의 가면을 쓰면 자신도 웃을 수 있다고 생각하는 것과 같다. 항상 웃고 있는 피에로의 가면을 쓰게 되면 나도 '웃는 사람'이 되는 것일까? 바뀌는 것은 아무것도 없다. 흘러간 노래 가사처럼 아무도 안 본다고 해서 눈물이 감춰지는 것은 아니다.

웃음이라는 명약

셰익스피어의 희곡 《한여름 밤의 꿈》에는 '밤의 유쾌한 방랑자'인 숲의 요정 퍽Puck이 등장한다. 그는 여기저기서 오래된 추문들을 들춰내어 현명하고 젠체하는 속물들을 한없이 놀리고 다닌다. 셰익스피어는 퍽의 익살을 통해 관객들이 어떻게 '배꼽을 잡고, 웃음에 웃음을 보태게 되는지' 잘 보여준다. 한여름 밤의 요정이 뛰노는 숲에서는 즐겨야 할 시간을 결코 헛되이 보내는 법이 없다.

18세기 프랑스 시인이었던 세바스티앙 샹포르Sebastian Chamfort는 '가장 황량한 날이란 한 번도 웃지 않았던 날'이라고 말한 바 있다. 배꼽 빠지게 웃어본 날이 언제였는지 기억할 수 있는가? 우리는 얼마나 많은 날을 황량하게 보냈을까?

편집자이자 작가인 노먼 커즌스Noman Cousins는 《웃음의 치유력》이란 책을 통해 내분비 질환으로 고생하던 그가 어떻게 고통을 이겨냈는지에 대해 이렇게 회고하고 있다.

"한 10분 동안 배꼽이 빠질 정도로 웃고 나면 실제로 진통 효과가 있으며, 최소한 두 시간 정도는 고통 없이 잠을 잘 수 있다는 사실을 발견했다."

그가 자신을 위해 고안해 낸 치료법은 유명한 희극배우 막스 형제의 코미디 영화를 보는 것과 유머 책을 읽는 것이었다. 그러나 병실에서의 웃음 요법에는 한 가지 부작용이 있었다. 그 것은 다른 환자들에게 방해가 된다는 점이었다. 웃지 않는 환자들에게 타인의 웃음은 방해가 될 수밖에 없다. 여기에 대해 노먼은 대형 TV가 없었다는 게 못내 유감이었다고 술회한다. 왜냐하면 웃음은 혼자보다 함께 웃을 때 더욱 효과가 커지기 때문이다.

노먼 커즌스는 웃음으로 건강을 되찾는 과정에서 뜻밖의 선물까지 얻었다. 웃음이라는 명약을 규칙적으로 복용하다 보니 감정 표현을 훨씬 잘하게 되었다. 실컷 웃고 나면 온몸의 긴장과 정신적 스트레스가 풀리게 되는데 이때 꼭꼭 숨겨둔 감정들을 쉽게 밖으로 끌어낼 수 있게 된다는 것이다. 좋은 감정이든 나쁜 감정이든 마음에 쌓아두면 결국 질병의 씨앗이 된다는 것은 누구나 아는 사실이다.

성형수술로 얼굴을 얼마든지 고칠 수 있지만, 기술이 아무리 발달해도 웃지 않는 얼굴을 웃는 얼굴로 바꿀 수는 없다. 잘 웃는 사람들은 누구나 명랑하고 다정한 인상을 지니고 있다. 19세기 영국의 철학자 토머스 칼라일Thomas Carlyle은 "진심으로, 그리고 온몸으로 웃는 사람은 절대로 구제불능의 악한이 되지 않는다"라고 했다. 반면에 유머를 잃은 사람들은 대체로 너그럽지 못하다. 감정적으로 딱딱한 틀 안에 갇혀 있는 삶은 어둡고 음산

하기만 하다. 그런 틀을 단숨에 깨뜨려 버리는 것이 바로 웃음이다. 인간이 지닌 것 중에 웃음만큼 놀랍고 즐거운 반전의 힘을 지닌 것이 또 있을까?

지금 당장 웃어보라. 기분이 한순간에 바뀌게 된다. 지루하고 답답한 마음으로 출근길을 서두를 때 찰리 채플린을 떠올려 보자. 그는 이렇게 말했다.

"걸음걸이 하나만 바꿔도 관객들은 폭소를 터뜨립니다."

당신의 삶을 관객의 입장에서 상상해 보라. 당신이 흑백 무성영화의 주인공이라면 자신을 어떻게 웃길 수 있을까? 채플린이 우리에게 가르쳐준 것은 "살짝만 바꿔도 폭소를 터뜨릴 수 있다"는 단순한 발견이었다.

웃어야 가방을 제대로 꾸릴 수 있다

세렝게티의 원주민 마을에서 코이에를 처음 만나던 날, 그 서먹서먹하고 긴장된 분위기를 한순간에 날려버린 것은 웃음이었다. 그리고 밤늦도록 이야기를 나누고, 다음 날 뜨거운 땡볕 아래 먼지를 뒤집어써 가며 걷는 동안에도 코이에의 얼굴에서는 잠시도 웃음이 떠나지 않았다. 어떻게 하루 종일 웃으며 살 수 있는지 그저 의아해하다가 짐이 잔뜩 들어 있는 배낭을 가볍게 줄이고서야 나도 코이에처럼 웃을 수 있게 되었다.

이렇게 웃음과 유머에 대해서 계속 이야기하는 까닭은 가방 꾸리는 일을 잘 해내기 위해서다. 심각하고 비관적인 상태에서는 짐을 다시 꾸리기는커녕 가방을 꺼내 열어보는 일조차 힘겹기만 하다. 하지만 당신이 웃음을 잃지 않고 있다면, 지루하고 힘든 상황에서도 유머를 생각해 낼 수 있다면 분명히 가방을 더 잘 꾸리게 될 것이며, 꾸리는 동안에도 큰 즐거움을 느끼게 될 것이다. 뿐만 아니라 가방을 다시 꾸린 뒤에는 예전보다 훨씬 더 잘 웃을 수 있다.

자, 그럼 이제 웃음을 완전히 내 것으로 만들 수 있는 몇 가지 방법을 시도해 보자. 만일 당신이 창의적이거나 남들의 이목에 기죽지 않는 성격이라면 좀 더 큰 효과를 얻을 수 있다. 그렇지 않더라도 별 문제는 없다. 웃음이란 아무리 작게 시작하더라도 결국은 박장대소로 이어질 테니까.

'스마일 시즌'을 만들자

오랫동안 웃어보지 못한 사람이라면 '첫 웃음'이 쉽지 않다. 일단 웃음을 터뜨릴 수만 있다면 계속해서 웃기란 훨씬 쉽다. 마치 1단 기어를 놓고 자동차를 굴러가게 하기까지는 큰 힘이 들다가도 2단, 3단으로 올라갈수록 속도 내기가 쉬워지는 것과 같다.

당신의 내면에는 언제나 웃음폭탄이 대기하고 있다. 그 뇌관을 건드릴 수만 있다면 당신은 배를 잡고 뒹굴 만큼 폭소를 터뜨릴 수 있다. 그러기 위해서는 화분에 물을 주듯 자신을 위해 웃음거리를 계속 제공해야 할 것이다. 일주일, 혹은 한 달 정도의 기간을 '스마일 시즌'으로 정해보는 것은 어떨까? 이 기간 동안은 가급적 심오하고 우울한 영화보다는 깔깔 웃을 수 있는 코미디 영화를 집중적으로 감상해 보도록 하자. 언제든지 웃을 수 있는 준비가 되어 있다면 당신의 삶은 획기적으로 바뀔 것이다.

나를 우스꽝스럽게 코디해 보자

우울한 사람들의 공통점은 늘 똑같은 옷을 입는다는 것이다. 기분을 전환하고 싶다면 당장 우중충하고 오래된 옷부터 벗어던질 필요가 있다. 기분을 돋궈주는 요란한 넥타이, 바보 같은 모자, 만화 캐릭터가 그려진 티셔츠를 입어보자. 별것 아닌 것 같지만 거울 앞에 섰을 때 양쪽 옷깃 사이에 숨어 당신을 빤히 쳐다보는 미키 마우스와 눈이 마주친다면 계속 인상 쓰고 있기가 상당히 어렵다. 사회적 지위와 체면이 문제가 되는가? 그렇다면 속옷이라도 우스꽝스럽게 코디해 보라. 남 모르게 씩 웃는 순간이 찾아올 것이다.

서로 바보가 될 수 있는 관계를 만들자

사랑에 빠진 연인들은 대부분 유치하다. 아무것도 아닌 일에 깔깔 넘어가고, 썰렁한 농담에도 폭소를 터뜨린다. 남들의 시선 따윈 아랑곳없이 길을 가다가도 웃고 장난치고 어린아이처럼 까불어댄다. 도무지 심각함이라곤 찾아볼 수 없다. 누가 새치기를 하거나 막차를 놓쳐도 그저 픽 웃고 만다. 사랑에 빠지면 세상의 밝은 부분만 보인다.

꼭 사랑이 아니라도 좋다. 가장 친한 친구와 함께했던 시간을 떠올려보라. 폼 잡을 필요도 없고 실수를 해도 아무렇지 않은 그런 친구라면 함께 보내는 시간들이 그저 유쾌하기만 하다. 바보 같은 장난을 치고 끝없이 농담을 해가며 낄낄거리다 보면 시간이 어떻게 흘렀는지도 모르게 된다. 사랑을 하거나 친한 친구와 함께 있을 때 우리가 행복해지는 것은 그 순간만큼 바보가 되어도 좋기 때문이다. 바보가 되면 그동안 나를 경직시켜 왔던 모든 긴장을 한꺼번에 날려버릴 수 있다.

얼마든지 함께 바보가 될 수 있는 관계를 만들어보자. 아이들과 함께라면 더할 나위 없이 좋다. 코미디 영화도 함께 보면 더 유쾌하다. 함께 웃을 수 있는 친구들이야말로 당신이 소유해야 할 진정한 재산이다.

하루에 한 가지씩 엉뚱한 일을 만들어보자

매년 10월, 노벨상이 발표되기 전에 하버드 대학교 새 극장에서는 이그노벨상 수상자가 발표된다. '매년 다시 할 수도 없고 해서도 안 되는 업적에 주는 상'이 이그노벨상이다. 가령 '사육하는 타조의 인간에 대한 구애 행동 연구'나 '인도코끼리의 전체 표면적 계산', '애완견이 짖는 소리를 이용해 개의 감정을 분석하는 통역장치' 등이 상을 받는다. 별나고 해괴하고 엉뚱하며 때로는 엽기적인 연구들이 해마다 쏟아져 나온다. 얼마나 재기발랄하고 신선한가? 꼭 이그노벨상에 도전해 보라는 얘기는 아니다(한 번쯤 도전해 보라는 의미다).

어째서 늘 '정상적으로만' 살아야 하나? 이제 과감히 달라져 보자. 다르게 행동해 보는 것이다. 10일간 매일 한 가지씩 일상에서 벗어난 일을 해보기로 하자. 출근할 때 매일 가던 길이 아닌 다른 길로 가보는 것도 괜찮고, 고릴라 가면을 쓰고 사무실 사람들을 경악하게 만드는 것도 꽤 그럴듯하다. 일상을 마구 뒤흔들어보자는 것이다. 규범에서 일탈해 보자. 틀에 박힌 일상에서 벗어나자. 새로운 방식, 전과 다른 방식으로 뭔가를 할 때 어떤 느낌이 들지 궁금하지 않은가?

모든 여행자는 엽서를 쓴다

홀로 배낭을 메고 이국의 도시를 거니는 여행자가 있다. 보고 듣고 느끼는 모든 것이 낯설고 새로운 이 도시의 어느 벤치에서 여행자는 잠시 쉬어가기로 한다. 이따금 불어오는 바람에서 낯선 향기가 느껴진다. 여행자는 벅차오르는 가슴을 참을 수 없어 펜을 꺼내든다. 그리고 떠나온 곳에서 자신을 기다리고 있을 친구에게 엽서를 쓰기 시작한다.

하루하루 줄지 않고 쌓여만 가는 모든 의무로부터 잠시 벗어나 낯선 공간, 낯선 시간에 툭 내던져졌을 때 우리는 비로소 생각에 잠긴다. 세상과 나 사이를 가로막고 있던 일상의 장막들이 서서히 걷히기 시작한다. 그 고즈넉한 시간 속에서 문득 몇 마디가 떠오를 때 자기도 모르게 펜을 꺼내어 엽서를 쓰는 것이다. 누구에게 무슨 말을 하건 그때 당신이 엽서에 적은 몇 개의 단어들은 진정한 대화를 원하는 진솔한 언어다.

인생은 여행이다. 누구나 주어진 삶과 자신의 세계를 걸어가는 여행자다. 그런데 이 기나긴 여행 중에는 왜 엽서를 안 보내는 것일까? 무수한 말과 정보가 오가는 현대를 살아가지만 역설적이게도 우리는 점점 대화를 상실해 가고 있다. "결혼이란 긴 대화이다"라고 했던 니체의 말이 무색해질 만큼 부부들은 시간이 갈수록 침묵의 동반자가 되어간다. 직장 동료를 만나도, 친구를 만나도, 어제와 똑같은 이야기, 해도 되고 안 해도 되는 말만 주고받는다. LA다저스의 4번 타자가 병살타를 친 이야기, 어느 유명 스타가 이혼한 이야기, 인기 드라마 주인공들의 패션에 대한 이야기…, 그 속에 정작 '너'와 '나'의 이야기는 빠져 있다. 대화의 탈을 쓴 이 무수한 잡담은 각자가 짊어진 가방을 더 무겁게 할 뿐이다.

인생의 절반쯤에서 잠시 멈춰 섰을 때 가장 먼저 하게 되는 일은 자신과의 대화다.

"지금 여기가 어디지? 나는 어디로 가고 있었지?"

자신과의 대화에서 해답을 얻을 수 있다면 행운이겠지만 사람들은 대부분 다른 누군가와의 대화가 필요함을 느낀다. 그런데 누구와 대화를 나눌 수 있을까? 분명한 것은 누구나 간절하게 대화를 원하고 있다는 사실이다. 대화는 허기나 갈증만큼이나 강렬한 인간의 본능이다. 다만 대화가 끊어진 지 너무 오래되어 물길이 말랐을 뿐이다. 만일 당신이 대화의 물꼬를 트는 마중물이 될 수 있다면 기다렸다는 듯이 벗들은 마음을 열고 달려올 것이다.

가방을 풀고 다시 꾸리는 일은 한 사람 이상의 대화 상대와 함께해야 한다. 물론 혼자서도 충분히 가방을 꾸릴 수는 있다. 하지만 당신의 이야기를 거울처럼 반사시킬 누군가가 있다면 훨씬 더 많은 것을 보게 되고 가방 꾸리는 일은 그만큼 흥미로울 것이다. 가방을 다시 꾸리는 데 있어 마음과 마음이 만나는 '진짜 대화'가 필요한 까닭은 그것이야말로 당신이 들고 있는 짐에 대한 진지한 성찰의 시간을 만들어주기 때문이다.

훌륭한 대화 상대를 만나고 싶다면 먼저 자기 자신부터 훌륭한 대화 상대가 되어야 한다. 그러기 위해서는 내가 먼저 그들에게 엽서를 보내는 마음으로 다가가야 한다. 사소하고 가벼운 주제가 아닌 가슴에서 솟아나는 진지한 주제로 대화해야 한다.

바람직한 삶이란 상태가 아니라 과정이며,
목적이 아니라 방향이다.

- 칼 로저스 -

02

바람직한 삶은 깨달음에
이르는 과정에 있다

✦

다르게 해석하면 삶이 달라진다

카우보이 여행에서 돌아온 뒤 미치 로빈슨의 생활에 영향을
크게 미쳤던 외적인 환경은 하나도 바뀌지 않았다. 그러나 모든
것이 변해 있었다. 앞으로 펼쳐질 그의 삶은 이전과는 전혀 다른
모습을 띠게 될 것이다.

미치 로빈슨처럼 우리 주변에는 어느 날 갑자기 자신의 삶
을 찾아 떠나는 사람들이 있다. 그들의 결정은 갑작스러워 보이
지만 사실 변화는 이미 마음속에서 진행되고 있었다. 깨달은 자

들은 말이 없고 삶의 혁명은 보이지 않는 곳에서 조용히 이루어진다.

어느 마케팅 커뮤니케이션 회사의 유능한 중역은 부서 간의 경쟁에 지쳐 사표를 던진 뒤 작은 회사를 차렸다. 몇 개월 뒤 그는 옛 고용주와 맞붙어 알짜 계약을 따내는 데 성공했다. 글로벌 화학회사의 중간 관리자였던 한 중년 남성은 2주 코스의 수련회에 참가한 뒤 생기를 되찾아 일터로 돌아왔다. 그의 가슴은 지금까지의 삶을 정리하고 회사를 떠나 제2의 인생을 시작할 기쁨에 잔뜩 부풀어 있었다. 잘나가던 인력개발 컨설턴트도 자기 사업체와 10여 명의 직장 동료들을 이끌고 산속 작은 마을로 들어가 공동체를 일구며 살아가기 시작했다. 전직 록 프로모터였던 한 은행 간부는 어느 날 직장을 그만두고 통나무집 건설업을 시작했다.

어째서 그들은 자신의 직업과 라이프스타일을 그렇게 송두리째 갈아치울 수 있었을까? 그런 용기와 결단은 어디서 생겨난 것일까? 삶에 대한 인식이 달라졌기 때문이다. 그들은 세상이 미리 정의해 놓은 삶을 버리고 스스로 다시 정의 내린 삶을 선택한 것이다. 당신은 삶에 대한 정의를 어떻게 내릴 것인가? 무엇이 바람직한 삶인가? 옥스퍼드 대학의 심리학 교수인 마이클 아가일Michael Argyle은 《행복의 심리학The Psychology of Happiness》에서 이렇게 말했다.

"실질적으로 행복에 영향을 미치는 삶의 조건은 인간관계, 일, 여가 이 세 가지로 요약된다. 이 세 분야에서 만족의 경지에 이르는 데 있어 절대적 혹은 상대적 부는 그다지 영향을 미치지 못한다."

조지프 캠벨Joseph Campbell이 《신화의 힘The Power of Myth》에서 말한 내용은 좀 더 가슴에 와닿는다.

"당신은 인생에서 성공했을지도 모른다. 하지만 가만히 생각해 보라. 당신의 삶이 어떠했는지, 당신의 삶에서 좋았던 것은 무엇인지. 당신이 정말로 하고 싶었던 일은 하나도 못했고, 당신의 몸과 마음이 가고자 했던 곳은 한 군데도 가보지 못했다고 느낄 것이다."

그렇다면 바람직한 삶을 살기 위해서는 어떻게 해야 할까? 극심한 생존경쟁으로부터 벗어나기 위해 몸부림쳐야 할까? 위기의식에 쫓겨 자신을 끊임없이 채찍질해야 할까? 그렇지 않다. 우리가 찾아낸 해결책은 매일매일 짊어지고 있던 가방을 내려놓고 다시 가볍게 꾸리는 것이다.

헬렌과 스콧 니어링은 그것을 '긍정'이라고 불렀다. 여기서 긍정이란 인간을 포함한 세상의 모든 개체가 자기 방식대로 존재하는 것을 인정한다는 뜻이다. 즉, 자연스러운 조화야말로 바람직한 삶의 토대다. 그들이 소중하게 여기는 가치는 단순함, 불안이나 긴장으로부터의 해방, 남에게 도움이 되는 일, 그리고 조화롭게 사는 것이다.

바람직한 삶이란 진실성integrity을 따른다는 뜻이다. 진실성은 '온전함whole'이라는 뜻을 지닌 라틴어 'integer'에서 유래된 것이다. 많은 사람이 잃어버리고 사는 것이 바로 이 온전함이다. 바람직한 삶이란 곧 온전함을 추구한다는 의미다. 진실성을 '자신과의 약속을 지키는 것'이라고 한다면 우리는 작은 약속들을 지켜감으로써 온전함에 이를 수 있다. 하지만 진정으로 바람직한 삶이 무엇인지 깨닫기 위해서는 이런 단어들의 의미를 좀 더 깊이 이해해야 한다.

에릭 에릭슨Eric Erikson이 분류한 라이프사이클의 단계별 특징에 따르면 우리 삶의 후반부는 희망과 절망 사이를 쉴 새 없이 넘나드는 엄청난 내적 긴장의 시기다. 이 시기에 접어든 사람들은 그동안 자신이 무엇을 하며 어떻게 살아왔는지 한 번쯤은 되돌아보게 된다. 지금까지 얼마나 온전한 삶을 살아왔는가에 따라 희망과 절망이 나뉜다는 것이다.

존 가드너John Gardner는 《자신감의 회복The Recovery of Confidence》에서 조금 다르게 이야기하고 있다.

"권태의 치료약은 오락거리가 아니라 해야 할 그 무엇, 관심을 쏟아부을 만한 대상을 찾아내는 것이다."

삶의 다음 단계를 어떻게 살 것인가는 어떤 라이프스타일을 갖고 있으며, 어떤 일에 관심을 갖고 있는가에 따라 달라진다. 그래서 우리는 바람직한 삶을 '장소, 사랑, 일 그리고 목적의 총체'라고 정의했다.

단순하지 않은 것을 위한 단순한 공식

여기 바람직한 삶을 위한 공식이 있다.

자신이 속한 곳에서 Place
사랑하는 이들과 함께하며 Love
삶의 목적을 위해 Purpose
자기 일을 하는 것 Work

이 한마디에 들어 있는 네 가지 요소는 각각 독립된 것이 아니라 서로 조화를 이루며 삶 속에 녹아들어야 한다. 이를테면 당신이 살고 있는 장소가 당신에게 원하는 일을 할 수 있는 기회를 제공하고, 당신의 일은 사랑하는 사람들과 함께할 시간을 빼앗지 않으며, 당신이 일하고 생활하는 곳에 가장 가까운 이들이 있어 소속감을 느낄 수 있다는 뜻이다.

이 모든 것이 조화를 이루어 바람직한 삶을 이룰 수 있게끔 하나로 묶어주는 끈이 바로 '목적'이다. 설레는 마음으로 아침에 눈을 뜰 수 있게 해주는 분명한 목적의식이 있어야만 당신이 원하는 바람직한 삶을 향해 여행을 계속할 수 있다. 목적은 당신이 가고자하는 곳에 계속 집중할 수 있게 해줄 뿐 아니라 때로는 새로운 길을 찾을 수 있게 도와준다.

바람직한 삶은 여행과 같다. 그것은 한번 성취하면 평생 고이 모셔두는 것이 아니라 살아가는 동안 끝없이 변하는 것이다. 장소, 사랑, 그리고 일이라는 세 가지 요소들의 무게 중심이 항상 바뀌기 때문이다. 삶의 어느 단계에서는 '일'보다 중요한 게 없지만, 또 어느 단계에서는 뿌리를 내리고 가정을 이룰 수 있는 '장소'에 집착하기도 한다. 그리고 '사랑'에 빠졌을 때는 두말할 나위도 없다. 이렇듯 세 가지 요소들 중 어느 하나의 가치가 극대화될 때 우리 삶은 균형을 잃게 된다. 이때 필요한 것이 '분명한 목적'이다. 목적은 단 하나에만 쏠려 있는 우리의 관심이 샛길로 빠지거나 너무 멀어지는 것을 붙잡아 준다. 목적은 앞을 내다볼 수 있게 해주며, 스스로 선택한 길을 꾸준히 걸어갈 수 있도록 인도해 주는 횃불 역할을 한다. 의료기기 세일즈로 일가를 이룬 메리 앤 와일더는 목적을 '등대와 같은 것'이라고 말한다. 그의 말을 들어보자.

내가 세일즈 계통에 발을 들여놓은 것은 고객들에게 해결책을 제시해 줄 수 있고, 그것으로 사람들이 더 나은 삶을 살게 될 거라는 믿음이 있었기 때문입니다. 다른 사람들이 뭔가를 깨달을 수 있도록 돕는 일이야말로 내 인생의 진정한 목적입니다.

이 일을 하면서 나는 10년이 넘도록 세계 곳곳을 다니며 수많은 사람을 만났습니다. 좋은 관계도 있었고 나쁜 관계도 있었죠. 때로는 좌절하기도 하고 때로는 온몸을 바쳐 일에 몰두하기도 했습니다. 그동안 내 자신을 지킬 수 있었던 것은 '내가 왜 이 일을 하는지' 알고 있었기 때문입니다. 만일 그 목적을 잃어버린다면 나는 당장 다른 일을 찾아다녀야 할 겁니다. 아니면 남은 인생 동안 스키나 타며 그저 놀고먹는 백수건달이 되겠죠.

'불안'에서 '자유'로 갈아타기

'일', '사랑', '장소' 이 세 분야의 조화가 잘 이루어진 사람들은 신기하게도 각각에 대한 불안감이 갈수록 사라지는 경향이 있다. 그들은 대체로 지위에 대한 집착을 덜하는 대신 스스로에 대한 믿음이 커진다. 또한 그들은 이 세상이 꽤 살만한 곳이라고 생각하며 자신이 속한 곳에서 얼마든지 자유의지를 행사할 수 있다고 믿는다.

작가이자 상담가인 존 코원John Cowan은 바람직한 삶을 "불안에서 자유에 대한 믿음으로 옮겨가는 것"이라고 표현한 바 있다. 직업, 사랑, 가정에 대한 걱정에 끊임없이 시달리다 마침내 불안과 좌절을 모두 벗어버리고, '어디서 누구를 위해, 무엇을 하는가?'라는 요소들이 완전히 조화를 이룬다는 점을 확신하게 된다는 것이다. 이 말이 영적으로 들린다면, 그건 영적인 말이기 때문이다. 우리가 성숙해지면 성숙해질수록 내면 깊이 잠자던 영적인 관심이 수면 위로 떠오르게 마련이다. 융은 그것을 이렇게 설명하고 있다.

"인생의 절반, 즉 30대 중반을 넘긴 환자들을 치료할 수 있는 최후의 방법은 삶을 종교적인 시선으로 바라보게 하는 것이다. 여기에는 단 한 사람의 예외도 없었다. 그들이 병들게 된 것은 현존하는 종교들이 선사하는 깨우침을 잃어버렸기 때문이라고 해도 과언이 아니다. 종교적인 세계관과 인생관을 되찾지 못한 환자들 가운데 온전히 치유된 사람은 아무도 없었다."

많은 사람이 중년의 나이에 이르러 삶에 대한 정의를 바꾸게 되는 것도 그런 이유에서다. 그때까지 품어왔던 삶에 대한 정의가 외형에 치우친 것이었다면 이제 좀 더 내면의 가치를 중시하는 쪽으로 변해가고 있다. 오감을 자극하는 신기한 장난감 따위로는 더 이상 만족할 수 없다. 그 대신 좀 더 의미 있고 생을 풍요롭게 할만한 일들을 찾기 위해 '장소', '사랑', '일', '목적' 중 하나 이상을 붙잡고 사색에 잠긴다.

특히 베이비붐 세대의 경우 장소에 대한 집착이 큰 편인데, 가령 오래 전부터 동경하던 전원생활이 대표적인 예다. 비록 직장에서 멀리 떨어져 있고 편의시설도 없어 불편하기 짝이 없는데도 어떡하든 시골로 옮겨가 그곳에 둥지를 트는 것이다.

마찬가지로 출세와는 무관하게 내면의 만족감을 위해 직업을 선택하는 경우도 있다. 뉴멕시코에서 변호사로 일하고 있는 친구 톰은 굴지의 법률회사에서 높은 연봉을 제의해도 줄곧 거절해 왔다. 그 이유는 다름 아닌 자기 일을 계속하기 위해서다. 그가 말하는 자기 일이란 미국 남서부 인디언 법정에서 아메리칸 원주민들을 변호하는 것이다.

"물론 내가 그곳에서 계약법을 다루면서 산다면 정말 많은 돈을 벌었겠지. 하지만 여기서 얻는 만족감은 없었을 걸세. 게다가 이렇게 도로도 없는 곳에서 벤츠가 다 무슨 소용이겠나?"

사랑으로 말할 것 같으면 최근 우리가 참석했던 스티브와

린다의 재혼식 이야기를 빼놓을 수 없다. 두 사람은 5년 전에 이혼한 사이였다. 하지만 각자 진지하게 자기 자신을 되돌아보면서 그토록 찾아 헤매던 사람이 언제나 자기 옆에 있었다는 사실을 깨달았다. 그들은 이미 몇 년을 함께 살았던 사이였지만, 인생의 오후에 접어들어 서로가 서로에 대해 새롭게 갖게 된 감정을 축하하고 기념하기 위해 다시 결혼식을 올린 것이다.

이처럼 내면으로 눈을 돌리면 바람직한 삶에 대해 이해하고 새롭게 인식하게 된다. 그리하여 장소와 일과 사랑이 삶의 중요한 요소로 자리 잡는다. 그들은 자연스럽게 가방을 풀고 다시 꾸림으로써 이전까지 바람직한 삶에 대한 자기만의 인생관을 가로막았던 모든 두려움을 하나씩 걷어내고 있다.

죽음에 이르는 네 가지 두려움

혼자서 별 생각 없이 앉아 있을 때 막연하게 밀려오는 느낌이 있다. 다름 아닌 두려움이다. 사람들은 세상이 무서운 곳이라고 생각한다. 그 막연한 두려움으로부터 주의를 돌리기 위해 사람들은 리모컨을 눌러 TV를 켜곤 한다. 하지만 대중매체는 전혀 도움이 되지 않는다. 오히려 TV, 라디오, 영화들은 머리털이

곤두설 정도로 두려움을 증폭시킨다. 마치 공기처럼 우리를 에워싸고 있는 이 거대하고 절대적인 두려움이야말로 인간의 원초적인 감정인양 떠들어대는 것이다.

수많은 사람을 만나 깊이 있는 대화를 해나가면서 우리는 그들이 느끼는 두려움이란 게 사실 그렇게 막연한 것만은 아니라는 사실을 알게 되었다. 두려움은 크게 네 가지로 분류할 수 있으며 우리는 그것을 '죽음에 이르는 두려움'이라고 부르기로 했다. 왜냐하면 이 두려움이 우리에게서 너무도 많은 생명력을 앗아가기 때문이다.

죽음에 이르는 네 가지 두려움

- 무의미한 삶에 대한 두려움
- 외톨이가 되는 두려움
- 길을 잃는 두려움
- 죽음에 대한 두려움

어째서 '죽음에 대한 두려움'이 맨 마지막일까? 사람들은 생각보다 죽음을 두려워하지 않는다. 사실 사람들은 대부분 죽음보다 무의미한 삶을 더 두려워한다. 그다음이 외로움, 그리고 방향감을 상실하는 것이다. 네 가지 두려움 중에서 죽음이 차지하는 비중은 상대적으로 가장 적은 편이다. 우리가 발견한 네 가지 두려움은 각각 바람직한 삶의 네 가지 구성 요소와 상응하고 있다.

두려움	바람직한 삶의 요소
무의미한 삶에 대한 두려움	일
외톨이가 되는 두려움	사랑
길을 잃는 두려움	장소
죽음에 대한 두려움	목적

한 번도 자기만의 삶을 살아보지 못한 채 인생을 허비하게 될지도 모른다는 두려움 때문에 우리는 미친 듯이 일에 매달린다. 하지만 안타깝게도 우리가 하는 일과 그 일에서 생겨나는 모든 의무와 책임이 오히려 바람직한 삶을 살지 못하게 가로막곤 한다. 삶을 낭비하고 있다는 생각에서 벗어나기 위해서 가장 먼저 좋아하는 일을 해야 한다. 버트런드 러셀Bertrand Russell은 이렇게 말했다.

"행복하다는 사람들을 자세히 살펴보면 공통적으로 지닌 것이 있다. 그중 가장 중요한 것은 그들이 하는 일이다. 일은 그 자체로도 즐거울 뿐 아니라 그것이 쌓여 점차 우리 존재를 완성하는 기쁨의 근원이 된다."

외톨이가 되는 것이 두려워 평생 사랑을 쫓아다니지만 이따금 혼자서 자아를 들여다볼 용기가 없다면 참된 사랑을 찾기 어렵다. 사랑이 없는 인생, 진정 사랑하는 존재를 갖지 못한 인생은 그저 환등기로 슬라이드 영상을 보는 것에 지나지 않는다. 슬라이드를 한 장씩 넣다가 금방 싫증이 나서 기계를 획 감아 돌리듯이 말이다.

또한 길을 잃으면 어쩌나 하는 두려움 때문에 우리는 한 곳에 얽매여 산다. 하지만 그 자리에서 멀리 떨어져보지 않고 어떻게 자신이 어디에 있는지 알 수 있을까? 길을 잃어보지 않고서 자기 자신을 찾을 수 있을까? 헨리 데이비드 소로Henry David Thoreau의 말에 귀 기울여 보자.

"왜 인간은 그토록 단단하게 자신을 땅에 뿌리박고 살아왔을까? 그와 똑같이 하늘을 향해 솟아오를 수도 있으면서."

마지막으로 삶의 목적을 찾으려는 노력 뒤에는 죽음에 대한 두려움이 자리 잡고 있다. 자기보다 더 크고 위대한 신념이나 이상에 모든 것을 바칠 수 있다면, (생각하기에 따라서) 불멸의 한 자락이라도 거머쥘 수 있지 않을까? 그러나 아무리 거룩한 목적이라도 자기 내면이 아닌 외부의 개입이 있었다면 결코 자기만의 진짜 삶을 경험할 수 없다.

바람직한 삶에 이르는 길은 결국 자기 자신과 진심으로 화해하며, 궁극적으로는 죽음에 이르는 네 가지 두려움을 극복하는 것이다. 우리는 사랑, 장소, 그리고 일을 위한 적절한 공간을 찾아내고 그것을 지켜나감으로써 바람직한 삶을 설계할 수 있다. 이것은 아주 단순한 문제다. 자신의 삶에서 진정으로 소중한 것을 찾아 그것을 지키고 중요하지 않은 의무나 책임 따위는 과감히 떨쳐버리는 것이다.

내면에 귀 기울일 때 알게 되는 것들

딕은 지난 20년 동안 정기적으로 탄자니아를 오가며 여행 단체를 이끌어왔다. 낮에는 아프리카의 대자연을 모험하고 밤이면 모닥불 가에 둘러앉아 일과 사랑, 희망, 두려움, 인간관계, 미래 등에 관해 마음을 열고 깊은 대화를 나누었다. 이 여행의 목적은 단순한 탐험이 아니었다. 내면의 불을 다시 지피고, 가방을 풀고 다시 꾸리는 것, 그리하여 바람직한 삶을 되찾는 것이었다. 여행이 끝나면 딕은 함께 떠났던 이들로부터 종종 편지를 받는다. 현실세계로 돌아온 그들은 딕에게 이렇게 묻곤 한다.

"자, 이제 뭘 해야 하죠?"

그들은 가방을 풀고 다시 꾸리는 일에 대해 끝없이 조언을 구하며 바람직한 삶에 어떤 것들이 필요한지 알고 싶어 한다. 딕은 그들에게 "내면에 귀를 기울이라"고 말한다. 바람직한 삶에 필요한 것을 알기 위해서는 자기 자신의 소리에 귀를 기울여야 한다. 내면이 보내오는 주파수에 민감해지고 자신과 좀 더 열린 관계, 솔직하고 분명한 관계를 맺어야 한다. 그러기 위해서는 먼저 가면부터 벗어야 한다. 다른 사람들 앞에서 쓰는 가면뿐 아니라 자기 앞에서 쓰는 가면도 모두 벗어야 한다.

바람직한 삶에는 책임이 따른다. 괴롭지만 피할 수 없는 진실이다. 그 누구도 당신에게 딱 맞는 삶을 정의해 줄 수 없다. 좋은 점은 당신의 노력을 방해할 사람이 아무도 없다는 것이다.

여행을 계속하려면 진지한 마음으로 가방을 열고 짐을 풀어야 한다. 가방을 연다는 것은 잠자던 내면을 깨우는 일이다. 짐을 모두 풀어헤친 뒤에야 우리는 그동안 짊어지고 있던 것들을 다른 시각으로 바라볼 수 있다. 그리고 전혀 새로운 질문을 던지게 된다. 즉, 짐을 푼다는 것은 뭔가를 창조하고자 하는 온전한 삶을 살고자 하는 강렬한 욕구를 표현하는 것이다. 무에서 유를 창조하는 일에 있어 짐을 푸는 일이 얼마나 중요한가에 대해서는 세계적인 화가, 음악가, 조각가, 발명가, 과학자, 탐험가, 작가들이 수없이 증언한 바 있다. 평범한 사람들의 경우에도 마찬가지다. 미국 중서부에 위치한 어느 테크놀로지 회사 중역인 린다 재드윈은 이렇게 말한다.

어렸을 때 나는 늪에서 수영을 배웠습니다. 이상한 냄새와 묘한 감촉에 이끌려 한 걸음 한 걸음 늪 바닥까지 들어갔죠. 차가운 물 속을 헤엄쳐 나갈 때면 미끄러운 물고기 알이 등 위를 스쳐 지나가고 키가 큰 물풀들이 팔다리를 휘감던 기억이 지금도 생생합니다. 그 늪 안에는 생명과 죽음이 있었고, 탄생과 소멸이 있었어요. 빨간 날개가 달린 찌르레기들이 쇠뜨기 풀 위에 내려앉아 깔보는 눈초리로 나를 빤히 쳐다보았죠. 잠자리들은 하늘에서 곤두박질치며 내 머리 위에서 윙윙거리고, 올챙이와 피라미들은 자꾸 나를 간질였어요. 발가락 사이로 삐져나오는 미끈미끈한 진흙의 감촉은 마치 천국을 밟는 기분이었죠. 나는 늪에 진흙이 있어서 좋았고, 촉촉하고 미끈거리는 진흙 속에 몸을 푹 담갔다 솟구쳐 올라 하늘 높이 진흙 냄새를 풍겨내곤 했어요. 나에게 바람직한 삶이란 바로 그런 것이었답니다.

이제 50대에 접어든 린다는 아직도 늪에서 수영을 하고 싶어 한다.

나는 그동안 살아오면서 나 자신이 세상에서 제 구실을 할 수 있다는 것을 증명해 보였습니다. 이제는 늪으로 돌아갈 때가 된 것 같네요. 나는 이제 그런 경험, 온몸이 짜릿해지는 그 느낌을 다시 맛보고 싶어요. 50세가 되면서부터 나는 과거와 미래를 더 잘 볼 수 있게 되었어요. 그리고 내 안의 작은 얼룩들과도 친해질 수 있게 되었고, 내 인생에서 무엇이 중요하고 무엇이 중요하지 않은지도 알게 되었습니다. 앞으로 어떤 사람이 되고 싶은지는 나도 모르겠어요. 아직도 어떤 과정을 겪고 있는 느낌이랄까요? 그래요, 작년에는 큰 변화가 있었죠. 내가 만약 구조조정 대상자가 되거나 해고를 당한다면 어떻게 해야 할까 곰곰이 생각해 봤습니다. 나 자신과 다른 사람들에 대해 해볼 수 있는 모든 질문을 다 던져보았죠. 그렇게 모든 가능성을 생각해 보고 나니 걱정에서 해방되어 평정을 찾을 수 있었습니다. 이제부터는 무슨 일이 닥치든 다 받아들일 수 있을 것 같아요. 어쩌면 아주 반갑게 맞아줄 수도 있을 것 같군요.

내가 50세가 되었을 때 단지 나만의 세계와 나만의 상상으로 이토록 큰 즐거움을 누리게 될 줄은 정말 몰랐어요. 사실 그동안 나는 바람직한 삶이란 성공이나 모험 같은 것에 있다고 생각해 왔죠. 하지만 이젠 달라요. 바람직한 삶이란 늪에 몸을 담그는 것과 같아요. 모든 것을 마음속 깊이 느끼고 음미하는 것, 그게 바로 바람직한 삶이랍니다.

깨달음은 갑자기 온다. 어느 순간, 그동안 지니고 있던 생각을 버리고 전혀 다른 시선으로 사물을 바라보게 되는 것이다. 바람직한 삶을 만들어가는 과정도 깨달음을 얻는 것과 비슷하다. 삶은 결코 일반적인 논의로 규정되는 것도 아니고, 거룩한 몇 마디의 명언들로 요약되는 것도 아니다. 삶은 그 누구도 아닌 오로지 자기만의 질문을 품은 채 끊임없이 가방을 풀고 다시 꾸림으로써 서서히 완성되어 가는 것이다. 선승 스즈키는 이렇게 말한다.

"나는 삶의 예술가이며, 나의 삶이 곧 나의 작품이다."

삶의 예술가들은 기존의 가치에 대해 언제나 의문을 품는다. 누군가에게는 진실인 것이 자신에게는 거짓일 수도 있다는 사실을 과감하게 인정한다. 그들은 자신의 진실이 더 이상 진실이 될 수 없을 때 과감히 포기할 줄 안다. 또한 자신의 경험에서 받아들일 수 있는 것들은 기꺼이 받아들인 뒤, 앞을 향해 계속 나아간다.

'여기까지, 이것으로 됐다', '낡은 방식은 더 이상 효과가 없다'는 것을 깨달을 때, 그때가 바로 가방을 다시 꾸려야 할 때다.

나만의 이정표를 위하여

나이가 들고 삶의 단계들을 하나하나 밟아감에 따라 우리는 계속해서 자신을 이루고 있던 일부를 버리게 된다. 가방을 푼 뒤 더 이상 필요 없는 것들은 버리고 새롭게 찾아낸 것들을 챙기는 것이다. 린다처럼 자신의 위기를 냉정하게 바라보고 스스로 시험을 받아들일 용기가 있다면 더 큰 생명력과 만족감을 맛볼 수 있다. 하지만 두려움 때문에, 혹은 버리기가 아까워서 가방을 '전에 꾸려놓은 그대로' 놓아두는 사람들은 거짓 안정만을 얻을 뿐이다.

안타까운 것은 가방을 다시 꾸리는 데 필요한 지식과 기술을 찾기 어렵다는 것이다. 가방을 풀어헤칠 자아인식과 무엇을 버리고 무엇을 챙겨야 하는지 분별하기 위한 훈련은 오직 자기만의 시행착오를 통해서만 가능하다. 이처럼 공인된 기술도 전혀 없고 이정표도 없는 상태에서 우리가 어느 정도의 짐을 지고 가야 할지 어떻게 알 수 있겠는가? 그토록 많은 사람이 과중한 짐에 눌려 쓰러지는 것도 어쩌면 당연한 일이다.

짐을 풀고 다시 꾸리기 위해서는 먼저 올바른 질문을 던질 수 있어야 한다. 질문question이 곧 우리의 원정quest을 안내해 주는 이정표다. 물론 이 질문들이 항상 올바른 방향만을 제시하는 것은 아니지만 각자의 재능을 모두 발휘해 가며 열심히 해답을 찾는다면 꾸준히 앞으로 나아갈 수 있다. 여기 우리가 찾아낸 유효한 몇 가지 질문을 소개한다.

하루 중 30분 이상 혼자 있을 시간이 생긴다면 편안한 의자에 조용히 앉아 영화를 한 편 감상해 보자. 영화의 주인공은 바로 '나'이며 지금까지 살아온 나의 삶이 영화의 줄거리가 된다.

어떤 영화인가?

신나는 영화인가, 지루한 영화인가?

좋았던 것은 무엇인가?

잃어버린 것은 무엇인가?

이것이 과연 내가 원하는 삶인가?

사람들과의 관계는 어떤가?

지금 몸담고 있는 곳에서 당신은 어떤 모습으로 살아가고 있는가?

당신의 재능을 어떻게 발휘하고 있는가?

당신의 시간과 에너지를 대부분 어디에 쏟고 있는가?

돈 문제만 걸리지 않는다면 당신의 삶과 일에 대해서 어떤 결정을 내리겠는가?

가능하다면 이 질문들에 대한 자기만의 답변을 적어보는 것도 좋다. 그런 뒤에 앞서 이야기한 '바람직한 삶의 공식'과 연결 시켜보면 어떨까?

자신이 속한 곳에서 Place
사랑하는 이들과 함께하며 Love
삶의 목적을 위해 Purpose
자기 일을 하는 것 Work

단순한 삶은 많은 것을 포기함이 아니다

"덜 가지면 덜 가질수록 더 많은 것을 얻는다."

사람들은 대부분 이 말을 "많은 것을 포기해야 한다"는 의미로 해석한다. 하지만 편리함과 안락함을 포기하거나 희생하지 않고도 얼마든지 삶을 단순하게 만들 수 있다. 그러기 위해서는 정말 중요한 것이 무엇인지 알아야 한다. 가방 안에 무엇이 들어 있는지 따져보고 그것들을 정말 원하는지, 그리고 반드시 가지고 가야만 하는지 결정을 내려야 한다.

행여 하나라도 떨어뜨릴까 잔뜩 웅크렸지만
기어이 다 놓치고 퍼질러 앉았네.
꾸러미 한아름 모두 내려놓고,
다시금 차곡차곡 쌓을 수밖에.

- 로버트 프로스트, 《한아름Armful》 중에서 -

03

인생에는 중요하지
않은 것이 더 많다

✦

언젠가 공항에서 가방을 잃어버린 적이 있다. 그때 항공사 직원이 내게 묵직한 파일을 들고 왔다. 그것은 온갖 여행가방 샘플을 죄다 모아놓은 파일이었다.

"이 중에 손님 가방이 있습니까?"

나는 입이 쩍 벌어졌다. 가방 종류가 그렇게 많은 줄은 정말 몰랐다. 파일을 훑어가는 동안 나는 어떤 사람들이 어떤 종류의 가방을 들고 다니는지 궁금해지기 시작했다. 서류가방, 원통형 배낭, 보통 배낭, 하룻저녁 여행을 위한 가방, 바퀴 달린 가방, 캐리어가 붙어서 나오는 가방, 캐리어가 착탈식으로 된 가방….

가방의 재질만 해도 비닐, 나일론, 가죽, 알루미늄, 말가죽, 악어가죽, 도마뱀가죽, 뱀가죽 등 이루 다 헤아릴 수 없을 정도였다. 크기와 색깔까지 본다면 아마 가방 종류는 지구의 인구보다 더 많고 다양할 것이다.

그렇다. 세상에는 모든 가방이 다 있다. 당신이 무엇을 원하고 어디를 어떻게 가든 각각의 용도에 따라 특별한 가방이 준비되어 있다. 이제 여행을 위해 가방을 고른다면 일주일 밤낮을 써도 모자랄 지경이다. 사람들은 대부분 정말 꼼꼼하고 신중하게 가방을 고른다.

인생이라는 여행도 마찬가지다. 단지 선택의 중요성이 훨씬 더 클 뿐이다. 그러나 불행히도 사람들은 가방을 너무 일찍, 너무 쉽게 택한다. 학교를 졸업하면 손때 묻은 책가방을 집어던지고 반짝반짝 빛나는 최신형 서류 가방을 산다. 왜? 그저 둘러보니까 눈에 띄어서, 그리고 지금 당장 필요하다니까 집어들 뿐이다. 사람들은 이렇게 집어든 가방을 평생 들고 다닌다. 그것이 애초에 맞지 않는 가방이거나 이미 오래 전에 용도에 맞지 않게 되었는데도….

지금 당신이 들고 있는 가방을 가만히 살펴보라. 그 가방이 아직도 적당한가? 귀퉁이가 좀 닳지는 않았는가? 결국 우리는 이렇게 물어야 한다.

"지금 들고 있는 가방이 앞으로 남은 인생의 여정에도 꼭 맞는 것인가?"

더 담을수록 더 행복하다?

여행지에 도착해서 가방을 풀어보면 간단한 사실 하나를 발견하게 된다.

"왜 이렇게 많이 가져왔을까?"

처음 가방을 짊어지고 출발할 때는 그 사실을 전혀 깨닫지 못한 것이다.

18세 때 히치하이킹으로 캐나다를 횡단한 적이 있었다. 배낭여행답게 짐은 최소한으로 줄여야 했다. 하지만 꼭 필요한 물건들만 골라 담아도 배낭이 꽉 차고 말았다. 이를테면 나무피리, 책, 신분증과 수첩을 넣는 놋쇠 상자, 일기장, 펜, 카메라와 선글라스를 넣은 주머니, 그리고 무엇보다도 여자 친구에게서 받은 편지뭉치 등이었는데 배낭에는 도무지 비집고 들어갈 틈이 없었다. 궁여지책으로 나머지 짐들을 별도의 작은 가방에 넣은 뒤 배낭에 얹어 끈으로 묶었다. 그렇게 돌연변이처럼 이상해진 잡종 배낭을 짊어지자 내 머리보다 높이 솟아올라 마치 뒤에서 홉

혈귀가 덮치는 꼴이 되어버렸다.

캐나다의 고속도로를 따라 토론토 북쪽으로 50킬로미터쯤 걸어갈 때 나는 그만 넘어지고 말았다. 뭐 그럴 수도 있지만 문제는 다시 일어설 수가 없었다는 것이다. 배낭을 벨트로 단단히 묶어두었기 때문이었다. 나는 마치 뒤집혀진 거북이처럼 허우적거리며 벨트와 버클을 풀어보려고 용을 썼다. 그때 트럭 한 대가 와서 멈췄다. 뒷좌석에 앉은 나이 지긋한 농부가 말했다.

"차에 타겠나?"

차에는 농부와 그의 아들이 타고 있었다. 내가 트럭 뒤에 실을 수 있도록 배낭과 가방을 분리시키려고 더듬거리자 두 사람은 웃음을 참지 못하는 눈치였다. 잠시 후 나는 그들이 하느님이 보내주신 천사란 사실을 알게 되었다. 8킬로미터도 못 가서 하늘이 컴컴해지더니 엄청난 폭우가 퍼붓기 시작했기 때문이다.

30분쯤 지나 행선지가 갈라지는 지점에서 그들은 나를 도로변 휴게소에 내려주었다. 나는 쏟아지는 비를 맞으며 배낭을 끌어내렸다.

"감사합니다!"

"잘 가게!"

차는 곧 출발했다. 아차! 내가 실수를 알아챘을 때는 이미 차가 저만치 사라지고 있었다. 내 작은 가방을 실은 채. 나는 비탈진 고속도로 진입로를 정신없이 달려가면서 미친 듯이 팔을 흔들며 소리쳤다. 작은 가방에 들어 있는 나의 귀중품들이 주마등처럼 뇌리를 스쳐 지나가고 있었다. 아, 정말이지 녀석들만 구할 수 있다면 진흙구덩이에 내팽개쳐진 배낭이야 떠내려가든 말든 상관없을 것만 같았다. 나는 초인적인 힘을 발휘해 가며 달리고 또 달렸다. 그러자 기적 같은 일이 벌어졌다. 농부의 차가 신호에 걸려 속력을 늦추기 시작한 것이다.

"기다려요! 멈춰요!"

나는 막 고속도로로 들어서려는 찰나에 간신히 차를 따라잡을 수 있었다. 농부는 백미러로 나를 보더니 웃음을 터뜨렸다. 실성한 내꼴을 보고 어떻게 웃지 않을 수 있겠는가? 나는 아직도 그들과 상당히 떨어진 거리에 있었기 때문에 목청껏 소리쳤다. 농부와 아들이 배를 잡고 웃는 동안 나는 트럭 뒤로 가서 가방을 끄집어 내렸다. 마치 구사일생으로 살아난 아들을 안는 것처럼 힘껏 가슴에 꼭 껴안았다. 그리고 뒤돌아서서 왔던 길로 걸어갔다. 미안한 얘기지만 나는 그들에게 태워줘서 고맙다는 인사조차 하지 못했다.

그 이후로도 나는 똑같은 실수를 자주 범하곤 했다. 매번 너무 많은 짐을 지는 바람에 그 무게에 짓눌려 고행이 되었던 것이다. 짐을 보살피느라 신경이 잔뜩 곤두선 상태에서 어떻게 여행을 제대로 즐길 수 있단 말인가. 짐이 많을수록, 가방이 무거울수록 인생의 진짜 보물은 놓치기 십상이다.

가방 꾸리기 법칙

직장에서 중책을 맡을 때나 냉동식품을 포장할 때나 '피터의 법칙'이 적용된다. 배낭을 꾸릴 때도, 라이프스타일을 바꿀 때도 마찬가지다. "조직에 속한 사람들은 자신의 무능력 수준에 도달할 때까지 승진하려는 경향이 있다"는 것이 피터의 법칙이다. 즉, 승진을 거듭하다 보면 끝내는 처리할 수 없는 업무와 맞닥뜨리게 된다는 의미다. 삶에서도 똑같은 법칙이 되풀이된다. 온갖 물건이며 책임을 악착같이 끌어모으다 보면 결국 그것들을 제대로 감당할 수 없는 지경에 처하고 만다. 이것이 '가방 꾸리기 법칙'이다. 그렇다면 해결책은 무엇일까?

크게 두 부분으로 나뉜다. 첫째는 짊어져야 할 짐의 양을 결정하는 것이며, 둘째는 무엇을 취하고 무엇을 버릴지 결정하는 것이다. 결국 무언가를 계속 갖고 가려면 어떤 것은 반드시 버려야만 하는 상충관계가 발생할 수밖에 없다. 이 부분이 가장 어려운 단계다. 당신은 삶의 어느 부분을 지키기 위해 어느 부분을 내줄 것인가?

가방을 푸는 과정은 갖고 있는 짐들을 검토하고 어떤 것들이 서로 상충관계에 있는지 꼼꼼히 따져보는 것이다. 대표적인 상충관계는 대략 다음과 같다.

- 자유 vs 안전
- 더 많은 연봉 vs 더 큰 책임
- 물질 vs 시간
- 안주 vs 성장
- 가정 vs 직장
- 자기 방식 vs 남의 방식(또는 사회적으로 용인된 방식)
- 업적을 남기는 것 vs 흔적 없이 사라지는 것
- 지금 어디에 있는지 아는 것 vs 길을 잃어보는 것

가방을 다시 꾸리는 일은 더 중요한 것과 덜 중요한 것 사이에서 올바른 균형을 찾아가는 작업이다. 가장 먼저 해야 할 일은 지금 짊어진 짐이 도대체 어떤 것인지 살펴보고, 그것이 당신의 선택을 잘 반영하고 있는지 생각해 봐야 한다.

인생의 세 가지 가방

인생이 여행이라면 삶을 이루는 다양한 요소들은 여러 가지 가방에 비유할 수 있다. 사람들은 기본적으로 세 가지 가방을 갖고 다닌다.

서류가방 - '일'을 위한 가방

여행가방 - '사랑'을 위한

가방트렁크 - '살 곳'을 위한 가방

가방을 다시 꾸리려면 먼저 열어보고 그 안에 무엇이 들었는지 꼼꼼히 살펴봐야 한다. 가장 좋은 방법은 다른 사람들과 대화를 나누는 것이다. 서로의 결정과 선택에 큰 영향을 줄 수 있을 만큼 신뢰하는 관계라면 더욱 좋다. 상대방으로 하여금 당신에게 질문을 던지게 한 뒤 그 대답을 적어보도록 하자. 그런 다음 상대방에게도 똑같은 방법을 적용한다. 대화 상대가 없다면 자기 자신에게 질문할 수도 있다. 다만 신중하게 답변할 수 있도록 충분한 시간을 줘야 한다는 점은 명심해야 한다.

자, 이제 대화의 줄기가 될 질문들을 소개한다. 자신의 상황에 맞게 변형시키거나 추가해도 좋다.

어떤 일을 하는가? - 서류 가방을 풀어라

- 당신의 숨은 재능은 무엇인가? 지금 하고 있는 일에서 그 재능을 발휘할 기회가 있는가?

- 세상이 필요로 하는 일은 무엇이라고 생각하는가? 당신이 하고 있는 일은 '세상이 필요로 하는 일'에 어떻게 기여하고 있는가?

- 당신이 생각하는 이상적인 작업 환경은 어떤 것인가? 그에 비해 현재 당신의 작업 환경은 어떤 편인가?

- 당신의 일을 통해 누구에게 봉사하고 싶은가? 현재의 직업이 그 사람들과 어떤 식으로 관련되어 있는가?

- 회사에서의 일과는 대개 어떤 식인가? 하루가 무엇으로 채워져 있는가? 사무실 문을 닫고 퇴근할 때 얼마만큼의 '당신'을 가지고 나가고, 출근부를 찍고 사무실로 들어설 때 얼마만큼의 '당신'을 가지고 들어오는가?

- 이상적인 직장 동료란 어떤 사람인가? 현재 당신의 동료는 그 이상형에 얼마나 가까운가?

- 당신의 일에서 즐거움을 느끼는가?

당신이 사랑하는 사람은? - 여행가방을 풀어라

- 당신이 가장 가깝게 생각하는 사람은 누구이며, 왜 그렇

게 생각하는가?

- 사랑하는 사람과 멀리 떨어져 있을 때 무엇이 가장 그리운가?

- 가까운 사람들과 함께 소망하는 인생의 꿈은 무엇인가?

- 가장 사랑하는 사람들과 함께 보내는 하루는 대개 어떤 모습인가? 그 하루 중 가장 흐뭇한 때는 언제인가?

- 당신과 가장 가까운 사람들은 어떻게 알게 되었나? 어떤 점 때문에 그들에게 마음이 끌리게 되었는가?

- 사랑하는 사람들과 원하는 만큼 많은 시간을 함께 보내고 있는가? 어떻게 하면 더 많은 시간을 함께 보낼 수 있겠는가?

- 사랑하는 사람들이 당신을 어떤 사람으로 기억해 주길 바라는가?

- 당신이 맺고 있는 인간관계가 당신에게 기쁨을 주는가?

집보다 더 좋은 곳은? - 트렁크를 풀어라

- '집'을 생각할 때 가장 먼저 떠오르는 것은 무엇인가?

- '집'을 집답게 만드는 것은 무엇이라고 생각하는가?

- 당신이 가장 애지중지하는 보물은 무엇인가? 만약 집에 불이 나면 무엇을 제일 먼저 챙기겠는가?

- 당신의 집을 둘러보자. 무엇이 당신을 가장 행복하게 해 주는가? 무엇이 그렇게 엉망이었는가?
- 당신이 살고 있는 동네를 어떻게 생각하는가? 소속감을 느끼고 있는가? 그곳에 어떤 식으로 기여하고 있는가?
- 다른 곳에서 살 수 있다면 어디서 살고 싶은가? 그렇다면 왜 지금은 그곳에서 살지 않는가?
- 살고 있는 집과 생활환경이 당신에게 기쁨을 주는가?

가방을 풀어라 - 여행 체크리스트

세 가지 가방을 다 풀었다면 이제 남은 일은 여행 체크리스트를 만드는 것이다. 체크리스트는 필요한 물건들을 빠짐없이 챙기기 위해 작성하는 것이지만, 동시에 쓸데없이 많이 가져가는 것을 방지하기도 한다. 즉, '가방 꾸리기 법칙'을 피하기 위한 방편이 되는 셈이다. 지금 당신이 어디에 있는지, 어떻게 여기까지 왔는지 곰곰이 되돌아보자. 살면서 그때그때 내린 선택들을 검토해 보고 그 결정들이 아직도 도움이 되고 있는지 따져보자. 여전히 해답을 갖고 있는지, 아니면 질문 자체가 바뀌었는지도 생각해 보자.

인생의 다음 장을 들여다보기 위해 다음의 여행 체크리스트를 사용해 보자. 당신이 이런 것들을 갖고 있는지, 아니면 당신의 인생 가방에서 너무 많은 자리를 차지하고 있는 것은 없는지 살펴보도록 하자. 여행 체크리스트는 정답도 오답도 없다. 중요한 것은 될 수 있는 한 솔직하고 진지하게 대답하는 것이며 이 과정에서 자신에 대해 많은 것을 깨닫는 것이다.

여행 체크리스트 I

품목	갖고 있다	필요하다
여권 목적의식(여행을 하는 이유)		
모험정신 어디든 떠나고, 내 방식대로 여행 일정을 세우겠다는 마음가짐		
지도 여행을 안내해 줄 방향감각		
티켓 미지를 탐험하고 새로운 기회를 찾기 위한 재능이나 자격증		
여행자수표 여행을 즐기기에 충분한 돈		
여행 동반자 경험을 함께 나눌 사람		
여행 가이드 여행 중 조언을 해줄 사람		

짐 지금 하고 있는 여행에 걸맞은 크기와 모양의 가방		
손가방 즐거운 여행을 위해 곁에 두어야 할 물건		
세면도구 여행을 즐길 에너지와 활기		
여행일지 여행에 필요한 정보와 과거의 여행에서 얻은 중요한 교훈들		
수첩 자신의 삶에서 중요한 사람들과 만나고 연락하는 것		

후련하게 털어놓자

여행 체크리스트를 다 완성했으면 이제 자신에게 이렇게 물어보자.

"도대체 나는 어디로 가고 있는 걸까?"

체크리스트는 당신이 인생이라는 바다에서 어디를 어떻게 항해하고 있는지에 대해 이야기를 나누도록 도와줄 것이다. 상대와 대화를 나눌 때 체크리스트를 이용하여 다음과 같은 질문을 던져보자.

• 현재 여행은 어떻게 되어가고 있는가?

- 다음 여행에 당신이 품고 있는 꿈과 희망은 무엇인가?

- 지금은 어디에 있으며, 다음엔 어디로 가고 싶은가?

- 지금 있는 곳과 앞으로 당신이 가게 될 곳에서 어떤 가방 (등산가방, 서류가방, 책가방 등)이 가장 안성맞춤인가?

- 지금 누구와 함께 여행 중이며 어떤 기분인가?

속이 후련해질 만큼 다 털어내 보자. 혼자든 여럿이든 깊은 속내까지 모두 나누겠다는 각오로 흉금을 터놓고 활발한 대화를 이어가자. 가방을 풀고 다시 꾸리기 위해서 나누는 대화라는 사실을 잊어서는 안 된다. 마음 깊은 곳에 숨겨둔 생각과 감정을 충분히 털어놓을 수록 대화는 더욱 활기를 띠게 될 것이다(그렇다고 정신과 의사와 상담하듯 할 필요까지는 없다). 대화는 재미있어야 하며, 재미가 없더라도 최소한 고역이 되어서는 안 된다. 당신의 삶과 마찬가지로 대화 또한 당신이 원하는 것으로만 채워져야 하며 그렇지 않은 것은 모두 떨쳐버려야 한다.

얼마나 지고 가야 충분한 걸까?

우리의 삶은 여행이다. 그다지 길지도 않을 뿐더러 한 번밖에 할 수 없는 이 여행이 우리가 가진 전부다. 바로 그런 이유 때문에 사람들은 여행가방이 짓누르는 무게에 시달린다.

황무지로 떠나는 여행을 상상해 보자. 짐을 어떻게 꾸려야 할까? 여기엔 육체적으로 짊어져야 할 무게뿐 아니라 감정적인 무게도 포함된다. 짐이 너무 무겁다면 당신은 과거의 삶에 지나치게 집착하고 있는 것이다. 너무 가볍다면 생존에 필요한 만큼의 양에는 못 미친다는 뜻이다. 짐의 무게가 여행의 질과 성패를 좌우하는 셈이다. 이것은 쉽지 않은 문제다. 많지도 적지도 않은 짐이란 과연 어느 정도일까? 낯선 곳을 탐험하는 사람들처럼 우리도 어쩔 수 없이 이렇게 물어야 한다.

"내가 꼭 가져가야 할 것은 무엇인가?"

여행이 중반에 이르면 사람들은 종종 너무 많은 짐 때문에 지쳐버리고 만다. 짊어진 무게로 인해 웃을 수 있는 여유조차 잃어버린다. 여행을 하다 보면 종종 내가 가져온 물건이 쓰레기로 여겨질 때가 있다. 특히 삶의 중턱쯤에 접어들면 대부분 그런 생각을 하게 된다. 그래서 죽기 아니면 까무러치기의 심정이 되고 만다. 책임감과 집착에 억눌려 모든 것을 벗어던지고 이제 그만 포기하고 싶어진다. 이른바 '중년의 위기'가 찾아오는 것이다.

아프리카를 탐험할 때는 다들 무엇을 갖고 가야 하는지 잘 알고 있다. 하지만 무엇을 두고 가야 하는지에 대해서는 말문이

막혀버린다. 한 가지 요령이 있다면 가져갈 것과 두고 갈 것 사이의 균형을 이루어 필요한 것은 모두 가져간 다음 아낌없이 몽땅 써버리는 것이다.

정말 필요한 딱 하나만

〈바보 네이빈The Jerk〉이라는 영화에서 주인공 스티븐 마틴은 바보로 등장한다. 그는 소 뒷걸음질 치다 쥐 잡은 격으로 어쩌다 특수 손잡이가 달린 안경을 발명하여 돈방석에 앉는다. 벼락부자가 되어 온갖 귀중품으로 둘러싸인 대저택에 살게 되지만 얼마 안 가 그의 삶은 내리막길을 걷게 된다. 사람들과의 관계가 무너지고 자존심은 산산조각난다. 마침내 그는 온 집안을 돌아다니며 영원히 떠날 준비를 한다.

"아무것도 필요 없어, 아무것도!"

하지만 그는 의자며 옷가지, 진공청소기 따위를 주섬주섬 챙긴다. 그러고는 이렇게 부르짖는다.

"나는 아무것도 필요 없어! 이거 그리고 이거 또 이거, 이것만 빼고!"

현관문을 나서는 그의 몰골이 가관이다. 온갖 물건을 이고 지고, 양쪽 팔과 다리에는 각종 물건들이 대롱대롱 매달려 있다. 게다가 대부분 코믹 영화에서 곧잘 그렇듯 주인공의 바지는 발목까지 흘러내려와 있다. 우스운가? 하지만 사실 우리들 대부분이 이런 모습이다(바지만 빼고).

바보 네이빈의 어리석음을 범하지 않으려면 지금 당장 딱 한 가지만 생각해 보라. 눈을 들어 주변의 모든 것을 살펴보고 마음으로 또 한 번 살펴보라. 정말, 정말, 정말 내게 필요한 단 하나는 무엇일까? 다이아반지든 사진 한 장이든 상관없다. 값비싼 노트북일 수도 있고 추억이 담긴 커피 잔일 수도 있다.

자, 지금 갑자기 집에 불이 난다면 당신은 무엇을 들고 나올 텐가?

나도, 다른 누구도 당신의 길을 대신 가줄 수 없다.
그 길은 당신 스스로 가야 할 길이기에.

- 월트 휘트먼 -

04

도대체 왜 이 짐을 모두
짊어져야 하는가

✦

침묵의 무게

처음엔 무겁게 느껴지지 않았을 것이다. 개인의 사회적 역할이 커질수록 떠맡아야 하는 짐의 종류도 점점 많아지지만 우리는 기꺼이 짊어지기로 한다. 맡은 역할과 그에 따른 짐의 양이 늘어날수록 능력을 인정받는 것이라 여겨지기 때문이다. 그러나 인생의 어느 지점에 이르러 그 모든 짐이 엄청난 부담감으로 다가온다. 관계, 업무량, 경제적 의무 그 모든 것으로 인해 질식할 것만 같다.

"짐을 좀 덜어내지 그래?"

하지만 그들은 이렇게 대답한다.

"이젠 도저히 덜어낼 수가 없어. 모두들 내 짐에 의지하고 있는데 어떻게 그럴 수 있겠어?"

사랑하는 가족과 친구들 때문이라도 끝까지 짊어져야 한다는 것이다.

"당신이 짊어진 짐에 대해서 그들과 진지하게 이야기해 본 적이나 있는가?"

이 질문에 십중팔구는 한 번도 그래본 적이 없다고 대답한다. 결국 많은 사람이 존재하지도 않는 이유 때문에 필요 이상으로 많은 짐을 지고 가는 것이다. 그들은 가족, 친구, 동료들에게 "짐을 좀 덜어도 되겠느냐?"고 절대로 묻지 않는다. 더더욱 심각한 것은 자기 자신에게조차도 묻지 않는다는 사실이다.

차마 묻지 못했던 그 한마디 질문을 건너뛰고서는 가방을 제대로 꾸릴 수 없다. 앞에서 우리는 지금 어떤 짐들을 지고 가는지에 대해 살펴봤다. 그럼 이제 자기 자신에게 물어볼 차례다.

"도대체 내가 왜 이 따위 짐들을 지고 가는 거지?"

도대체 왜?

얼마 전 토론토에 갔을 때 갑자기 비가 쏟아지는 바람에 근처 서점으로 뛰어 들어간 적이 있다. 비를 피하는 동안 흠뻑 젖은 구두에서는 빗물이 줄줄 새어나왔고, 나는 서점 안에서 책을 보는 사람들, 그리고 창밖에서 비를 맞으며 걸어가는 사람들을 물끄러미 바라보고 있었다. 그때 문득 이런 생각들이 떠올랐다.

'정말이지 우리는 얼마나 많은 짐을 지고 있는가?'

'사람들은 짐이 가벼워지기를 얼마나 절실히 갈구하는가?'

우리는 저마다 어떻게든 짐을 가볍게 해보려고 필사적으로 발버둥치고 있다. 더러는 즐거워지려고 애쓰면서, 또 더러는 궁극의 행복을 찾아 헤매면서, 아니면 그저 팔자대로 살아가면서…. 시선을 돌리자 롤로 메이Rollo May의 《창조와 용기The Courage to Create》란 책이 눈에 띄었다. 나는 별 생각 없이 들춰보다가 다음과 같은 구절을 읽게 되었다.

오직 당신만이 지니고 있는 그 생각을 표현하지 않는다면, 그리고 존재의 소리에 귀 기울이지 않는다면 그것은 곧 자신을 배신하는 것이다. 나아가 당신이 속한 세상에 기여하지 못함으로써 그곳에 속한 모든 사람조차 배신하는 것이다.

그 순간 정신이 번쩍 들었다. 지금 내가 하고 있는 그 일을 '왜' 하는 것인지, 무엇을 위해 그 일을 계속하고 있는지 되돌아보게 된 것이다. 누구나 자신이 쓸모 있는 존재라는 사실을 확인하고 싶어 한다. 누군가를 위해 자신의 재능을 이용하거나 무언가를 이루는 데 자신이 한몫하고 있다는 사실을 느끼고 싶어 한다. 인간은 자신이 쓸모 있는 존재임을 느낄 때, 그리고 자기보다 원대한 그 무엇과 하나의 끈으로 이어져 있음을 느낄 때 무한한 활력이 샘솟는다. 바꿔 말해 자신이 지고 있는 짐을 왜 지고 있는지 정확하게 안다면 그보다 더 많은 짐도 너끈히 지고 갈 수 있다.

미니애폴리스에는 '동물가면과 꼭두각시 인형의 마음The Heart of the Beast Mask and Puppet'이라는 이름의 마을 극장이 있다. 그 극장에서는 해마다 노동절을 축하하는 축제가 열린다. 행사가 있기 몇 주일 전부터 극장은 가면과 의상을 만드는 사람들로 북적거린다. 남녀노소를 불문하고 온갖 연령층의 사람들이 다 모여든다. 도시에 사는 아이들도 오랜만에 할아버지, 할머니들과 나란히 앉아 일을 한다. 모두들 이렇게 자기가 하는 일에 완전히 몰입하며 즐거운 시간을 보낸다. 행사기간 내내 웃음소리는 끊이지 않고 "무엇을 도와드릴까요?" 하는 소리가 여기저기서 메

아리친다. 1년 중 가장 활기 넘치는 이 기간 동안 사람들은 서로가 서로를 못 도와줘서 안달이다.

무슨 얘기인지 감이 오는가? 그렇다. 우리 모두가 찾는 것은 바로 '남을 도울 기회'다. 사람들은 자신이 믿고 있는 뭔가를 위해 일하고 싶어 하고, 또 그 일을 열심히 하고 싶어 하며 자신의 손으로 일궈낸 위대한 결과를 얻고 싶어 한다. 그런데 어째서 일상생활에서는 이런 일이 생기지 않는 것일까? 많은 사람이 노력해 봤자 달라지는 게 없다며 고개를 가로젓는다.

"아무도 신경 쓰지 않는데 나의 노력이 효과가 있든 말든 무슨 상관이야?"

사람들은 방향감각을 잃었고, 일할 힘도 잃었다. 도대체 무엇 때문에 이 일을 하고 있는지 모르기 때문이다. 그저 기계처럼 하루하루 아무 생각 없이 똑같은 일만 되풀이하고 있는 것이다. 더 이상 아무도 행복하게 해주지 않는 무의미한 행동을 끝없이 반복하면서 한 번도 왜 그것을 하는지 의문조차 품지 않는다.

2년 전 여름, 나는 여러 가지 프로젝트를 동시에 수행하느라 눈코 뜰 새 없이 일하고 있었다. 휴가를 낼 틈도 없이 그렇게 여름이 끝나갈 무렵, 간신히 하루를 쉴 수 있게 되었다. 나는 아내 제니퍼와 함께 그 황금 같은 하루를 정말 알차게 보내고 싶었다.

오전 9시에 우리는 트윈 시티Twin Cities(미시시피 강을 끼고 있는 미국의 두 도시 세인트폴과 미니애폴리스를 가리킴—옮긴이)를 떠나 위스콘신으로 향했다. 대략 3시쯤이면 리조트에 도착할 수 있을 것 같았다. 휴가 차량들로 꽉 막힌 도로를 세 시간 반가량 운전해 갔을 때 쉴 수 있는 장소가 나타났다. 하지만 왠지 마땅치가 않았다(이 주말이 우리에게 허락된 여름휴가의 전부였기에 우리는 가능한 한 완벽한 장소를 원했다). 거기서 한 시간 정도만 더 가면 한 번도 본 적 없는 슈피리어 호수가 있었기에 우리는 계속해서 차를 몰았다. 우회도로를 타는 바람에 두 시간이 더 걸렸지만 호수는 사진에서 본 것처럼 크고 아름다웠다. 하지만 빈방을 구할 수가 없었다. 어쩔 수 없이 우리는 또 차를 몰았지만 두 시간 동안 우리가 본 것은 '빈방 없음'이란 표지판뿐이었다. 점점 암담해지기 시작했다. 나는 이 소중한 휴가를 망칠 수 없어 이를 악물고 페달을 밟았다. 그때 아내가 물었다.

"왜 그렇게 악착같이 숙소를 찾아 헤매는 거예요?"

나는 어이가 없었다.

"왜 이렇게 진이 빠지도록 헤매느냐고? 근사한 숙소를 원하는 건 바로 당신 아니었어?"

그러자 아내는 나지막한 목소리로 말했다.

"난 그냥 우리 둘이서 함께 시간을 보내고 싶었을 뿐이에요." 그러고는 결정적인 한 마디를 덧붙였다. 그것은 '빈 방 없음'이란 표지판을 두 시간 넘게 만나면서부터 내가 조금씩 품기 시작했던, 그러나 차마 입 밖으로 꺼내지는 못했던 말이었다.

"우리, 그냥 다시 트윈시티로 돌아가는 게 어때요?"

우리는 그렇게 했다. 5시간 뒤, 그러니까 하루 종일 거의 12시간을 차 안에서 보낸 다음 아내와 나는 우리 집에서 네 블록 떨어진 레스토랑 앞에 차를 세웠다. 정말이지 미치도록 슬픈 코미디가 아닐 수 없었다. 그것은 아내와 함께 보냈던 어떤 휴가보다 가장 멋졌다(적어도 가장 기억에 남을 휴가인 것은 분명했다).

도대체 무엇 때문에?

제니퍼가 했던 그 질문을 스스로에게 던지지 않는다면 우리는 그보다 더 어리석은 짓도 할 수 있다. 질문을 던지지 않으면 이유를 알 수 없다. 이유를 모른다면 영영 달라질 수도 없고 새로운 목적의식도 가질 수 없을 것이다. 자, 이제 바람직한 삶의 구성 요소에 대해 '왜'라는 질문을 던져보자.

- 나는 '왜' 이 일을 하고 있는가?
- 나는 '왜' 이 사람들과 관계를 맺고 있는가?
- 나는 '왜' 이곳에 살고 있는가?

• 나는 '왜' 이것을 나의 목적으로 삼고 있는가?

물론 쉽게 대답할 수 있는 질문은 아니다. 또 이런 질문들에 대해 생각해 보는 것만으로는 삶을 변화시킬 수 없다. 하지만 최소한 짐을 가볍게 만들기 위한 첫발 뗀 셈이다.

짐을 지고 가는 네 가지 이유

첫발을 떼고 나면 지금 당신이 짐을 지고 가야 할 이유가 고작 네 가지뿐이라는 사실을 알게 된다. 이 이유들을 크게 두 개의 축으로 나누면 당신이 지금 어디에 서 있는지 확인하는 일종의 좌표를 만들 수 있다. 한 축은 현재의 즐거움과 미래의 보상을 이은 선이다. 어떤 일을 할 때는 지금 그것을 즐기기 때문이거나 장차 뭔가를 얻게 되리라 기대하기 때문이다. 또 다른 축은 자신과 다른 사람들을 연결한 선이다. 우리가 어떤 일을 할 때는 자기 자신을 위해서, 혹은 다른 사람을 돕기 위해서 한다. 이것들을 정리하면 대략 네 가지 범주로 요약된다. 지금 당신이 짐을 지고 가는 이유는 다음과 같다.

A 그것이 지금 나에게 즐거움을 주기 때문이다.	C 그것을 통해 앞으로 내가 얻게 될 뭔가를 위해서라면 얼마든지 지금 그 일을 견뎌낼 수 있기 때문이다.
B 그것이 지금 다른 사람들에게 즐거움을 주기 때문이다.	D 그것을 통해 앞으로 다른 사람들이 얻게 될 뭔가를 위해서라면 얼마든지 지금 그 일을 견뎌낼 수 있기 때문이다.

- A: 직업이나 취미, 아니면 흥거운 오락 같은 것들을 예로 들 수 있다. 가령 스키를 타러 가기 위해서라면 추운 겨울날 새벽 6시에도 얼마든지 일어날 수 있다.

- B: 파티 준비를 예로 들 수 있다. 파티를 열자면 해야 할 일이 산더미 같겠지만 얼마든지 기쁜 마음으로 할 수 있다. 좋아하는 사람들에게 즐거움을 주기 때문이다.

- C: 운동을 예로 들 수 있다. 헬스도 귀찮고 조깅도 질색이지만 그래도 우리는 운동화를 신는다. 건강을 위해서나 날씬한 몸매를 위해서나 그게 필요하다는 것을 알기 때문이다.

- D: 대다수 사람의 직업이 대표적인 예다. 당신은 자기 직업에 그다지 열정적이지 않거나 전혀 만족스럽지 않을 수도 있다. 하지만 먹여 살릴 가족이 있기 때문에, 혹은 아이들을 공부시키기 위해 꼭 참고 해낸다.

물론 이 네 가지 이유들이 서로 겹치는 경우도 있다. 예를 들어 직업상 하는 일이 좋을 수도 하지만 싫을 수도 있다. 하지만 그래도 견뎌낸다. 그 일을 함으로써 나중에 다른 뭔가를 얻을 수 있게 된다면 말이다. 즉, 당신의 삶을 탈탈 털어 어느 하나의 범주 안에 몽땅 몰아넣지는 말라는 것이다.

사실 이런 분류는 "도대체 내가 왜 이걸 다 지고 가는 거지?"라는 질문에 대한 답이 그다지 복잡하지 않다는 것을 보여주려는 것일 뿐이다. 조금만 자신을 들여다봐도 당신이 지금 왜 이 일을 하고 있는지, 그리고 지금 이 짐을 왜 지고 있는지 꽤 분명하게 알 수 있다. 더 중요한 것은 이런 분류를 통해서 "도대체 내가 왜 이걸 다 지고 가는 거지?"라는 질문에 대해 뭔가 대응할 수 있는 준비가 된다는 점이다.

이유를 알고 나면 짐을 가볍게 만들 수도 있고, 그 짐을 너끈히 짊어질 수 있도록 자신을 튼튼하게 단련시킬 수도 있다. 우리가 할 수 있는 일은 오직 이 두 가지뿐이다. 계속 짊어지거나 내려놓거나. 그러나 우리들 대부분은 갈피를 못 잡고 푸념만 하다 스트레스가 한계에 이르러서야 마지못해 짐을 내려놓는다. 그러면서도 그 짐을 하나의 선택으로 받아들이지 못할 뿐 아니라 짐에 대한 자신의 태도조차 바꾸지 못한다.

코이에가 딕에게 "이 모든 것이 당신을 행복하게 해줍니까?”라고 물었을 때 배낭을 다 비워놓고 자성하는 시간을 가진 것처럼 우리에겐 가방을 열고 다시 생각할 시간이 필요하다. 다시 말해 정말로 그 짐들을 지고 가야 하는지 생각해 본 후 ‘그렇다’라면 가능한 한 기쁘게 짊어질 수 있어야 한다는 것이다.

인간의 참을성은 놀라울 정도다. 인류의 역사를 돌이켜보면 자신의 신념을 위해 이루 말할 수 없는 고난과 역경을 견뎌낸 사람들의 이야기로 가득 차 있다. 하지만 우리들 대부분은 치과에서 스케일링을 받는 일조차도 그다지 참을만한 가치가 없는 것 같다며 힘들어한다.

가방을 풀고 다시 꾸릴 때 우리는 어떤 것이 수고할 만한 가치가 있는지 판단한다. 그럴만한 가치가 있다고 판단되면 그것을 자기 것으로 받아들이도록 하자. 즉, 그 선택에 대해 책임을 지고 가능한 한 즐거운 마음으로(그것이 비록 여전히 짐처럼 느껴질지라도) 그 짐을 지자.

당신이 웃음 띤 얼굴로 짐을 질 수 있도록 몇 가지 정보들을 정리해 보았다(우리는 이것을 여행 체크리스트에 있는 물품들과 관련지어 정리했다. 하지만 이들 정보를 응용하는 것은 당신 몫이다).

짐을 나눠들자(주소록)

맡겨진 책임이나 의무가 유난히 무겁게 느껴진다면 가족이

나 친구들에게 도움을 청하자. 사랑하는 사람들이 아주 흔쾌히 도와주는 것을 보면 아마 깜짝 놀라게 된다. 그리고 그들의 도움이 얼마나 큰 보탬이 되는지 깊은 감동을 받게 될 것이다.

하나는 내려놓자(가방)

짐이 무거운 이유는 온갖 물건을 쌓아 올렸기 때문인데 사람들은 이 사실을 가끔 잊어버리곤 한다. 짐이란 여러 개의 물건을 이것저것 모아놓은 것이다. 그런데 우리는 흔히 짐을 '하나'로 여기는 바람에 전부 다 지든가 아니면 전부 다 버리든가 양자택일밖에 없다고 생각하곤 한다. 이를 악물고 모두 지고 가거나 아니면 전부 내던지고 도망갈 수밖에 없다는 것이다. 실제로 보면 선택의 범위는 훨씬 넓다. 무거운 짐에서 하나, 혹은 두 개 이상의 짐을 내려놓을 수도 있고, 감당할 수 있을 때까지 한 번에 한 가지 책임만 덜어내도 된다. 이를테면 회사 일이 힘들더라도 굳이 직장을 그만둘 필요는 없다. 대신 꼭 자기가 직접 하지 않아도 될 일거리 한두 가지쯤은 사양할 수도 있다.

짐을 바꿔 들어보자(여행일지)

우리는 매일매일 반복되는 고단한 일상에 점점 지쳐간다.

날마다 똑같은 일을 계속하다 보면 작은 짐일지라도 쌓이고 쌓여 결국 거대한 바위처럼 우리를 짓누른다. 그렇다면 이제 짐을 바꿔 들어보자. 무거운 가방을 들고 갈 때 줄곧 오른손이나 왼손으로만 드는 것은 미련한 짓이다. 양손을 바꿔가며 들기도 하고 어깨에 걸거나 머리에 이기도 한다.

그렇듯이 이제부터 가능하면 짐을 바꿔 들어보자. 일주일에 하루는 일을 쉬거나 조금 늦게 출근해 보는 것이다. 설령 그로 인해 야근을 해야 할지라도 틀에 박힌 일상을 깨뜨려보자.

왜 이 짐을 지고 가는지 묻자(여권)

지금 하고 있는 일을 왜 하는지 잊어버렸을 때 짐이 더욱 무거워지기도 한다. 가끔 내가 왜 이 짐들을 지고 가는지 되짚어보면 힘이 생길것이다. 그래도 여전히 무겁기만 하다면 그 짐은 당신에게 계속 짊어져야 할만한 가치가 없는 것인지도 모른다.

도착지를 보여주자(지도)

언덕 너머 쉼터가 있다는 사실을 알고 걷는 자의 발걸음은 그다지 무겁지 않다. 마찬가지로 힘든 일이나 괴로운 인간관계, 혹은 아무리 불쾌한 장소라도 그것이 이대로 영영 계속되지는 않을 거라는 사실을 알고 나면 견디기가 훨씬 수월하다.

만일 당신이 기진맥진해 있다면 도착지가 어디인지, 어디까지만 가면 되는지 살펴보자. 한 달이든 몇 개월이든 스스로 유예 기간을 가져보는 것을 추천한다. 그때까지만 견뎌보자. 그래도 사정이 나아지지 않으면 그때 가서 필요한 조치들을 취하자. 변화가 필요한 때가 된 것이다. 그러나 그때가 되기 전까지는 적어도 시한이 정해져 있다는 사실을 염두에 두고 있어야 한다.

길을 물어보자(주소록)

오늘날 전인미답의 신천지를 찾기란 쉽지 않다. 또한 우리들 중 진정한 개척자를 찾기도 어렵다. 지금 당신이 겪고 있는 것은 대부분 누군가가 이미 겪었던 일들이다. 좋은 점은 그런 사람들에게 길을 물어볼 수 있다는 것이다. 그들은 어떻게 하면 좀 더 가볍게 여행할 수 있는지, 난코스에서는 어떻게 헤쳐 나가야 하는지에 대한 지혜로운 조언을 줄 수 있다. 친구, 배우자, 직장 동료, 부모, 형제 모두 훌륭한 안내자가 될 수 있다.

여행일정을 잡아보자(모험정신)

이따금 지고 있는 짐이 너무 많다고 여겨질 때가 있다. 혼자서 이 모든 일을 감당할 재주가 없기 때문이다. 책임에 대해 회의가 생기면 발걸음이 더뎌지고, 실제보다 두 배는 더 무겁게 느꺼진다. 이런 문제는 그냥 좀 더 잘 정리하는 것만으로도 해결할 수 있다. 리스트를 작성해 보자. 정확히 해야 할 일이 무엇인지, 그 일을 언제까지 해야 하는지 적어보자. 종이에 써보기만 해도 불안감이 사라지는 것을 경험할 수 있다. 최소한 '반드시 꼭 감당해야만 하는 것들'을 모두 검토해 볼 좋은 기회가 된다.

자신을 세계 속의 한 사람으로 바라보자(지도)

이따금 자신의 어깨 위에 온 세상을 올려놓은 것처럼 느껴질 때가 있다. 하지만 다른 사람들(혹은 당신이 알고 있는 사람들)과 비교해 보면 그렇게 나쁜 것도 아니라는 사실을 알게 된다. 당신의 짐이 가짜라는 소리가 아니라 가장 깊숙이 비축해 놓은 힘까지 전부 쏟아붓고 있는 것은 아니라는 이야기다. 세상의 다른 사람들과 마찬가지로 당신도 어쩌면 자신이 생각하는 것보다 훨씬 강한 사람일지도 모른다.

역할을 서로 바꿔보자(모험정신)

더그 토머스는 날마다 출퇴근 전철에 시달려야 하는 샐러리맨 생활에 진력이 났다. 그의 아내 로라 쿠퍼는 하루 종일 취학전 꼬마들과 집에 틀어박혀 지내는 데 신물이 났다. 그래서 두 사람은 서로의 역할을 바꿔보기로 했다.

로라는 아이를 갖기 전에 일했던 은행에 다시 취직했고 더그는 직장을 나와 프리랜서 작가로 일하면서 낮에는 아이들을 돌보기로 한 것이다. 물론 바뀐 일과와 라이프스타일에 적응하느라 꽤나 고생해야 했다. 하지만 결국 두 사람은 고생한 보람을 얻었다. 더그가 후회하는 것이 한 가지 있다면, 왜 진작 그러지 못했는가 하는 것이다. 그는 말한다.

"진지하게 그것을 생각해 볼 용기만 있었다면, 1년 전에 이렇게 할 수도 있었을 텐데."

휴식을 갖자(가방)

휴식보다 더 좋은 보약이 없다. 만일 당신이 유난히 지쳐 있다면 잠시 쉴 수 있는 방법을 찾아보자. 며칠 휴가를 얻거나 오후 한나절을 아무 생각 없이 쉬도록 하자. 아니면 잠깐 낮잠만 자고 나도 놀랄 만큼 효과가 있을 것이다.

당신이 관광객이라는 사실을 잊지 말자(모험정신)

뉴욕 사람들은 평생 맨해튼에서만 생활을 한다. 단 한 번도 유람선을 타고 자유의 여신상을 보러 가는 법이 없다. 파리 사람들은 에펠탑 따위는 안중에도 없다.

살아도 사는 게 아닌 것 같은 삶 아닌가? 지구라는 행성에서 우리가 경험할 수 있는 시간은 한정되어 있다. 가능한 한 많은 것을 봐야하지 않을까? 지금이라도 당장 집을 나서보자. 모험정신을 갖고 도전해 보자. 아마 바보 같은 짓이었다거나 시간 낭비였다거나 지루했다는 결론을 내리게 될 수도 있지만 해보지 않고서야 어떻게 알겠는가?

자신에게 관대해지자(여행자수표)

물론 돈을 물 쓰듯 하거나 즐길 대로 실컷 즐기라는 얘기는 아니다. 하지만 당신이 계속 스스로에게 안 된다고 거절만 한다면, 줄줄이 늘어서 있는 가능성 가운데 어느 하나도 맛볼 수 없다. 그러니 이따금 자기가 정말 원하는 것을 스스로 허락해 주는 것도 나쁘지 않다. 그것이 반드시 새 차를 뽑는다거나 세계일주를 떠나는 것처럼 대단할 필요는 없다. 때로는 당신이 몹시 갖고 싶어 했던 롤러 블레이드를 산다거나 다른 데 가서 주말을 보내고 오는 것만으로도 꽤 효과가 있다.

성공의 무게

일을 하면 할수록 그만큼 책임도 커지고 짐도 더 무거워지는 경향이 있다. 무엇보다 중요한 일은 자기 자신에게 이 짐을 왜 지고 있는지 묻는 것이다. 그 어느 때보다도 '가장 힘들다고 느껴질 때' 바로 이 질문을 던져야 한다.

우리는 너무 바쁘고 성공의 무게에 짓눌려 있기 때문에 하던 일을 멈추고 돌아볼 여유가 없다. 하지만 둘러보면 사방에 도움의 손길이 기다리고 있다. 다만 그것을 활용하지 않을 뿐이다. 책꽂이에 꽂혀 있는 책들도 우리가 여행하고 있는 이 삶의 의미가 무엇인지 생각하는 데 큰 도움이 된다. 이런 책들에 담긴 지혜에 살짝 닿기만 해도 세상사를 떠나 조용히 생각할 시간을 갖기에 충분하다. 삶에 대한 메시지 하나라도 붙잡으려면 오히려 삶에서 잠시 떨어져 있는 수밖에 없다. 하지만 삶은 오직 살아봐야만 풀 수 있는 수수께끼로 가득 차 있다. "삶이 무엇인지는 삶의 뒤편에서 봐야만 알 수 있다. 하지만 삶은 반드시 앞을 향해 살아나가야 한다"라고 했던 키에르케고르Kierkegaard의 말처럼.

안타까운 모순이지만 삶에서 가장 중요한 것들—일, 사랑, 장소, 그리고 목적—이 대개는 가장 다루기 힘들다. 그리고 사람들이 가장 도움을 필요로 하는 문제들 역시 도움을 청하기 가장 어렵다. 딕의 말을 들어보자.

내 사무실을 찾는 고객들은 다들 무게가 다른 여러 개의 가방을 들고 온다. 그들 대부분은 비교적 성공한 사람들이지만 늘 압박감에 시달린다. 그리고 일이나 사람들과의 관계 때문에 바람직한 삶을 살지 못하고 있다고 말한다. 그들은 좀 더 의미 있고 보람을 느낄 수 있는 일을 하면서 소중한 시간을 보내고 싶어 한다. 그리고 그렇게 의미 있는 일을 위해서는 지금 하고 있는 일을 때려치워야만 한다는 강박관념에 시달리고 있다. 심지어 고객들 중 가장 성공한 사람들조차도 회의를 품는다. 다람쥐 쳇바퀴 같은 삶이 스트레스, 불안, 우울증, 마약이나 알코올 남용, 이혼 등의 형태로 그들을 망가뜨리고 있다. 외톨이가 된 느낌이며 도움을 청할 수도 없다. 그들 대부분은 문제해결을 위해 도움을 청할 준비조차 되어 있지 않다. 그들은 자기 개발 프로그램이나 책 같은 것을 좋아하지 않는다. 또 자기 문제를 자신이 속한 조직 내의 사람들과 의논하는 것도 불편하게 생각한다. 그래서 그들은 이야기를 나누기 위해, 짐을 가볍게 하기 위해 몰래 나를 찾아온다.

사람들은 데드라인을 넘어 '경종'이 울려야 비로소 자기 문제에 대해 생각하게 된다. 그런데 안타깝게도 이 경종으로 인한 충격 때문에 자기 문제를 제대로 처리하지 못하고 비틀거리는 경우가 많다. 사람들(심지어 우리들 중 가장 성공한 사람들까지도)은 대부분 자기 어깨 위에 온 세상의 짐을 올려놓은 듯한 압박감에 휩싸일 때면 어김없이 경종 소리를 듣게 된다. 롤로 메이Rollo May 가 이야기하듯 "비상사태는 그것이 끌고 오는 온갖 스트레스와 함께 우리를 덮친다."

바꿔 말하면 경종은 우리를 잠에서 깨어나게 하는 신호다. 딕은 자신에게 잇따라 울렸던 경종에 대해 이렇게 말한다.

예전에 나는 잘나가던 직장인이었다. 어느 정도 명예도 얻었고 자신감도 충만해 있었다. 성공한 사람답게 비교적 안락한 생활을 즐기고 있었다. 그런데 뜻밖의 일들이 벌어졌다. 이 모든 것이 일제히 끽 소리를 내며 멈춰서 버린 것이다.

아버지가 동맥경화로 갑작스레 세상을 떠나고, 나는 아내와 이혼했으며, 사업 파트너가 사고를 당했고, 아들은 자기 인생을 찾아 집을 떠나버렸다. 찬란했던 나의 삶은 무너지고 하루아침에 어두운 동굴로 변해버렸다. 나는 갑자기 노인처럼 늙어버렸다. 어둡고 음울한 날들을 보내던 어느 날, 나는 지금이 바로 가방을 다시 꾸려야 할 때라는 사실을 깨닫게 되었다.

그로부터 11년 후, 어머니가 내 팔 안에서 숨을 거두었다. 우린 서로 마지막 작별인사를 나눌 수 있었다. 어머니의 죽음과 함께 한 세대의 막이 완전히 걷어 올려졌다. 이제 내 인생은 전적으로 나의 책임이라는 사실이 가슴에 와닿았다. 마치 미지로 떠나는 모험 앞에 보호해 줄 그 무엇도 없이 내던져진 느낌이었다. 이젠 가방을 풀고 다시 꾸릴 수밖에 없게 된 것이다. 어머니가 돌아가신 뒤 나는 거울 앞에 섰다. 거울 속에는 중년의 사내가 서 있었다. 어떻게 보면 18세 때의 내 모습과 하나도 다를 바 없었다. 그때처럼 지금도 여전히 혼란스럽고 두려움에 차 있으며, 무지개 저 너머에 대한 동경, 새로운 삶에 대한 호기심, 그리고 낭만에 가득 찬 열정으로 가슴이 뛰고 있었다. 18세와 49세 사이의 세월이 찰나처럼 느껴졌다.

굿바이, 그리고 반가워!

누구나 이별을 한다. 쉽지 않지만 어쩔 수 없이 겪게 된다. 계속해서 앞으로 나아가려면 때로 어떤 것들은 남겨두고 떠날 수밖에 없다. 그래도 우리는 계속 나아가야 한다. 무엇을 잃든 성장을 위해서는 잃는 법을 배워야 한다.

"사랑하는 이의 죽음, 잃어버린 직장, 배우자와의 이혼, 재산의 손실, 자식의 결혼…. "

이별의 종류는 너무도 다양하지만 상실감 극복을 위해 가장 좋은 방법은 그때마다 자신의 내면과 만나 대화를 나누는 것이다. 굿바이, 헤어지는 그 순간이 곧 자신에게 '반갑네' 하고 인사하는 시간이다.

지금 어떤 기분인지 속 시원히 털어놓지 않으면 계속 혼자서 짐을 지고 갈 수밖에 없다. 짐을 덜어버려야 할 순간에 오히려 더 많은 짐을 올려놓게 되는 것이다. 딕의 딸 그레타가 대학 기숙사로 떠났을 때 딕은 '빈 둥지'가 된 집에서 딸에게 편지를 썼다. 그 허전함과 상실감, 딸에 대한 사랑과 축복 등 모든 감정을 털어놓아야만 했다. 짐을 덜어내기 위해서 딕이 꼭 해야 할 일이었던 것이다.

사랑하는 그레타에게

그래, 결국 이런 날이 오는구나. 네가 정말 떠나는구나.

네가 그랬었지. "아주 떠나는 게 아니에요. 아빠, 다시 돌아올 거예요." 그래 넌 다시 돌아올 게다. 우리가 다시는 못 볼 거라고 생각하지는 않는단다. 한동안은 전화로 이야기를 나누겠지. 하지만 너는 돌아올 때마다 점점 더 어른이 되어 있을 거야. 하루하루 기준으로 보면 너는 영원히 떠나는 셈이란다. 귀에 닳도록 듣던 그

'빈 둥지'를 이렇게 몸소 겪게 되다니 꿈만 같구나.

"지금 이 순간을 즐겨라, 눈 깜짝할 사이에 날아가 버릴 테니"라고들 하더니만 이제는 내가 그 말을 강연에서 써먹는단다. "오늘을 놓치지 말라"고 말이야. 그러면 청중들은 무슨 말인지 알겠다며 빙긋 웃곤 하지.

너도 나중에는 알게 될 거야. 네가 아이를 갖게 되면 19년 동안 한 지붕에서 함께 살아온 자식을 떠나보낼 때 기쁨과 허전함이 뒤섞인 이 착잡한 심정을 알게 될 게다. 그때가 되면 부모가 자식에게서 갖는 사랑의 깊이를, 말로는 설명할 수 없는 그 깊이를 알게 되겠지. 네가 내 품에서 함께 보냈던 시절을 돌아볼 때면, 너는 아마도 시계만 쳐다보던 수업시간, 너희 학교 농구팀이 져서 돌아오던 날, 아니면 친구와 싸우고 돌아와 울던 기억들을 떠올릴지도 모르겠구나. 하지만 나는 오두막에서 지냈던 여름, 하와이에 갔던 일, 그리고 날마다 나누던 일상의 단편들이 먼저 떠오른단다.

너는 고개를 갸웃거리며 어른들은 정말 이상하다고 생각하겠지. 한때 나도 똑같은 생각을 했었으니까. 하지만 지금은 나도 상담가들이 입버릇처럼 하는 말을 할 수밖에 없구나. "오늘을 놓치지 말라"고. 인생은 정말 짧아서 눈 깜박할 사이에 지나간다고. 하지만 이 말도 금세 연기가 되어 허공으로 사라져 버리는 듯한 느낌이구나.

너를 붙잡고 싶은 마음은 간절했다만 떠나도록 내버려두었다. 우리가 좋아하던 작곡가가 있었지. 해리 채핀! 그래, 그 노래 '요람 속의 고양이' 생각나니? 그 노래에서 아버지를 우러러보며 커가는 어린 소년이 이렇게 말하지. 나도 "아버지처럼 돼야지"라고. 아버지는 바쁘고 일에 쫓겨 아들과 약속을 해놓고도 한 번도 지키지 못하지. 세월이 흘러 아들이 어른이 되고 자기 아버지처럼 바빠지지. 아버지는 이제 늙고 전처럼 바쁘지도 않아. 하지만 아들은 아버지처럼 되었어. 그 노래의 후렴은 너도 잘 알지? "아들아, 집에는 언제쯤 오니? 모르겠어요. 들어가면 같이 있어 드릴게요. 그럼 정말 즐거운 시간이 될 거예요."

나는 어젯밤 그 노래를 나지막이 불렀단다. 그리곤 울음을 터뜨리고 말았단다. 그 노래가 얼마나 가슴에 와닿던지.

그레타, 네가 집에 오면, 언제쯤일지는 모르겠다만 그때 우리 함께 있자구나. 그러면 정말 즐거운 시간이 될 게다. 그럼 그때까지, 안녕.

사랑하는 아빠가

미지의 땅을 걷자

자신이 짊어진 짐을 돌아보는 데에는 용기가 필요하다. 그 중 몇 가지를 두고 갈 생각이라면 더욱 더 큰 용기가 필요하다. 어쩌면 남몰래 부러워하거나 큰소리로 불평하면서 자신의 짐을 그대로 짊어지고 사는 편이 훨씬 더 쉬울 수도 있다. 우리는 어른이 되기만을 기다리다가 어느 날 갑자기 어른이 되었다는 것을 깨닫게 된다. 지금의 좌절과 절망이 짐의 일부가 되리라고 누가 짐작이나 했겠는가?

중년이 되면 종종 삶이 출발점으로 되돌아온 것 같은 기분이 든다. 전에 씨름했던 의문들이 다시 우리를 사로잡는다. 중년이 되면 사춘기가 다시 찾아온다. 사춘기 때처럼 삶의 새로운 지점에 서 있게 되고, 자신감과 절망감이 뒤섞인 야릇한 감정에 휩싸이게 된다. 인생에 대해 이제 좀 알 것 같다 하면서도 한편으론 질문들이 갑자기 바뀐 건 아닌가 싶어 두려워한다. 10대 시절처럼 삶의 책임감을 어깨에 져야 할지 말아야 할지 주저하고 망설인다. 그러나 중년이 되면 18세 때는 없었던 유리한 점들도 생긴다. 가령 무無에서 자신을 창조하지 않아도 된다. 아니면 다시 그래야 되는 건가?

카를 융에서부터 대니얼 레빈슨Daniel Levinson에 이르기까지 성인의 발달과정을 연구한 사람들은 하나같이 중년의 중요성을 강조했다. 융은 중년을 '인생의 오후'라 했고, 이때야말로 과거의 자신을 되돌아보고 앞으로의 자기 모습을 내다볼 수 있는 시기라고 했다. 레빈슨은 자신의 개성과 인간다움을 향유할 수 있는 이 시기를 '제 날개로 날 준비가 된 성인기'라고 했다. 이때가 되면 우리는 처음 출발했던 곳으로 다시 돌아오게 되고 처음으로 그 사실을 알게 된다.

영화 〈죽은 시인의 사회Dead Poets Society〉에서 존 키팅 교수는 학생들이 자아를 찾고자 투쟁할 때 이렇게 말한다.

"과감히 자기 자신의 진짜 목소리가 말하게 하라!"

영화 후반에 그는 책상 위에 올라서서 "내가 왜 여기 서 있지?" 하고 묻는다. 그리고 자신이 던진 질문에 이렇게 대답한다. "나는 나 자신에게 끝없이 사물을 다르게 바라봐야 한다는 것을 일깨워 주기 위해 여기 서 있다. 이 위에서는 세상이 다르게 보이지. 믿지 못하겠다면 너희들도 올라서 봐." 그런 후 마지막으로 그는 말한다.

"어떤 확신을 갖게 되면 그것을 다른 각도에서 다시 생각해 보도록 노력해야 해. 그것이 비록 잘못된 일이거나 바보 같은 짓이라 해도 말이야. 책을 읽을 때는 저자의 생각만 따라가지 말고 자기 자신의 생각에도 귀를 기울여봐. 미지의 땅을 걷는 모험을 감행하란 말이야."

미지의 땅을 걷는 모험은 평생 동안 끊임없이 마주치는 도전이다. 그리고 중년에는 그 어느 때보다 매서운 도전을 받는다. 거의 모든 사람이 지금의 자신과는 다른 존재가 되고 싶은 욕망을 감추고 있다. 거의 모두가 한 번쯤은 자신의 인생을 돌아보고 "내가 왜 이 모든 짐을 지고 가는 거지?"라고 묻게 된다.

딕과 나는 많은 상담과 경험을 통해서, 그리고 중년들과 어울리면서 인생의 후반을 잘 마무리하기 위해 무엇보다도 중요한 것은 '미지의 땅을 걷는 모험'을 감행하려는 의지라는 점을 깨닫게 되었다. 우리는 어떤 상황이든 똑같은 짐을 계속 지고 가는 것이 곧 가치 있는 삶이라고 배워왔다. 인간관계나 직장생활이 끝장나면 실패한 인생이라 믿도록 길들여져 온 것이다. 하지만 실은 그 반대다. 그 생각이 틀렸다는 것을 깨닫는 순간 가방을 다시 꾸리게 된다.

삶은 저기가 아니라 여기에 있다

가방을 다시 꾸리는 일은 요람에서 무덤까지 계속된다. 나이에 상관없이 살아 있다는 느낌을 잃지 않고 싶다면 가방 꾸리기는 거듭 되풀이돼야 한다. 바람직한 삶이란 한번 손에 넣으면 고이고이 모셔둘 수 있는 보물단지가 아니다. 바람직한 삶은 '우리가 속해 있는 곳에서, 사랑하는 사람들과 함께 살면서, 삶의 목적을 갖고 자기 일을 하는 것'의 의미를 끊임없이 재발견하는 과정이다. 삶의 매 단계마다 우리는 그때그때 품고 있는 인생관에 따라 언제든 자신을 설계할 수 있다. 여기에서 중요한 것은 내가 지고 있는 짐이 무엇이며 그것을 왜 지고 가는가를 분명히 인식해야 한다는 점이다.

딕의 아들 앤드류는 성인이 된 지 얼마 지나지 않아 자기만의 바람직한 삶을 살기로 마음먹었다. 언제까지나 동경만 하다 기회를 놓치고 나중에 후회하며 살기보다는 그 기회를 얼른 잡기로 결심한 것이다. 그래서 23세인 앤드류는 제대로 된 장소(몬태나 주의 레드 로지)에서 사랑하는 사람들과 함께 목적을 갖고 자신이 좋아하는 일—아웃워드 바운드Outward Bound(뗏목 타기, 산악 등반, 산림 여행 등 모험적인 야외 활동을 주로 하는 미국의 여행사—옮긴이)의 교관—을 하며 살고 있다. 친구들이나 대학 동창들은 그의 선택을 부러워한다. 앤드류의 친구들은 이렇게 말한다.

"나도 네가 하고 있는 그런 일을 하고 싶어. 하지만 앞뒤 잴 틈이 없었지, 일자리가 생기자마자 당장 저걸 꼭 잡아야만 한다고 생각했거든."

앤드류는 매순간 자신에게 "왜 내가 이런 짐들을 지고 가야 하지?"라고 물음으로써 스스로 설계한 자신의 삶과 다른 친구들의 삶을 비교해 보곤 한다.

친구들 대부분은 나름의 인생관에 따라 살아가고 있어요. 하지만 녀석들은 이미 자동차, 아파트, 가구, 은행 대출 따위에 발이 묶여 있죠. 앞으로 5년 안에 다들 결혼하고, 아이를 갖고, 그런 식으로 잘 살아갈 겁니다. 하지만 저는 아마 그때까지도 여전히 산속을 헤매고 다니겠죠.

저는 지금 나만의 일을 하고 있어요. 저는 동료들과 한 팀이 되어 같이 일하면서 다른 사람들의 삶에 뭔가 한몫할 수 있다는 게 정말 좋아요. 어려운 문제들을 풀어나가는 것도 재미있고요. 여기서 일하다 보면 제가 정말 중요한 일의 일부를 맡고 있다는 걸 분명하게 느끼게 돼요. 여기서 일하는 사람들은 모두 같은 목적을 갖고 있죠. 우리 가치관에는 공통점이 많아요. 또 다들 뭔가 남과 다른 방법으로 일하는 걸 좋아하기도 하죠. 우리가 실제 경험을 통해 배우기를 즐겨하는 것도 그 때문인 것 같아요. 제 생각엔 어떤 목적과 가치관을 터득했느냐가 그것을 어디에서 깨우쳤느냐보다 훨씬 더 중요하다고 봐요. 물론 제가 하는 이 일에 한해서지만.

앤드류가 생각하는 바람직한 삶은 이렇다.

제가 바라는 건 아주 소박해요. 돈에 대한 욕심은 없어요. 하지만
제가 원하는 것, 시간과 좋은 직업을 갖고 있죠. 돈은 정말 조금만
있어도 그럭저럭 지낼 수 있어요. 일용품을 사고, 아플 때 치료받
고, 돌아다니면서 하고 싶은 일을 할 정도는 돼요. 통장에 내 한 몸
잘 건사할 수 있을 만큼의 돈은 저축하고 싶고 아직 남은 시간도
있어요. 지금 저한텐 이게 가장 바람직한 삶이에요.

지금 당신이 생각하는 바람직한 삶은 어떤 것인가? 당신의
생각도 앤드류만큼 분명한가? 당신은 지금 무엇을 지고 있으며,
왜 그것을 지고 있는지 알고 있는가? 아니면 가방을 풀고 다시
꾸리는 문제에 대해 좀 더 생각이 필요할 때인가?

가방을 풀기 위해 던져야 할 질문들

가방을 푸는 것은 당신이 겪어본 일 가운데 가장 고통스러
운 경험이 될 수 있다. 하지만 그 고통의 터널을 지나면 무한한
해방감이 당신을 기다리고 있을지도 모른다. 당신은 어떤가? 지

금 어떤 짐들을 지고 있는가? 인간관계나 직업을 놓고 그것을
버려야 할지 말아야 할지 갈등하고 있는가? 만일 그런 상황이라
면 '일', '사랑', '장소', '목적'이라는 네 가지 범주에 드는 것인
지 먼저 따져보자. 그런 상황을 염두에 두고 다음 질문에 대해
곰곰이 돌아본 뒤 대화를 나눠보자.

- 지금 당신이 있는 곳이 좀 더 나은 곳이 될 거라고 정말
  기대할 수 있는가? 아니면 지금 같이 있는 사람이 아닌
  다른 누군가와 같이 있게 되리라고 정말 기대할 수 있는
  가? 어떻게 하면 그렇게 할 수 있겠는가?
- 지금 하고 있는 일이나 사람으로 인한 괴로움은 단지 이
  일 혹은 이 사람 때문인가?
- 가방을 푸는 일에는 어떤 희생이 따르며, 여전히 지금 상
  태로 계속 머물기 위해서는 어떤 대가를 치러야 하는가?
- 내가 처한 상황에 대하여 어떤 관점에서 생각해 보았는
  가? 어떤 관점으로 '이대로 그냥 있는 것'이 잘못된 것이
  라 생각하는가?
- 가방을 다시 꾸린다면 다음과 같은 것들을 기꺼이 감수
  할 준비가 되어 있는가?
  - 일시적인 비난

- 친구나 가족들을 일시적으로 잃게 되는 것
- 장소를 일시적으로 잃게 되는 것
- 수입을 일시적으로 잃게 되는 것
- 내가 이기적인 사람이라는 생각

정말로 필요하지 않은 것 한 가지

가방을 푸는 일은 자기 삶의 좋은 면과 나쁜 면(추한 면까지)을 함께 들여다보는 것이다. 가방을 풀면서 그동안 당신을 짓누르던 몇 가지 짐을 보고 아마 충격을 받게 될 것이다.

한 화가는 근 20년간 열심히 노력한 끝에 마침내 거의 모든 작품이 전시되고 판매되는 자리에까지 올라섰다. 그럼에도 여전히 자기가 하고 있는 모든 일에 대해서 다소 부정적이거나 의심 섞인 태도를 버리지 못하고 있었다. 거의 언제나 그랬다. 솔직히 말해서 이런 태도는 전혀 도움이 안 되는 악습이었다. 우리는 지난 5년 동안 그의 작품이 모두 호평을 받고 상업적으로도 큰 성공을 거뒀다는 점을 지적해 주었다. 이 충고는 갑자기 켜진 전등과도 같았다. 그 순간부터 그의 태도가 달라졌기 때문이 아니라 옛 방식은 그냥 옛 방식일 뿐이라는 것을 비로소 깨달았기 때문이다. 옛 방식을 버릴 줄 알게 됨으로써 그는 자신이 성취한 모든 것에 대해 진정한 주인의식을 가질 수 있게 되었다.

이 모든 필요 없는 것을 버리는 것에서부터 시작되었다. 정말로 필요하지 않은 것 한 가지를 버리는 것에서부터. 당신의 삶 (정신적 삶, 혹은 육체적 삶)을 찬찬히 들여다보자. 당신에게 정말, 정말, 정말로 필요하지 않은 것 한 가지가 눈에 띌 것이다. 당신을 가장 무겁게 짓누르고 있는 그 한 가지는 무엇인가?

바람직한 삶을 살려면 꼭 있어야 하는 것이
그토록 진저리나게 혐오스러운 것이라면,
산다는 게 무슨 의미가 있겠는가?
인생의 이치란 그저 매일매일
내가 땀 흘려 하는 일
그 자체가 기쁨이 되게 하는 것뿐이다.

- 에드워드 카펜터 -

05

성공했는가,
성취했는가

✦

어떻게 먹고살 것인가?

가진 것이 삶뿐이기 때문에, 아니 생활뿐이기 때문에 우리는 가장 근본적인 이 문제를 피할 도리가 없다.

"어떻게 먹고살 것인가?"

잠시 생각해 보자. 자신이 직업을 선택했을까, 아니면 직업이 당신을 선택했을까? 혹시 지금 하고 있는 일보다 더 좋은 일, 나에게 딱 맞는 일이 있지 않을까 생각해 본 적 있는가? 직업이 당신을 택한 탓에 타고난 당신의 재능을 계속 낭비하고 있지는 않은가? 매일 아침 출근할 때마다 가족과 개인적인 욕망 사이에서 아슬아슬하게 줄타기를 하고 있지는 않은가? 일에서 성취감을 느껴보기를 정말 간절히 원하는가?

"어떻게 먹고살 것인가?"에 대한 해답을 찾아가는 길은 평생에 걸친 긴 여정이다. 하지만 준비되기 전까지는 결코 떠날 수 없는 여행이다. 가방을 다시 꾸린다고 해서 모든 준비가 끝난 것은 아니다. 달라진 가방의 무게와 내용물에 적응할 때까지, 다시 말해서 완전한 치유에 이르기까지는 어느 정도의 아픔과 좌절의 시간을 겪어야 한다. 의학에서 말하는 '명현현상(복약 후 일시적으로 나타나는 예기치 못한 여러 가지 반응)'이 지난 뒤에야 제대로 준비를 마칠 수 있다.

사람들은 대부분 중년이 되어서야 어느 정도 준비가 된다. 중년은 청춘과 노년의 경계지점이며 전환의 시기다. 이 시기의 사람들은 아직 팔팔한 과거의 감각과 불투명한 미래 사이에서 막막함과 설렘이 묘하게 뒤섞인 상태를 경험하게 된다. 지나온 삶을 되돌아볼 때 단지 기억을 더듬는 것만으로는 의미가 없다. 과거의 매 시기마다 가장 바람직했다고 생각되는 삶의 형태를 선명하게 반추해 볼 필요가 있다. 지금까지 자신이 일궈낸 것들을 살펴보고, 앞으로 그보다 더 훌륭한 일을 해낼 수 있는지 자신에게 물어보자.

의식적이든 무의식적이든 사람들은 대부분 어떻게든 지금까지의 '나'로부터 벗어나고 싶어 한다. 그동안 자기 자신을 위해 쌓아온 짐들로부터 벗어날 방법을 찾고 싶은 것이다. 앵무조개가 낡은 껍질을 버리고 새 껍질을 찾아 들어가듯이 자신의 낡은 이미지 속에 계속 안주하려는 타성을 깨고 나오려고 한다.

'혹시 나 혼자만 이런 걸까?'

사람들은 오직 자신만이 이런 의심과 회의 속에 빠져 있는 것이 아닐까 궁금해하면서도 여전히 입을 꾹 다문 채 그 누구에게도 속내를 털어놓지 않는다. 하지만 사실은 우리들 대부분이 지금보다 더 나은 삶, 더 모험으로 가득 찬 짜릿한 삶을 살고 싶은 은밀한 동경을 품고 있다. 다만 그 사실을 좀처럼 인정하지 않을 뿐이다. 그래서 안타깝게도 다른 사람들로 하여금 대리 모험을 떠나게 한다. 대표적인 대리인들이 바로 TV 속 전문 탐험가들이다. 그리고 자신은 푹신한 안락의자에 앉아 그저 상상만으로 동참할 뿐이다. 대체 이게 뭐란 말인가?

그렇다고 지금 당장 등산복으로 갈아입고 히말라야로 떠나라는 뜻은 아니다. 바깥세상으로 떠나는 모험 못지않게 중요한 것이 내적 탐험이다. 내면이라는 그 무한한 미지의 세계는 평생에 걸쳐 언제든지 만날 수 있다. 마음만 먹으면 당신은 언제든지 모험으로 가득 찬 인생을 즐길 수 있다.

어릴 때는 누구나 이런 질문을 받는다.

"커서 뭐가 되고 싶니?"

아마 "커서 어떤 인생을 살고 싶니?"라고 묻기엔 너무 어렸을 것이다. 사회학자 막스 베버의 말처럼 현대인의 딜레마는 "살기 위해서 일하느냐, 일하기 위해서 사느냐?" 하는 것이다. 대부분 일하기 위해 산다고 대답할 것이다. 우리는 해야 할 일과 하고 싶은 일을 구분하는 버릇이 있다. 하지만 결국 그런 구분 자체가 허울뿐이라는 사실을 깨닫게 된다. 바깥세상과 내면세계를 모험하고 있을 때는 해야 할 일과 하고 싶은 일이 하나가 되기 때문이다. 정말 어려운 것은 그동안 살아오면서 차곡차곡 산더미처럼 쌓아놓은 수많은 '해야 할 일'과 '하고 싶은 일'을 모두 털어버리는 것이다.

결국 진정 느끼고 싶은 것은 탐험가들이 가장 아슬아슬한 모험을 할 때 느끼는 '내면의 리듬'이다. 그것은 바깥세상과 내면세계가 하나로 합쳐질 때의 느낌이며, 가야할 곳은 알지만 어떻게 가야할지 알 수 없을 때 오는 느낌이다. 다시 말해 낭만주의와 현실주의의 행복한 만남인 것이다.

바람직한 삶을 산다는 것은 '현실적인 낭만주의자'가 되는 일이다. 우리는 누구나 먹고살기 위해 돈을 벌고 학비도 내면서 가족을 사랑하고 좋은 일도 해야 한다. 융자금도 갚아야 하고 치과에 갈 돈도 벌어야 한다. 단 하루도 '어떻게 먹고살 것인가?'를 생각하지 않을 수 없다. 그만큼 현실적이어야 한다는 뜻이다. 동시에 우리는 낭만적이어야 한다. 사람은 원래 사랑을 해야 한다. 가까운 사람들, 내가 몸담은 곳, 내가 추구하는 목적을 사랑해야 한다. 바람직한 삶을 살려면 철저히 낭만적이어야 하고 궁극적으로는 어리석을 만큼 이상을 추구해야 한다. 그로 인해 숱한 방황을 하게 될지라도.

삶이란 일직선이 아니다. 탄생에서 죽음까지 이르는 길은 지그재그로 꺾여 있어 회전에 회전을 거듭해야 한다. 때문에 인생은 무수한 뒷걸음질로 파헤쳐진 'W'자 형태의 꺾인 길로 이루어져 있다. 하지만 우리 사회는 이 사실을 인정하지 않으려 한다. 직선으로 뻗어 있는 길만을 '성공'으로 여긴다. 그래서 얻은 것이 뭔가? 한평생 굴곡 없이 잘 살다가 성공적으로 은퇴하여 깨끗하게 인생을 마감한다는 뻔한 건전 드라마뿐이지 않은가?

인생을 곧게 뻗은 길이라 믿는 사람들은 먼저 교육을 받고, 좋은 직장에 들어가 열심히 일을 한 다음 은퇴를 하고 나서야 드디어 진짜 삶을 시작할 수 있으리라 생각한다. 그러나 안타깝게도 은퇴할 무렵이 되면 어떻게 살아야 하는지 다 잊어버리거나, 거기까지 오느라 너무 지쳐버려 더 이상 살아갈 에너지가 남아 있지 않은 경우가 대부분이다.

소중한 삶을 그런 식으로 접고 싶지 않다면 할 수 있는 한 자신의 모든 삶을 그때그때 충만하게 살아야 한다. 판에 박힌 기존의 각본을 뒤집어엎는 것이다. 곧고 좁은 길에서 벗어나 마음 가는 대로 이리저리 돌아다녀 보는 것이다. 물론 두려운 일이다. 그런 삶을 산다는 것은 자신의 인생과 사랑과 일에 대해 끊임없이 질문을 던져야 한다는 것을 의미한다. 결코 쉬운 일은 아니다. 하지만 피할 수도 없다. 어느 누구에게나 삶의 기준이었던 그 확고한 생활양식이 무너져 내리는 순간이 오기 때문이다. 이제까지 옳고 확실하다고 믿어왔던 모든 것에 대한 회의가 하나씩 고개를 쳐든다. 기존의 방식들이 더이상 안내자 역할을 하지 못할 뿐만 아니라 무거운 짐으로 느껴지기 시작한다. 완전히 어린아이로 돌아간 것처럼 다시 한 번 스스로 물어보자.

"나는 커서 무엇이 되고 싶은 거지?"

사람들은 대부분 코흘리개 시절부터 이미 '직업'이 무엇을 의미하는지 생각하기 시작한다. 그리고 커가면서 자신이 세운 가정을 끊임없이 들여다보며 다시 세운다. 시간이 흐르면 사랑의 의미도 달라지듯이 일도 살아가면서 그 의미가 바뀌게 된다. 사람들 개개인마다 직업에 대한 의미가 다르겠지만, 대부분 먹고 사는 방법들은 다음 세 가지 진실 안에 담겨 있다.

직업이 사람을 선택한다

딱 맞는 직업을 찾을 때까지 여러 직업을 다 가져보고 충분히 경험해 볼 수 있다면 얼마나 좋을까? 하지만 우리 인생은 그렇게 길지 않다. 자신이 성장한 곳, 성장한 시기, 집안 대대로 종사해 온 일, 이 모든것이 당신의 선택에 영향을 끼친다. 당신은 어떻게 현재의 직업을 택했는가? 많은 사람이 이렇게 대답했다.

"나는 여러 직업들을 진지하게 고려하고 꼼꼼히 따져본 다음 하나를 선택했습니다. 쉽지 않은 결정이었죠."

"나는 어릴 때부터 꼭 하고 싶은 일이 있었어요. 그 이외의 일은 한번도 생각해 본 적 없습니다. 그래요. 나는 정말 직업을 쉽게 선택했어요."

"내가 원하는 게 뭔지 도무지 알 수 없었어요. 그래서 그저 나 같은 사람들이 으레 하기 마련인 그런 일을 선택했죠. 뭐 지금은 살림살이도 나아지고, 그럭저럭 만족하는 편입니다."

"나는 어떤 일이든 무조건 해야만 했어요. 그래서 그냥 그 분야에 눌러앉아 계속 일했습니다. 내가 처한 환경 때문에 어쩔 수 없었어요. 직업이 나를 선택한 셈이죠."

"현재 나의 직업을 결정한 것은 내가 아니라 다른 사람이었습니다. 주위에서도 내가 그 일을 잘 해낼 거라 기대했기 때문에 그냥 그 일을 택했죠. 물론 그 일을 잘하기는 하지만, 솔직히 몸과 마음을 다 바쳐 일해본 적은 없습니다."

직업에 대한 만족도는 그 일을 선택하게 된 동기와 밀접한 관련이 있다. 중요한 것은 얼마나 자기 주관대로 선택했는가다. 대부분 어떤 사람이 되고 싶은지 잘 모르기 때문에 자기 직업에 확신을 갖기 위해 충분한 경험을 쌓고 있지만, 그런 뒤에는 이미 너무 늦다고 생각하는 사람들도 있다. 그래서 소명calling을 무시하거나 귀 기울여 듣기를 거부하기 때문에 자기 직업에 확신을 갖고 있는 사람보다 그렇지 못한 사람들이 더 많다.

사실 인생의 초입에서부터 스스로 자기 직업을 선택하고 삶의 방식을 결정하는 경우는 매우 드물다. 대부분 누군가가 나의 직업에 관한 시나리오를 대신 써준다. 하지만 인생의 절반쯤에 접어들었을 때에는 내 직업의 각본을 다른 사람과 함께 쓰거나 혹은 편집하거나, 아니면 원래 각본을 집어던지고 다시 새로운 각본을 써야만 한다.

인간은 역동적인 존재다. 가만히 정지해 있는 법이 없다. 시간의 흐름과 함께 우리가 원하는 것도 끊임없이 변한다. 잘못된 출발과 무수한 실수를 거듭해 가며 실전을 치른 뒤에야 자신의 천직이 무엇인지, 가장 즐겁게 할 수 있는 일이 무엇인지 알게 된다.

천직으로서의 '직업vocation'은 '부르다'라는 뜻을 지닌 라틴어 'vocare'에서 유래된 말이다. 자기 존재의 가장 깊숙한 곳으로부터 부름 받은 일이 곧 직업이다. 진정한 소명을 찾아가는 자기만의 여행은 평생을 통해 끝없이 계속될 수밖에 없다. 늘 자신을 새롭게 하고 내면을 파고들어야만 조금씩 길이 열리는 이 여행을 두고 조지프 캠벨은 이렇게 말했다.

"나팔이 울리고 커튼이 올라가면 무대 위엔 언제나 지난 허물을 벗고 새로운 몸으로 거듭나는 신비스런 광경이 펼쳐진다. 익숙했던 삶의 수평선은 저물어간다. 낡은 개념, 빛바랜 이상, 그리고 해묵은 감정의 틀은 더 이상 맞지 않는다. 이제 변화할 때가 온 것이다."

생의 절반에 이르러 자기 일, 자기 삶에 변화를 꾀할 때면 종종 이와 같은 일이 일어난다. 우리는 단지 직업을 바꾸려는 것이 아니다. 내가 진정으로 원하는 일을 찾기 위한 것이다. 그러기 위해서는 타성의 문턱을 넘어 자신의 내면 깊숙이 들어가야 한다.

하고 싶은 일보다 하기 싫은 일을 더 잘 알고 있다

"당신은 어떤 재능을 가졌습니까? 그리고 그 재능을 어떻게 발휘하고 있습니까?"

대부분은 잘 모르겠다고 대답한다. 그럼 질문을 바꿔보자.

"싫어하는 게 뭡니까? 또 할 줄 모르는 게 뭡니까?"

이 질문에 대한 답은 줄줄이 늘어놓을 것이다. 경험은 사람들을 부정적인 방향으로 발달시키며 긍정적인 면에 대해서는 거의 가르쳐주지 않는다. 하지만 정말로 뭔가 싫어하려면 먼저 그것을 경험해 봐야만 한다.

이렇게 해보자. 당신이 했던 일들 가운데 가장 싫었던 일 두세 가지를 떠올려보는 것이다. 그중 가장 싫었던 일은 무엇인가? 당신은 어떤 사람들과 같이 일했는가? 앞으로 해서는 안 될 일에 대해서 어떤 사실을 깨우치게 되었는가?

직장생활을 통틀어 가장 끔찍했던 기억을 떠올릴 때 사람들은 대부분 갓 입사했을 당시를 꼽곤 한다. 처음 사회생활을 시작할 때는 익숙하지 않거나 능력 밖의 일이라도 어떻게든 돈을 벌기 위해 선택하는 경우가 많다. 문제는 자신이 도대체 무엇을 좋아하는지, 잘하는 게 뭔지 모른다는 것이다. 자기가 어떤 재주를 가지고 있는지도 모를뿐더러 설령 안다 해도 자기 재능에 대한 자신감이 아직 부족하다. 개인의 경쟁력은 재능보다는 자신감에서 나온다. 자신감이란 외부와의 갈등을 통해 서서히 단련되지만 그보다 먼저 자신이 필요로 하는 재능을 갖고 있다는 사실을 확실히 인식하는 데서부터 비롯된다.

재능이란 언제나 우리 안에서 발견(혹은 재발견)되어 활짝 피어나기를 기다리는 에너지의 원천이다. 동부 티베트의 라마승 타르홍 툴쿠Tarhong Tulku는 《능숙하게 할 줄 아는 재주Skillful Means》라는 책에서 이렇게 말한다.

"삶을 풍요롭게 하기 위해, 그리고 자기가 하는 모든 일에 창조적 잠재력을 쏟아붓기 위해 능숙하게 할 줄 아는 자신의 재주를 발휘한다면 자기 본성의 핵심을 알 수 있다. 이를 통해 삶의 근본 목적을 깨달을 수 있다. 자신의 귀중한 시간과 에너지를 잘 이용할 수 있는 일이 가치 있는 직업이라는 사실과 함께."

결국 '내게 맞는 일'을 한다는 것이 무엇인지 이해하는 것, 그리고 자신의 재능과 삶의 목적을 분명하게 파악하는 것, 이 두 가지가 바로 "나는 커서 무엇이 되고 싶은가?"라는 질문에 답하기 위해 반드시 해결해야 할 숙제들이다.

헬렌과 스콧 니어링은 《조화로운 삶Living the Good Life》이란 책에서 "경제적 노력의 목적은 돈이 아니라 삶이다"라고 했다. 일하는 목적은 돈을 벌기 위해서나 부자가 되기 위해서가 아니라 내면의 심오한 믿음과 진솔한 감정들이 조화를 이룬 삶을 살기 위해서라는 것이다. 그러나 1954년 이 책이 처음 출간되었을 때 이 의견에 공감하는 사람은 거의 없었다.

바람직한 삶을 살고 있다고 믿는 사람들과 그렇지 못한 사람들의 차이는 직업관의 차이이기도 하다. 자기만의 재능을 한껏 발휘할 수 있는 직업을 갖고 단지 돈을 벌기 위해서가 아니라 자신의 성숙과 진화를 위해, 아니면 그보다 더 높은 뜻을 위해 일하는 사람들을 보면 경의를 표하고 싶다. 이런 관점으로 보면 365일 서류에 파묻혀 지내면서 억대 연봉을 받는 대기업 중역과 원주민들을 위해 황무지에서 홀로 땅을 파고 수도관을 연결하고 있는 배관공의 직업적 가치는 무게가 다르게 느껴질 수밖에 없다. 외부 환경에 쫓겨서가 아니라 오직 내면의 요구에 응함으로써 자신의 직업을 고결하게 수행해 가는 이들에게는 장인의 면모가 느껴진다. 장인의 생애가 우리 마음에 그토록 다가오는 것은 무엇 때문일까?

　　첫째, 그들은 정말로 자신의 일을 즐긴다. 자기 일에 온전히 몰두하는 그 모습은 '행복'이 무엇인지를 생각해 보게 한다. 수제 기타 만드는 일을 생업으로 삼고 있는 장인의 집을 보라. 사방에 나뭇조각이 흩어져 있고 줄감개가 널려 있다. 오랜 시간에 걸쳐 정성스럽게 만들어낸 핸드메이드 고급 기타의 값어치는 단지 가격표만으로는 설명할 수 없다.

　　둘째, 장인들은 대부분 자신에게 가장 잘 맞는 일을 한다. 즉, 자신만이 갖고 있는 고유의 재주를 직업으로 삼는다는 것이

다. 마샤 시네타Marsha Sinetar는《좋아하는 일을 하면 돈도 따라온
다Do What Love, The Money Will Follow》라는 책에서 이렇게 말했다.

"장인들은 시간과 에너지를 무슨 일에 써야 할지 본능적으
로 알고 있기 때문에 그저 그 일을 해야겠다고 마음만 먹으면 되
는 것 같다."

예전에는 장인과 예술가 사이에 뚜렷한 구분이 없었다. 중
세 사회에서는 화가나 조각가도 도자기공이나 직조공처럼 장인
길드에 속해 있었다. 화가면 화가, 목수면 목수, 그 사람이 하는
일과 살아가는 방식이 곧 그 사람의 정체성을 결정짓는 핵심이
었던 것이다.

중세 사람들에게 직업이란 신을 발견하고, 신과 자신을 연
결하기 위해 자기 삶을 하나로 모아주는 수단을 의미했다. '공
예craft'는 말그대로 아름답고 쓸모 있는 물건을 만드는 것이었
고, 그것이 자기가 속한 공동체 혹은 궁극적으로는 신에게 바치
는 선물이라고 생각했다. 그들은 자신의 일이 결코 혼자의 노력
으로만 이루어진다고는 생각하지 않았다. 같이 노력하고 결과
도 함께 나누어 갖는 것으로 여겼다. 그래서 장인 길드의 회원들
은 자기 작품에 이름을 넣지 않았다. 긍지나 명예보다는 성취하
는 기쁨, 그 자체에서 더 큰 기쁨을 맛보았던 것이다. 일이 이루
어지는 과정에는 아랑곳없이 오로지 만들어진 결과만을 중시하

는 오늘날과는 판이하게 다른 관점이다. 이렇게 보면 오늘날 자신의 직업을 통해 단지 금전적인 만족만이 아닌 또 다른 가치를 추구하는 사람들이 점점 늘어나는 것도 당연하다. 사람들은 내면의 갈증을 풀어내고 자신의 재능을 마음껏 발휘하고 싶은 것이다.

월터 커Walter Kerr는 《줄어드는 기쁨, 멀어져가는 즐거움The Decine of Pleasure》이란 책에서 이렇게 말하고 있다.

"현대인의 가슴과 머리와 신경의 상태를 한마디로 요약하라면 나는 이렇게 말하겠다. 현대인은 어딘가 모르게 비참한 존재들이다. 반쪽짜리 가슴에 반쪽짜리 정신으로 이 세계와 소통하는 반쪽짜리 인생이기 때문이다."

'반쯤 살아 있는 느낌'은 그나마 긍정적인 표현이다. 실제로 사람들을 만나 이야기해 보면 '반쯤 죽어 있는 느낌'을 하소연하고 있다. 사람들은 아무도 모르게 잠이 든다. 사람들은 대부분 날마다 몽유병자처럼 '반쯤 내키는 마음'으로 자기 정신의 반쪽만 쓰고 있다. 그와 동시에 그들은 하나뿐인 삶의 절반을 낭비하고 있는 게 아닌가 하는 두려움에 싸여 있다. 헨리 데이비드 소로의 말처럼 '조용한 절망감 속에서 죽어가고' 있는 것이다.

누구나 자신이 이 세상에 하나뿐인 존재이길 원한다. 누구와도 같지 않은 혼자만이 지닌 타고난 재능을 찾고 싶어 한다.

하지만 역설적이게도 우리는 남과 다른 자기만의 독특한 면이 흉한 모습으로 고개를 처들 때마다 부랴부랴 감추기에 급급하다. 그래서 스스로를 안심시키기 위해 더더욱 간절히 자신의 재능을 찾아 헤맨다.

사람들은 누구나 자신이 남과 다른 특별한 목적을 위해 존재하는 것이길 바란다. 그러면서도 우리들은 대부분 자신이 특별한 재능을 가졌다는 사실에 대해서는 좀처럼 인정하려 들지 않는다. 어쩌면 자신의 재능을 뽐내는 일이 겸손하지 못한 행동이라고 배워왔기 때문일지도 모른다. 《갈매기 조나단》의 저자 리처드 바크Richard Bach는 《환상Illusion》이란 책에서 이렇게 말했다.

"당신의 한계에 대해 논하라. 틀림없이 당신은 그것을 지니고 있을 테니!"

누구나 개인기 하나쯤은 가지고 있게 마련이다. 다만 잘 모르거나 대수롭지 않게 여길 뿐이다. 그런 재능을 펼치려면 자전거나 수영을 배울 때처럼 단계적으로 습득하는 과정이 필요하다. 앞 단계를 완전히 익히지 못하면 결코 다음 단계로 넘어갈 수 없다. 하지만 자전거 타기와 마찬가지로 일단 익히고 나면 절대로 잊어 버리지 않는다. 그렇다면 숨겨진 재능을 찾기 위해 당신의 내면을 살펴보자.

- 배운 적은 없지만 어떻게 하는지 알고 있는 일
- 별로 노력하지 않고도 탁월하게 잘하는 일
- 당신이 남들의 솜씨를 지켜보기보다는 다른 사람들이 주로 당신의 솜씨를 지켜보는 일
- 빨리 배우고 더 많은 것을 배우고 싶어지는 일

물론 가장 좋은 방법은 친구나 가족 혹은 동료들에게 물어보는 것이다.

"내가 뭘 잘하는 것 같아?"

잘 묻고 잘 대답해야 한다. 만일 변호사인 당신에게 "자네는 훌륭한 변호사야"라는 대답은 쓸모가 없다. 이미 당신에게 붙어 있는 꼬리표 따위는 다 떼어버리자.

"자네는 사람 말을 참 잘 들어주는 것 같네!"

그렇다. 이런 종류의 대답이 필요하다. 당신의 재능이 무엇인지 좀 더 분명하고 구체적으로 확인할수록 지금 하고 있는 일이 정말 당신에게 맞는지 판단하기가 한결 수월해진다. 가능하다면 당신이 지난 몇 가지 재능에 순위를 매겨보라. 만일 현재의 직업이 당신의 네 번째 재능과 연관되어 있다면 당신은 열정의 4분의 1만을 그 일에 쏟고 있는 셈이다. '열정enthusiasm'은 신에 의해 '부름 받음'이란 뜻을 지닌 그리스어 'entheos'에서 유

래한 말이다. 신의 부름에 귀를 막아버린 사람들이 어떻게 자기 일에 열정을 가질 수 있겠는가?

'다시 꾸리기'는 생존을 위한 기술이다

평생직장이란 개념이 사라진 지금, 당신의 직업도 결코 안전하지 않다. 끝없이 변하는 격동의 소용돌이 속에서 한때 유망한 사업이었던 것이 어느 순간 멸종의 위기를 맞기도 한다. '안정'을 상징하며 한 시대를 풍미하던 거대 기업이 수많은 직원을 해고시키는 상황에서 당신의 직업 역시 언제든 예고 없이 사라져 버릴 수 있다. 극단적으로 표현하자면 모든 사람이 '잠정적 실직 상태'에서 직장생활을 하고 있는 것이다.

당신의 직업이 얼마나 좋은 가는 중요하지 않다. 당신이 가진 뛰어난 재능도 방패막이 될 수 없다. 당신은 문제를 창의적으로 해결하는가? 당신은 계속해서 자신의 부가가치를 창출해 나가고 있는가? 설사 대답이 '그렇다'라고 할지라도 숨 가쁜 경쟁과 급속한 과학기술의 변화, 그리고 무자비한 구조조정으로부터 영원히 당신을 지켜줄 무기가 될 수는 없다.

어쩌란 말인가? 살아가는 동안 언제든 일자리를 구하기 위해 나설 태세를 늘 갖추고 있을 수밖에 없다. 당신에게 일자리를 줘야 할 의무는 누구에게도 없다. 현재의 고용주나 당신이 속한 노조, 심지어 당신의 부모가 회사의 주인이라 할지라도. 자신의 미래를 창조하는 일은 오직 당신에게만 달려 있는 문제다. 다가올 미래는 가장 꼭대기 자리를 차지하고 있는 전문가들 조차도 어디서든 일할 수 있는 재능을 골고루 갖추어야 한다는 압박감에 시달리게 될 것이다. 평생학습과 고차원적 사고의 필요성이 커지는 동시에 조직 내에서 살아남기 위한 생존 다툼도 더욱 치열해지고 있다. 이제는 모두가 일의 구조를 다시 생각하고, 다시 만들어내며 끝없이 다시 꾸려야 한다.

이제 갈수록 점점 '당신의 직위가 무엇이냐'보다 '할 줄 아는 것이 무엇이냐'가 더 중요한 문제가 될 것이다. 그러니 이제 스스로 똑같은 질문을 할 때가 되었다.

"내가 할 줄 아는 것이 무엇인가?"

언제부터인가 일을 할 때 사용하는 '도구'로써 자신의 신분을 밝히는 경우가 많아졌다.

"어떤 일을 하십니까?"

"예, 저는 컴퓨터를 합니다."

거의 이런 식이다. "나는 인쇄기를 다룹니다.", "저는 방사

선 기사입니다.", "저는 트럭을 몰죠." 교육 수준이나 훈련 기간을 막론하고 다들 이렇게 대답한다. 문제는 이러한 도구들도 앞으로 몇 년 안에 구식이 된다는 것이다. 사실 도구의 수명과 직업의 수명이 같아지는 현상은 늘 있어 왔다. 물레의 달인은 방직기의 등장과 더불어 역사 속으로 사라졌고, 맷돌을 만들던 사람은 믹서가 발명되면서 실직자가 되었다. 만일 당신이 어느 특정한 도구로 경력을 쌓아왔다면 당신은 그 도구의 만수무강을 기도해야 할 것이다.

결국 도구가 아닌 몸에 지니고 다닐 수 있는 재능을 갈고 닦아야 한다. 그렇다면 '몸에 지니고 다닐 수 있는 당신의 재능은 무엇인가?' 분명한 것은 현재 당신이 어디서 어떤 일을 하건 당신의 주인은 오직 당신 자신이어야 한다는 것이다.

당신의 유일한 고용주는 바로 당신 자신이며, 당신은 '나'라는 이름의 사업체다. 그리고 여느 회사와 마찬가지로 성장과 발전을 위해 종합적인 전략을 개발해야 한다. 이제 가지고 있는 가방들을 다시 꾸려야 한다. 설령 당신의 직업이 걱정하지 않아도 좋을 만큼 안정적이라 할지라도 생존을 위해서는 삶과 일을 다시 꾸리는 것이 반드시 필요하다. 왜냐하면 인간은 무엇이든 숙달되는 순간부터 싫증을 느끼기 때문이다.

지금 이 순간, 일에 대한 당신의 느낌을 확인해 보라. 지친 느낌이드는가? 녹슬었다는 느낌이 드는가? 아니면 그저 지겹기만 한가? 그렇다면 지금 하고 있는 일을 그만둘 때가 온 것일 수도 있다. 직업에도 생애가 있기 마련이다. 넘어지고 주저앉으며 배워나가다가 점차 익숙해진 뒤에는 얼마간 제자리걸음을 걷다가 서서히 기울어가는 것이 '일의 한살이'이다. 기본적으로 인간의 두뇌에는 일종의 '성장 프로그램'이 입력되어 있기 때문에 늘 새로운 자극이 필요하며 정신과 육체, 그리고 영혼을 위한 양식을 끝없이 제공해야 한다. 그러나 어떤 이들은 이 사실을 애써 무시하다가 스스로 위기를 자초하기도 한다. 최근에 만난 어떤 친구의 말을 들어보자.

"3년이면 족해. 그다음부터는 그저 반복일 뿐이지, 재미있던 도전도 안녕이고, 창의력도 바닥나거든 호기심은 사라지고 생산성도 늘거기서 거기야. 모든 게 덤덤해지지."

명예의 전당에 이름을 올린 전설적인 야구선수 조지 브렛 George Brett은 20시즌 출장 기록을 돌파한 뒤 은퇴를 선언했다. 아쉬워하는 팬들 앞에서 그는 더 이상 의욕이 남아 있지 않다는 사실을 솔직히 고백했다.

"플레이를 잘해도 뭐 그다지 흥분되지가 않더군요. 게임을 망쳐도 별로 속상하지 않고 이겼을 때도 기쁘지 않았습니다. 마치 롤러코스터를 자주 타는 것과 같다고나 할까요? 누구나 롤러

코스터를 100번 넘게 타고 나면 더 이상의 짜릿함을 느끼기는 어려울 겁니다. "

내적 탐험을 준비할 때

인생의 절반쯤에서 위기를 맞게 되면 삶을 되돌아보게 된다. 그리고 오랫동안 미뤄두었던 질문들을 그제야 끄집어낸다.

"내가 정말 원하는 게 뭘까?"

"나는 지금 뭘 느끼고 있는 걸까?"

"뭘 어떻게 해야 제대로 하는 걸까?"

"나의 꿈은 무엇인가?"

"나를 가로막고 있는 두려움은 어떤 것들일까?"

지난 20년 동안 직업에 대한 상담을 해오고 있는 딕은 상당수 중년 고객이 이런 질문 앞에서 막막해 하는 것을 목격했다. 하지만 스스로 그 질문들을 던지는 바로 이 순간이야말로 내적 탐험을 떠날 수 있는 좋은 기회이기도 하다. 어느 정도 고통이 따르긴 하지만 내적 탐험은 자신을 다시 설계하기에 더없이 좋은 기회다. 《토마스의 복음서》에 이런 구절이 나온다.

"만약 너희가 너희 안에 있는 것을 밖으로 끌어내면, 너희가 밖으로 끌어낸 그것이 너희를 구원할 것이다. 만약 너희가 너희 안에 있는 것을 밖으로 끌어내지 않으면, 너희가 밖으로 끌어내지 않은 그것이 너희를 파멸시킬 것이다."

많은 사람이 지금까지와는 다른 방식으로 자기 일을 설계하고, 바람직한 삶과 성공에 대해 새로운 해석을 모색한다. 성공의 의미는 인생의 단계마다 다르다. 성공한 부동산 개발업자인 톰 뒤프레슨은 40대에 접어들자 자기 회사를 정리한 후 고등학생을 위한 교재 개발 사업에 뛰어들었다. 그는 이렇게 말한다.

"지금 나에게 가장 중요한 것은 인간관계와 경험입니다. 젊었을 때는 이것저것 열심히 끌어모으기만 했죠. 성공적인 라이프스타일을 만드는 데에만 정신이 팔려 있었습니다. 하지만 이제 내게 성공이 뭐냐고 묻는다면, 그것은 훌륭한 인간관계를 만들고 그것을 내 자식들에게 물려주는 것이라고 대답할 겁니다."

그러나 톰처럼 행복한 경우는 그리 많지 않다. 우리들 대부분은 고독하고 권태로우며 혼자서는 아무것도 못하는 사람들과 어울려 살아간다. 먹고사는 문제에 대해서는 끊임없이 고민하지만 바람직한 삶에 대한 사색의 시간은 하루 5분도 채 안 된다. 그러면서 달리 뾰족한 수가 없다는 이유로 현재의 직업을 꾹꾹 참아내고 있다. 하지만 더욱 심각한 비극은 그렇게 참아내고 있는 일로 인하여 우리의 하루하루가 변질되고 삶의 형태까지 그 일을 닮아간다는 점이다.

삶의 리듬을 되돌아보자. 대다수 직장인이 주말에는 그럭저럭 한가하고, 월요일에는 우울하며 수요일까지는 헐떡거리고 금요일이 되어서야 주말이 다가왔음을 신에게 감사해 하는 쳇바퀴 리듬에 갇혀 있다. 우리의 몸과 마음도 어느새 이 리듬에 길들여지다 못해 아예 내면의 시계가 되어버렸다. 시간을 다르게 보낼 수도 있다는 사실을 사랑하는 사람들과의 행복한 계획으로 축복된 시간을 보낼 수 있다는 사실을 잊어버린 것이다. 이 삭막한 황무지, 이 무미건조한 쳇바퀴에서 벗어나게 해줄 다른 길이 내 안에 분명이 있는데도 말이다.

지도에도 없는 내면의 황무지로

"당신은 자기 삶의 주인인가 아니면 노예인가?"

이 흔한 질문을 받았을 때 기분이 어떤가? 어쩌면 그 기분이 지금 당신의 상태를 대변하고 있는 건지도 모른다. 삶을 자기 것이 아니라 누군가가 만들어낸 딜레마로, 혹은 해결해야 할 문제로 여긴다면 아무것도 변화시킬 수 없다. 빼앗긴 주도권을 되찾기 위한 내면의 혁명 앞에서 혹시 실패할까봐 용기를 내지 못한다면, 가방을 다시 꾸릴 일도 없을 것이다.

반대로 자신의 삶이 풀어야 할 미스터리처럼 오직 자기만의 상상력으로 창조될 수 있다고 믿는다면 당신은 언제나 새로운 자극에 자신을 활짝 열고 거칠 것 없는 삶을 살 수 있다. 모험을 마다하지 않고 언제나 새로운 도전에 맞설 용기가 있는가? 그렇다면 미지의 경험들로 가득 찬 이 변화무쌍한 환경 속에서 얼마든지 우리 자신을 재창조할 수 있다.

개인의 성장은 자기 내면을 들여다볼 수 있는 능력, 그리고 책임질 수 있는 능력에 의해 좌우된다고 심리학자들은 말한다. 중년의 내적 탐험이란 책임을 깨닫고(가방을 풀고), 그 책임을 받아들여(가방을 다시 꾸려) 저 무한한 가능성의 세계로 과감히 떠나는 것이다. 미국의 역사학자 대니얼 J. 부어스틴Daniel Joseph Boorstin의 명저 《탐구자들The Discoverers》에 이런 이야기가 나온다. 중세시대 때 지도를 편찬하는 과정에서 지리학자들과 신학자들은 사람들이 한 번도 살지 않았던 장소를 어떻게 처리해야 할지 고심했다. 원래는 '미지의 땅terra incognito'이라고 표시해야 했지만 그들은 그것을 거부했다. 아예 그 지역을 지도에서 빼기로 한 것이다. 사람들에게 알려지지 않은 땅이 많다는 사실을 인정하기보다는 세상의 범위를 좁혀 생각하는 편이 더 안전하다고 판단했기 때문이다. 그들의 판단은 어떤 결과로 이어졌을까? 인류의 탐험 역사가 수세기나 늦춰진 것이다.

모든 모험은 '내적 탐험'이기도 하다. 새로운 땅을 찾기 위해, 아무도 가본 적 없는 곳으로 떠나기 위해서는 먼저 마음과 영혼을 향해 내적 여행을 해야 한다. '바람직한 삶'이라 불리는 곳으로 떠나기 위해서도 이와 비슷한 내적 탐험이 필요하다. 우리가 걷고 있는 길의 지형을 조사하고 지도 위에 표시해야 한다. 이처럼 계획된 내적 탐험은 지금껏 해오던 방식이나 이제까지 걸어온 길을 무의식적으로 따르는 것과는 완전히 다르다. 그리고 이 내적 탐험이야말로 우리가 구하는 것을 찾을 수 있는 단 하나뿐인 길이다.

내적 탐험을 떠나려면 우리가 모르는 것을 미지의 땅이라고 솔직히 인정할 필요가 있다. 내적 탐험가들은 아직 알려지지 않은 것이 있다는 사실을 기쁘게 받아들이고 자기 영혼 안에 미지의 황무지가 있다는 것에 감사해 한다. 박물학자 엘리엇 포터Eliot Porter는 "황무지 안에서 세상은 오롯이 지켜진다"고 말했다. 내적 탐험은 내면의 세계를 지켜내기 위한 적극적인 행동이기도 하다.

누구에게나 내면의 황무지가 펼쳐져 있다. 그리고 그 미지의 세계로 이어진 자기만의 길이 있다. 지도에 표시되지 않은 땅, 그런 미지의 땅이 없다면 살아 있다는 짜릿한 느낌을 어떻게 맛볼 수 있겠는가? 내적 탐험을 떠나는 자들은 숱한 모험을 통해 성장해 간다. 결국 삶의 목적은 '성장하는 것'이다.

어느 날 워크숍에 참가했던 한 중년 남자는 회사에서 쫓겨난 뒤 몇 년이 지나 대학교수가 되었다. 그 몇 년 동안 그는 많은 일을 겪었다. 박사 학위를 얻기 위해 열심히 공부하면서 낮에는 친구의 가게에서 반나절씩 일을 해가며 생활비를 줄여나갔다. 그 시절을 회상하며 그는 눈물을 글썽였다.

"나는 인생의 후반부를 새롭게 만들어가려고 온갖 위험을 무릅썼습니다. 이제는 알 것 같군요. 성공과 성취는 다르다는 사실을 말입니다. 나는 성공은 했지만 성취한 건 없었습니다. 자신이 원하는 것을 소유하는 것이 성공이라면 성취는 자신이 소유한 것에 만족하는 겁니다."

철학자 키에르케고르가 살아 있었으면 그에게 이렇게 말했을 것이다. "모든 모험은 불안을 낳는다. 하지만 모험하지 않는 것은 자기 자신을 아예 잃는 것이다."

내 안의 탐험가를 만나라

딕은 해마다 아프리카를 찾는다. 아프리카의 대평원 앞에서 그는 내적 탐험으로 가득 찬 삶이 어떤 것인지 어렴풋이 느낄 수 있었다고 말한다. 그 느낌을 한 마디로 표현해 보라고 하자 그는 이렇게 말했다.

"나는 '나'입니다. 다른 누구도 아닌 바로 나."

인생의 절반쯤에 떠나는 내적 탐험은 꿈을 찾아가는 여정이다. 자기 안의 모험을 통해 잊었던 '나'를 만나고, 이제 무엇을 해야 할지 뿌리부터 이해하게 되기 때문이다. 내적 탐험은 자신의 천직을 만날 때까지 계속해서 가방을 다시 꾸려가며 다양한 직업들을 경험해 보는 과정이다. 이것은 머리에서 이루어지는 지적 여행이 아니며 한두 번 경험해 보는 정신적 순례도 아니다. 매일매일 숨 쉬듯이 자연스럽게 실천하는 '작은 떠남'들이 큰 변화로 이어지는 것이다.

자연 속에 나를 잠시 내던져도 좋다. 명상을 하거나 기도를 할 수도 있다. 음악을 감상하고 그림을 그리고 여행을 떠나도 좋다. 아니면 그저 혼자서 시간을 보낼 수도 있다. 이 모든 '작은 떠남'들이 언젠가는 우리를 천직으로 이끌어줄 것이다. 이 과정을 통해 우리는 마침내 전혀 다른 차원의 '살아 있음'을 맛보게 된다. 자신의 천직을 발견하게 되는 것이다.

올리버 웬델 홈즈Oliver Wendell Holmes는 "사람들은 대부분 자신의 노래를 자기 안에 간직한 채 무덤으로 간다"고 말했다. 안타깝게도 많은 사람이 평생 동안 일을 하면서도 커서 무엇이 되고 싶었는지 결코 알아내지 못한 채 무덤으로 간다.

인생의 절반에 선 그대, 무엇을 하고 싶은가?

존 윌리엄슨은 하버드 대학교 출신으로 평생학습과 새로운 교육공학 분야에서 일가를 이룬 인물이다. 그는 윌슨 교육회사의 고위 간부로 있으면서 변화와 리더십을 연구하는 이론가들과 함께 일했다. 딕은 존을 이렇게 기억한다.

그는 나의 오랜 친구이자 동료였지만 암 투병을 하며 보낸 지난 18개월 동안 나의 고객으로 거의 매일같이 함께 지내왔다. 그는 암과 싸우면서도 미래에 대한 꿈을 잃지 않았다. 존의 투병 생활을 지켜보면서 나는 아프리카를 여행하며 마사이족과 함께 시간을 보내던 호기심 많고 생기발랄한 그의 모습을 종종 떠올리곤 했다. 어느 날 그는 침대에 누워 이렇게 말했다.

"이보게 딕, 이제 서서히 작별을 해야 할 것 같군."

나는 그의 손을 잡은 채 우리가 함께했던 많은 일을 이야기하며 울고 웃었다. 그는 창밖을 응시하면서 아직 시력이 남아 있는 한쪽 눈으로 뭔가를 보려고 애쓰면서 말했다.

"나는 늘 신이 어떤 계획을 갖고 있을 거라 생각했네. 나로 하여금 이 세상에서 뭔가 특별한 일을 하게 할 계획 말일세. 하지만 난 정말이지 그게 뭔지 하나도 알아내지 못했어. 내가 커서 어떤 사람이 되고 싶었는지 정말 아무것도 알아내지 못했네."

그 말이 비수처럼 내 가슴을 찔렀다. 그는 내게 "자네는 잘 해낼 거야"라고 격려해 주었고 우리는 한참동안 같이 울었다. 그는 또 이렇게 말했다.

"뭔가 조금이라도 세상을 바꿔놓을 때까지 녀석들을 밀어붙이게. 그리고 놈들이 빠져나가지 못하도록 꼭 붙들어 두게."

다음 날 그는 세상을 떠났다.

워크숍 때 우리는 종종 이런 말을 하곤 한다.

"임종을 맞이하는 순간에 '더 많은 시간을 사무실에서 보냈더라면 좋았을 걸' 하고 후회하는 사람은 아무도 없다."

존이 그토록 알고 싶어 했던 '신의 계획'을 당신은 찾을 수 있다. 당신으로 하여금 이 세상에서 뭔가 특별한 일을 하게 할 신의 계획을 찾으려면 삶이 선사하는 그 모든 가능성을 향해 마음을 활짝 열어야 한다. 그럼 언젠가는 당신을 부르는 소리를 듣게 될 것이다.

완전히 자유로워질 수 없다면, 웬만큼이라도 자유로워져라.

- 랠프 월도 에머슨 -

06

삶은 애초에 계획한
대로 되지 않는다

✦

직장이라는 이름의 지옥

오늘 날 직장인들에게서 가장 흔히 듣는 말이 있다.

"직장이 아니라 지옥입니다."

조직이 자신을 돌봐줄 거라고 믿어왔지만 이제 직장에 대한
그 낡은 인식마저 엄청난 구조조정을 겪고 있다. 지위의 고하를
떠나 조직에 속한 그 누구도 이제 더 이상 자신이 어디에 속해
있는지 알 수 없다고 한다. 아니, 자신이 어디에든 속해 있는지
조차 확신하지 못한다.

개인이 살아남기 위해 몸부림치듯이 조직도 스스로 살아남기 위해 몸부림친다. 조직은 생존을 위해 어제까지 자신을 위해 일하던 직원의 일자리를 앗아가고 그들의 삶을 송두리째 뒤집어엎는다. 사람들은 이 엄청난 충격에 얼이 빠져 있다. 어느 것 하나 분명치 않은 조직에 대한 불신, 정리해고와 치고 올라오는 경쟁자들에 대한 공포, 종잡을 수 없는 경제에 대한 근심, 그리고 미래의 불확실성에 떠밀려 점점 더 많은 사람이 '일이라는 가방'을 다시 꾸리지 않으면 안 될 처지에 몰리게 되었다.

우리는 상담을 하면서 한때 그렇게 좋아했던 일이 이젠 고역이 되었다고 말하는 사람들을 자주 만난다. 그들은 정리해고의 두려움 때문에 예전보다 두 배나 더 일을 하고 있지만 일에서 느끼는 즐거움은 절반밖에 안 된다고 말한다. 그러나 그들은 불평조차 할 수 없다.

"요즘 같은 시대에 일자리를 갖고 있다는 것만으로도 운이 좋은 편이니까요."

그러면서도 자신의 재능을 발휘할 수 있는 일이 어딘가 분명히 있을 거라고 주장한다. 하지만 그것이 무엇이란 말인가? 어딘가 분명히 있을 것 같은 그 '완벽한 직업'이 도대체 무엇이고, 또 어떻게 찾아야 할지는 전혀 모른다. 다른 곳을 찾아보려해도 지금 하고 있는 일에 매여 꼼짝할 수가 없다.

우리는 여기에 대한 해답을 제시해 보고자 한다. 이것은 그 정체 모를 '완벽한 직업'이라는 게 무엇인지 설명하는 것으로도 충분하다. 무력감에 시달리고 기진맥진해 있으면서도 사람들은 두려움을 그냥 묻어두고 싶어 한다.

"이봐, 사는 게 다 그런 거지, 뭐 요즘 같은 시대에 뭘 더 바라겠어?"

이것은 마치 돈을 받으면 어떤 고역도 참을 수 있다는 얘기처럼 들린다. 이런 사람들이 가장 듣기 싫어하는 말이 있다. 첫째, 세상에 있는 돈을 다 준다 해도 고역을 참을 수는 없다. 둘째, 당신은 당신의 꿈보다 못한 일에 더 이상 매달려 있을 필요가 없다. 누구나 자신이 진정으로 좋아하는 일을 찾을 수 있다. 그런 행운은 단지 축복받은 소수에게만 있는 것이 아니다. 사실 완벽한 직업이 어떤 것인지는 모두 알고 있다. 아름다운 곳을 마음껏 여행할 수 있고, 여가 시간이 엄청나게 많으며, 멋진 사무실과 엄청난 보수를 받는, 그러면서도 아무도 이래라저래라 잔소리를 듣지 않는 꿈의 직업…. 하지만 세계적인 갑부들 조차도 그런 직업을 꿈꾸고 있다면?

그렇다. 그런 직업은 현실에 존재하지 않는다. '완벽한 직업'을 그런 식으로 정의한다면 '완벽한 직업'이란 이 세상에 없다. 모든 직업에는 좋은 면과 싫은 면이 공존한다. 모든 시간을 완벽하게 즐길 수 있는 직업은 상상조차 하기 힘들다. '완벽한 직업'은 즐거움과는 무관한 이야기다. 완벽한 직업이란 '그 직업에 종사하는 사람이 그 일에 자기 자신을 완벽하게 담아낸다'는 의미다.

이런 직업은 얼마든지 찾아내고 만들어낼 수도 있고 개발해낼 수도 있다. 그러기 위해서는 먼저 거쳐야만 하는 과정이 있다. 겁먹을 필요는 없다. 아주 간단한 과정이니까. '나는 어떤 사람인가?'와 '어떤 일을 하고 있는가?'를 하나로 이어주기만 하면 된다. 이것은 당신의 재능, 열정, 가치관을 분명하게 알아내는 과정이다. 혼자만의 시간에 가만히 앉아 내면의 커튼을 열어보자. 그리고 관객처럼 객관적인 시선으로 자기 자신을 바라보자.

"당신은 무엇을 제일 잘하는가?"

"당신은 무엇을 제일 재미있어 하는가?"

"당신이 가장 관심 있어 하는 일은 무엇인가?"

이 세 가지를 묶은 다음 '나는 어떤 사람인가?'와 '어떤 일을 하고 있는가?'를 하나로 이어보자.

우리는 자기 일에 만족하고 진정으로 즐기는 사람들을 만나 이야기해 본 결과 그들이 '완벽한 직업'을 갖고 있는 것은 아니라는 사실을 알게 되었다. 하지만 적어도 그들은 자유롭게 자신의 일을 선택한 사람들이었다. 앞으로 직업의 방향을 바꾸거나 은퇴를 하게 되더라도 그들은 결국 다시 뭔가를 스스로 '선택할' 사람들이다. 《내가 정말 알아야 할 모든 것은 유치원에서 배웠다All Really Needed To Know I Learned In Kindergarten》에서 로버트 풀검Robert Fulghum이 말했듯이 "공부도 하고, 생각도 좀 하고, 그림과 노래와 춤과 놀이와 일도 매일 조금씩 하는 경지"에 도달하면 결국 이 일도 하고 저 일도 하기 마련이다.

완벽한 직업은 삶의 기준이 아니다. 그것은 마음의 상의 상태다. 완벽한 직업이란 "자신의 가치관에 가장 알맞은 환경에서, 자신이 가장 좋아하는 재능을, 자신의 관심을 가장 강렬히 사로잡는 일에 쏟아붓는 것"이다.

다목적 라이프스타일

'완벽한 직업'을 가진 사람들은 어떤 삶을 살고 있을까?

그들은 재능과 열정과 가치관이 모두 한 가지에 집중되어 한결같이 깊은 성취감을 느끼며 산다. 그들의 이야기에서 찾아낸 공통점을 우리는 '다목적 라이프스타일'이라 부르기로 했다. 다목적 라이프스타일을 지닌 사람들의 공통점은 대략 이렇다.

- 그들은 자신의 욕구나 소망보다 더 원대한 목적을 갖고 있다. 즉, 자신들의 삶과 일을 어떻게 하면 그 원대한 계획에 맞출 것인가를 고민한다.
- 그들은 '내면의 나침반'을 갖고 있어서 방향을 잃지 않고 언제나 바람직한 삶을 향해 '똑바로' 나아간다.
- 그들은 가장 소중한 것 두 가지, 즉 시간과 돈에 대해 분명한 경계선을 그어놓고 있다.
- 그들은 잠재된 재능이 무엇인지, 아직 충분히 시험해 보지 못한 자신의 한계가 어떤 것인지 잘 알고 있다.
- 그들은 난관에 부딪쳤을 때 탁월한 적응력을 보인다. 다시 말해 난관을 그저 삶의 자연스런 현상으로 받아들이는 것이다.
- 그들이 지닌 풍부한 에너지는 전염성이 있다. 그 에너지는 자신은 물론 주위 사람들에게도 쉽게 전염된다.
- 그들은 뛰어난 영적 감성을 갖고 있다. 자신의 삶 안에 있는 자기보다 더 큰 어떤 힘을 느낄 줄 안다.
- 그들은 어깨가 가볍다. 그래서 자신이 지고 있는 짐에 부담을 느끼지 않는다.

어떻게 하면 다목적 라이프스타일을 가질 수 있을까?

해마다 소비자들의 가치관을 조사하는 '얀켈로비치 모니터 Yankelovich Monitor'에 따르면, 미국인들은 의미 있는 일을 하기 위해 얼마든지 직업을 바꿀 의사가 있으며, 연봉이 깎이는 것도 기꺼이 감수할 준비가 되어 있다고 한다. 그런데 왜 실제로 그렇게 하는 사람은 많지 않은 것일까?

우리도 '다목적 라이프스타일'을 만들어낼 수 있을까? 물론이다. 하지만 그러기 위해서는 변화가 필요하다. 그리고 변화는 대체로 다음 두 가지 상황에서 일어난다. 위기에 직면했을 때, 아니면 다른 삶의 방식이 지금보다 훨씬 더 깊은 성취감을 맛보게 해준다는 것을 깨달았을 때. 사람들은 모두 의미 있는 일을 하고 싶은 욕구와 그 일을 통해 존중받고 싶은 욕구를 가슴 깊이 지니고 있다. 중요한 것은 돈보다도 이 두 가지 욕구가 일의 진정한 가치를 결정한다는 사실이다. E. F. 슈마허 E. F. Schumacher는 《작은 것이 아름답다 Small Is Beautiful》에서 일의 중요한 세 가지 기능을 이렇게 밝혔다.

"사람들에게 자신의 재능을 발휘하고 계발할 기회를 주는 기능, 다른 사람들과 함께 일함으로써 자기중심적인 태도를 극복할 수 있게 해주는 기능, 그리고 인간다운 삶을 영위하는 데 필요한 재화와 서비스를 만들어내는 기능이 그것이다."

우리는 직업을 통해 이 세 가지 기능을 모두 실현할 수 있어야 한다. 대부분 세 번째 기능, 즉 재화와 서비스를 만들어내는 일은 썩 잘하고 있다. 하지만 다른 사람들과 함께 무언가를 이루어 나가는 일은 좀 더 잘할 수 있다. 또 실제로 그렇게 하는 것이 재능을 발휘하고 계발할 수 있는 가장 좋은 방법 중 하나다. 재능과 열정과 가치관, 이 세 가지가 하나로 똘똘 뭉친 삶을 살아가는 사람들이 있다. 버나드 쇼George Bernard Shaw의 말처럼 "전혀 있지도 않던 것들을 꿈꾸면서 '안 될게 뭐야?'라고 반문하는" 그런 사람들을 우리는 '진화된 자들evolutionaries'이라 불러본다.

이 책을 기획할 당시 우리는 주변의 친구와 동료들에게 진화된 자들, 즉 "안 될 게 뭐야?"라고 되묻기를 겁내지 않는 이에 대해 아는대로 적어달라고 부탁했다. 그중 몇 가지를 소개한다.

진화된 자들

보험 영업 컨설턴트인 글렌 보보는 덴마크 친구 라이프에 대한 이야기를 보내왔다.

"뛰어난 목수였던 라이프는 건축업으로 크게 성공할 수 있었습니다. 하지만 그 친구는 지난 20년간 사회사업가로 일하면서 다른 이들을 위해 자신의 삶을 바쳤죠. 대단한 열정과 유머 감각을 지닌 그와 그의 아내는 지난 5년 동안 케냐에서 덴마크의 대외 원조 프로그램을 위해 일하며 아프리카 젊은이들을 위한 종합기술센터를 운영해 왔습니다. 나는 언제나 그의 열정이 부럽고, 그가 자신의 길을 선택했듯이 나도 나의 길을 찾고 싶습니다. 금전적 보상은 보잘 것 없지만 목적은 풍성한 그런 삶을 말입니다."

병원 간부인 린다는 20년 동안 알고 지내온 85세의 화가 이보르의 이야기를 전해왔다.

"그 친구는 항상 뭔가 새로운 것을 배우려고 해요. 정말 적극적이고 진취적인 생각을 갖고 있는 친구죠. 그는 영적여행을 두려워하지 않는 모험가예요. 무엇보다도 인생을 바라보는 긍정적인 마음가짐과 자기 자신을 보며 언제나 흔쾌히 웃을 준비가 되어 있는 그의 태도가 정말 인상적인 친구입니다."

스트레스 치료법 전문가인 톰 티스가 들려준 이야기다.

"루스 스트리커는 17년 동안 루푸스를 앓아왔어요. 그는 자신의 병을 치료할 목적으로 마쉬건강센터를 설립했습니다. 하지만 나중엔 이를 통해 심신일체 운동의 거목이 되었죠. 자신의 건강을 되찾아준 그 기적을 다른 사람들도 누릴 수 있도록 헌신적인 노력을 아끼지 않았어요. 그의 지칠 줄 모르는 집념과 치열한 삶에 정말 경의를 표하고 싶습니다."

은퇴한 결혼 상담가이며 저술가인 롤리 라슨은 자신의 아내 도리스를 추천했다.

"우리는 46년 동안 부부로 살아왔습니다. 그런데 저는 아직도 아내에 대해 놀라움을 금할 수가 없답니다. 아내는 자신의 관심사보다 상대방의 관심에 더 정성을 기울여요. 온 마음을 다해 상대방의 말에 귀를 기울이죠. 그렇게 이기심이 없는 사람은 본 적 없어요. 아내는 영적으로 깊이 있는 삶을 살고 있는 독실한 신앙인이지만 그 어떤 것에 대해서도 독단적으로 생각하는 법이 없답니다. 심지어는 자기 자신과도 다투는 경우가 거의 없어요. 제가 알고 있는 이들 중에서 가장 완벽한 사람입니다."

목적이 이끄는 삶을 살아라

다목적 라이프스타일을 선택하기 전에 반드시 짚고 넘어가야 할 두가지 질문이 있다.

"무엇을 원하는가?"

"왜 원하는가?"

자신이 원하는 것이 무엇인지 모른다면 원하는 것을 이미 가졌다 해도 그 사실을 어떻게 알 수 있겠는가? 하지만 자기가 원하는 것이 무엇인지 알기 전에 그것을 왜 원하는지부터 알아야 한다. '어떤 것'을 '왜' 원하는지 안다는 것은 삶의 목적에 그만큼 더 가까이 다가가 있다는 뜻이다.

그렇다면 '목적'이란 무엇인가? 그것은 "아침이 되면 왜 일어나는가?"에 대한 답이다. 목적은 우리가 존재하는 이유이며 일상에서 마주치는 모든 경험 속에서 살아 있음을 느끼게 해주는 정신적 핵심이다. 하지만 삶의 목적은 볼 수도 만질 수도 없고 무게를 잴 수도 없기 때문에 가장 이해하기 어려운 것이기도 하다. 목적은 목표가 아니다. 목표는 도달할 수 있는 그 무엇이지만 목적은 결코 도달할 수 없다. 목적은 장소가 아니라 방향이다. 당신이 서쪽으로 아무리 멀리 간다 해도 서쪽은 영원히 존재할 것이며 당신의 여행은 끝이 없게 된다. 또한 목적은 어떤 길로 가야 할지 알려주는 길잡이 별이며 당신이 지닌 진실의 나침반이다. 그것은 당신이 언제나 '목적한 대로' 삶을 살고 있는지 알려준다.

목적 없이는 삶의 진로를 정할 수 없다. 목적을 중심으로 자아를 세우게 되는데, 뚜렷한 목적이 없으면 외부 세계가 요동칠 때마다 이리저리 휩쓸리고 만다. 그것은 마치 키 없는 배를 타고 망망대해를 가로지르는 것과 같다. 그러나 목적이 있으면 설령 길을 잃어도 가던 방향을 다시 찾을 수 있고 계속 나아갈 수 있다. 뚜렷한 목적이 있으면 삶에서 마주치는 크고 작은 불상사는 물론 인생의 대 격변기까지도 훨씬 수월하게 통과할 수 있다.

당신의 목적을 찾아내자

목적은 만들어내는 것이 아니라 찾아내야 하는 것이다. 당신이 의식하든 못하든 목적은 이미 존재해 왔고 지금도 발견되기를 기다리는 광맥처럼 당신 안에 들어 있다. 당신이 그것에 이름을 붙이고 나면 그동안 줄곧 그것을 알고 있었다는 사실을 깨닫게 될 것이다.

흔히 사람들은 위기가 닥쳐야 자신의 목적을 발견(혹은 재발견)한다. 지금 당장 위기를 겪고 있지 않더라도 목적을 찾는 데 도움이 될 질문들을 소개한다. 이 질문들을 통해 목적을 찾아내는 편이 훨씬 효과적일 뿐 아니라 고통도 덜할 것이다. 이 질문들은 당신의 에너지를 재생시켜 줄 일종의 공식과도 같다. 하지만 인내심이 다소 필요하다. 목적을 발견하는 데에는 어느 정도 시간이 필요하기 때문이다. 일단 한 번 감을 잡게 되면 기다릴만한 가치가 있었다는 것도 알게 된다.

질문 1. 당신은 어떤 환경에 있을 때 가장 자연스러운가?

당신은 일과 일상생활에서 어떤 환경에 있을 때 가장 편안하게 재능을 발휘하는가?

딕의 답) 나는 대개 자유로운 학습 환경(이를테면 워크숍) 속에서, 아니면 사람들과 더불어 자연을 여행할 때 재능을 발휘하며 즐거움을 느낀다.

데이브의 답) 나는 다른 사람이든 나 자신이든 1대 1의 상황에 있을 때 나의 재능을 가장 잘 발휘하는 편이다.

질문 2. 당신이 가진 재능은 무엇인가?

지금은 겸손해질 때가 아니다. 사소한 재능이라도 모두 털어놓자. 그리고 가장 중요하다고 생각하는 당신의 세 가지 재능을 적어보자. 각각의 재능을 한두 마디로 압축해서 적도록 하자. 가령 사랑하기, 보살피기, 가르치기, 듣기, 만들기 등. 정 떠오르지 않거든 대화 상대에게 물어보라.

> 딕의 답) 나의 가장 중요한 재능 세 가지는 경청하기, 만들기, 그리고 분명하게 말하기다.

> 데이브의 답) 나의 가장 중요한 재능 세 가지는 유머 감각, 낙관주의, 그리고 임기응변 능력이다.

질문 3. 당신은 무엇에 열정을 품고 있는가?

무엇이 당신을 설레게 하는가? 무엇에 대해 공상에 잠기곤 하는가? 에너지와 시간을 좀 더 쏟아보고 싶은 일은 무엇인가? 도대체 무슨 일을 해야 그 일에서 자기 재능을 맘껏 펼칠 수 있을 것 같은가?

> 딕의 답) 나는 사람들이 삶의 목적을 발견할 수 있도록 돕는 일에 열정을 쏟고 있다.

> 데이브의 답) 나는 사람들이 좀 더 효과적으로 소통할 수 있도록 돕고, 그렇게 함으로써 개인과 공동체 간의 이해를 키워나가는 데 모든 열정을 바치고 있다.

이제 앞의 세 가지 질문에 대한 답을 묶어 하나의 문장으로 만들어보자. 딕의 답을 참고해 보라.

나의 삶의 목적은 '자연환경 속에서(질문 1에 대한 답)', '귀 기울여 듣고, 뭔가 잘 만들어내고, 분명하게 말할 줄 아는 나의 재능을 발휘하여(질문 2에 대한 답)', '사람들이 자기 삶의 목적을 찾도록 도와주는 것(질문 3에 대한 답)'이다.

딕은 이렇게 말한다.
"지난 몇 년 동안 나의 목적은 내가 들어도 감동적일만큼 간결한 한 문장으로 발전했다. '나의 목적은 사람들이 자신의 본성을 발견하고 그것을 발휘할 수 있도록 돕는 것'이다."

중요한 것은 삶의 목적을 현재시제로 표현해야 한다는 점이다. 그것이 항상 유효하다는 사실을 분명히 하기 위해서다. 당신은 여러 가지 방법으로 목적을 찾을 수 있으며, 어쩌면 그동안 이미 자신의 목적에 따라 살아왔다는 것을 깨닫게 될지도 모른다. 물론 살면서 그때그때 내린 결정들 뒤에는 언제나 목적이 숨어 있었던 것이 사실이다. 하지만 자신의 목적을 머릿속에 분명히 두고 있는 편이 훨씬 도움이 되며, 삶에 변화가 불어 닥치는 순간에는 특히 그렇다. 그렇게 해야 중요한 것들이 더욱 선명해

지고 변화를 통해 새로운 통찰력을 얻을 수 있으며 늘 건강한 선택을 내릴 수 있다.

한가지 더, 당신이 깊은 관심을 갖고 있는 문제를 대여섯 개쯤 찾아낼 수도 있다. 하지만 계속 따지고 들어가다 보면 결국 그 모두를 아우르는 하나의 끈을 발견하게 될 것이다. 이랬다저랬다 하는 당신의 목적을 분명히 해두고 싶을 때마다 앞의 질문을 다시 던져보도록 하자.

다목적 라이프스타일을 위한 공식

(재능+열정+환경) × 꿈 = 다목적 라이프스타일

당신의 재능과 열정과 환경을 모두 더한 다음 당신의 꿈을 곱하면 비로소 다목적 라이프스타일이 완성된다.

당신의 재능

- 하고 있으면 신이 나는 기술
- 노력하지 않아도 자연스럽게 습득되는 능력
- 별다른 노력 없이 오랫동안 해왔기 때문에 특별히 따로

배운 기억이 없는 능력

당신의 열정

- 해결해야 할 필요성을 강하게 느끼는 문제
- 당신이 좀 더 참여했으면 하는 문제
- 당신의 마음을 사로잡고 있거나 더 많은 것을 배우고 싶은 분야
- 지속적으로 깊은 흥미를 갖고 있는 일

당신의 환경

- 당신의 재능과 열정을 가장 쉽고 편안하게 발휘할 수 있는 이상적인 작업 환경
- 당신이 선호하는 장소와 스타일

당신의 꿈

- 당신은 자신의 삶에서 재능과 열정과 환경을 어떻게 하나로 연결하고 있는가?
- 당신이 꿈꾸는 미래는 어떤 것이며, 지금 당신이 하고 있는 일이 어떻게 그 미래를 현실로 만들어줄 것인가?
- 내년(아니면 그 이후)에는 어떤 일들이 이어질 것 같은가?

라이프스타일은 자신이 생각하는 가장 이상적인 인생관이자 직업관이며 궁극적으로는 '삶과 일을 바라보는 행복한 시선'이다. 삶과 일이 가장 완벽하게 조화를 이룰 때 다목적 라이프스타일은 비로소 당신이 꿈꾸던 바람직한 삶의 경지를 보여준다.

"당신이 곧 당신 자신의 메시지"라고 했던 간디의 말처럼 목적이 있는 사람들의 라이프스타일은 가장 이상적인 '자기다움'을 담아낸다. 말 그대로 나다운 '나'가 되어가는 것이다.

짐을 가볍게 하는 방법

'깨우치다enlightened'라는 단어에서 'light'는 흔히 '빛'으로 해석한다. 깨우친 사람들은 '빛을 본' 사람들이거나 세상을 '새로운 빛으로 보는' 사람들이다. 그런데 여기엔 또 다른 뜻이 숨어 있다. 그것은 '짐을 가볍게 한다'는 뜻이다.

피터 러셀Peter Russell은 《시간의 화이트홀The White Hole In Time》이란 책에서 이렇게 설명한다.

"우리 삶에서 가장 무거운 짐은 육체적인 짐이 아니라 정신적인 짐이다. 우리는 과거에 대한 회한과 미래에 대한 걱정에 눌려 살아간다. 이것이 우리가 지고 있는 진짜 짐이며 시간이 많아서 생기는 권태의 앙금이다. 이 짐을 버리지 않고서는 결코 마음을 가볍게 할 수 없다. 가벼운 마음이란 더 이상 집착에 시달리지 않는 것이다. 그것이 바로 자유로운 마음이다."

사람의 인생이란 결국 삶을 자기 것으로 만들어나가는 내면의 오디세이다. 이 긴 항해를 통해 우리는 자신의 영혼 이외에는 누구도 자기 삶을 제어할 수 없다는 사실, 즉 자유로운 마음의 중요성을 깨닫게 된다. 그리고 자유로운 마음이란 끝없이 정신을 내리누르는 무거운 짐을 내려놓아야만 얻을 수 있으며, 그런 의미에서 깨우침이란 '짐을 가볍게' 하는 의미로 이어진다.

하지만 대부분의 사람들에게 이러한 깨우침은 인생에서 가장 어두운 시기에 찾아온다. 35세 무렵, 단테는 커다란 절망에 부딪혔다. 바로 그 시기에 쓰기 시작한 《지옥 편Inferno》은 서구 문학 최초로 중년의 위기를 다룬 작품이다. 그는 이렇게 말한다.

"인생의 여정이 절반쯤 이르렀을 때 나는 어두운 숲 속에서 길을 잃었다는 것을 알았다. 나를 인도해 줄 길은 그 어디에도 보이지 않았다."

중년을 어떻게 묘사하든 인생의 절반 무렵은 매우 중요한 시기이며 짐을 가볍게 할 수 있는 절호의 기회다. 이 시기에 접어든 사람들은 다들 이렇게 자문한다.

"지금쯤은 그래도 뭔가가 되어 있어야 하는 게 아닌가? 아니면 적어도 내 인생을 어떻게 살고 싶은가 하는 정도는 알고 있어야 하는 게 아닌가?"

우리가 그동안 조사한 바에 의하면 인생에는 미리 설치된 무대도 전환점도, 그리고 예측 가능한 중년의 위기 같은 것도 없다는 사실이다. 말하자면 사람들에게 일어나는 일은 대개 예기치 않은 사고나 개인적인 경험, 경제 상황, 그리고 살고 있는 시대의 결과물이라는 얘기다. 사람들은 이렇듯 자연스럽게 목적과 성공의 매 단계를 드나들고 있다. 하지만 우리에게 허락된 것은 삶의 한계와 가능성을 좀 더 요령껏 받아들이는 일뿐이다.

인생의 중반기에 이르면 대부분 꿈을 이루었거나 이루지 못했거나 둘 중 하나의 상태가 된다. 그리고 어느 쪽이든 문제는 생기게 마련이다. 삶이 애초에 계획한 대로 되지 않을 수도 있다는 생각을 빨리 받아들일수록 나만의 '다목적 라이프스타일을 위한 공식'을 세우는 일이 급선무가 된다. 배우자와 헤어지거나, 병을 얻거나, 일자리를 잃거나, 자녀들이 집을 떠나거나 혹은 다시 돌아오거나, 주변의 누군가가 세상을 떠나는 등 누구도 피할 수 없는 인생의 굵직한 사건들이 삶의 목적과 방향을 크게 바꿔놓을 수 있다. 이런 일은 인생의 어느 시기에나 일어날 수 있지만 중반을 넘기면서부터는 더욱 자주 겪게 된다.

작가이자 영화감독인 노먼 코윈Norman Corwin은 82세가 되던 해에 펴낸 아름답고 감동적인 책《늙지 않는 영혼The Ageless Spirit》에서 이렇게 말했다.

"지금 와서 생각해 보면 내게 가장 힘들었던 생일은 마흔 번째 생일이었던 것 같다. 그것은 하나의 커다란 상징이었다. 마흔은 청춘과 영영 이별하는 나이니까. 그 나이를 통과한다는 것은 마치 음속의 벽을 넘어서는 것과 같다."

아직 40세가 안 된 사람들에게 삶의 목적이 무엇이냐고 물으면 대부분 몇 초 동안 침묵이 이어지다가 이렇게 대답하곤 한다.

"콜카타의 빈민들을 위해 헌신하고 싶습니다."

"저는 환경 문제를 해결하는 일에 뛰어들 겁니다."

뭐가 이리도 거창한가? 마치 자신의 전 인생을 바쳐 추구할 만한 과업쯤은 말해야 할 것처럼 생각한 하지만 자신이 어떤 재능을 가지고 있는지, 자꾸만 끌리는 분야는 어떤 것인지, 감동이나 즐거움을 주는 일은 무엇인지 물으면 대부분 어렵지 않게 대답한다. 사람들은 자신의 재능과 관심사가 바로 목적을 가리키는 지표라는 사실을 모르고 있다. 재능과 관심사, 이것이 바로 목적을 알려주는 나침반이다.

삶에는 우리가 '위기'라 부르는 순간을 포함하여 변화가 필요한 여러 국면이 있다. 그때마다 우리는 시간을 다시 짜고 우리의 삶을 가볍게 만들 수 있는 기회를 만나게 된다. 이것은 지금까지 잘 가고 있던 길을 틀어버리는 것이 아니다. 오히려 진짜 가고 싶어 하는 곳으로 가기 위해 지도를 찬찬히 살펴보는 것이다.

시간이 흐르면 관심사도 바뀌게 마련이다. 하나의 관심이 다른 관심으로 이동해 가면서 다양한 경험이 쌓이고 그에 따라 삶의 목적도 차츰차츰 발전해 나간다. 한 가지 목적을 향해 묵묵히 걷고 구석구석 탐험을 마치고 나면 또 다른 쪽으로 초점이 옮겨간다. 새로운 깨달음과 새로운 꿈으로 인해 더 나은 목적을 발견하게 되는 것이다.

생계를 꾸려나가는 일과 다목적 라이프스타일을 펼쳐나가는 일은 전혀 별개의 이야기다. 자신의 진정한 목적을 알고 나면 주어진 자기 몫의 시간을 어떻게 써야 할지 좀 더 분명해지고 정말로 중요한 것과 그렇지 않은 것을 가려내기도 한결 수월해진다. 또한 자신이 어디로 가고 있는지, 그리고 어떻게 하면 그곳에 다다를 수 있는지도 훨씬 쉽게 알 수 있다. 물론 목적을 갖고 사는 것 자체가 쉽다는 뜻은 아니다. 사실 내면이 요구하는 책임과 의무를 의식할수록 삶이 어렵게 느껴지기도 한다. 그렇다면 어떻게 해야 할까?

작게 출발하자. 하루 중 당신의 목적이 담긴 중요한 일 한 가지씩(하나면 충분하다)을 선택해서 살아보자. 그렇게 하루하루

쌓이다 보면 당신이 가고자 하는 길과 삶을 하나로 엮어줄 '황금의 끈'을 발견하게 될 것이다. 조지프 캠벨은 《신화의 힘》에서 이것을 "자신이 받은 축복을 좇는 것"이라고 했다.

"우리는 늘 경험하고 있다. 자신이 받은 축복이 어디에 있는지, 가끔은 계시처럼 들려올지도 모를 그런 경험을 그것을 놓치지 마라. 그 축복이 훗날 무엇이 될지 그 누구도 알 수 없으니. 당신 스스로 당신의 깊이를 알아내는 법을 배워야만 한다."

당신은 당신의 깊이를 잴 준비가 되어 있는가? 당신의 축복을 따를 준비가 되어 있는가? 당신의 목적을 찾아 헌신할 준비가 되어 있는가?

나는 고독보다 좋은 길동무를 본 적이 없다.

- 헨리 데이비드 소로 -

07

인생의 여정을 함께할
친구를 가졌는가

✦

꿈꾸는 누군가가 되어야 한다

친구와 함께 여행을 다녀온 뒤에 관계가 서먹서먹해지는 경우가 있다. 반대로 서먹서먹했던 사이가 여행 이후로 부쩍 가까워질 수도 있다. 여행은 상대방을 알 수 있는 가장 빠른 방법이기도 하다. 여행이라는 시공간 속에서는 사소한 것들이 갑자기 확대되기 때문이다. 어디서 무엇을 먹을 것인지, 저녁에 무엇을 하며 시간을 보내고 잠은 어디서 잘 것인지 따위의 사소한 결정들이 일생일대의 중대한 문제가 된다. 이런 문제들을 결정할 때

동행자와 다투지 않고 무난히 해낼 수 있다면 그 사람과는 더욱 가까워지고 잘 통하는 사이가 될 가능성이 크다. 그렇지 않다면 당신은 곧장 다음 차를 타고 집으로 돌아가고 싶어질 것이다.

인생이라는 긴 여행도 마찬가지다. 당신의 의사결정과 문제해결 능력, 그리고 동반자와의 소통능력이 여행의 즐거움을 좌우한다. 다행히도(아니 어쩌면 불행히도) 사람들은 대부분 인생이라는 여행에서는 아무리 힘들어도 혼자서 짐 싸들고 돌아갈 수 있다는 생각은 하지 않는다. 물론 예외도 있지만 대부분 그런 결정은 선택 사항에 포함시키지 않는다. 우리는 상황을 개선시킬 의지도 없이 그저 불평만 늘어놓으며 동반자와 함께 무거운 발걸음을 터벅터벅 옮겨갈 뿐이다. 그러면서도 마음 한 구석에서는 혹시라도《매디슨 카운티의 다리The Bridges of Madison County》의 로버트 킨케이드처럼 뜻밖의 로맨스나 꿈에 그리던 짜릿한 모험이 불쑥 찾아오지나 않을까 하고 기대해 본다.

당신을 만난 것에 감사한 마음을 안고 살아갑니다. 우리는 우주를 떠도는 두 점의 먼지처럼 서로에게 빛을 던졌던 게 아닐까요. 신이라고 해도, 우주 자체라고 해도 좋습니다. 그 무엇이든 조화와 질서를 이루는 위대한 구조 아래에서는 지상의 시간이 무슨 의미가 있겠습니까. 광대한 우주의 시간을 생각하면 4일이든 4억 광년이든 별 차이가 없을 겁니다. 그 점을 마음 깊이 간직하며 살아갑니다.

4일간의 짧은 사랑이 끝난 뒤 로버트 킨케이드가 프란체스카에게 보낸 이 편지글처럼 수많은 독자가 자신의 삶을 (비록 가슴 아픈 결말일지라도) 불타는 열정으로 깨끗이 정화해 줄 수 있는 영혼의 동반자를 애타게 기다린다. 하지만 그 많은 사람 중에 열정의 정점을 경험하기 위해 자신의 황폐한 마음 밭을 기꺼이 갈아엎을 사람이 얼마나 될까? 해묵은 가방을 완전히 풀어헤칠 준비가 되어 있는 사람이 몇이나 될까?

수많은 사람이 매디슨 카운티의 다리에서 길을 잃고 싶어한다. 평생의 무게보다 더 간절한 4일을 경험하고 싶어 한다. 하지만 너무 두려워하거나 지쳤거나, 아니면 감히 다른 사람들에게 자신이 짊어진 짐을 적나라하게 보여줄 엄두를 내지 못한다. 결국 우리는 몇 백 년에 한 번 있을까 말까 한 완전한 사랑을 꿈꾸면서도 그런 사랑의 부산물인 혼란과 고통은 접어둔 채 그것이 주는 형언할 수 없는 황홀함만을 맛보고 싶어 하는 것이다.

열정적인 관계, 뭔가 의미 있는 관계, 살아 있는 관계, 짜릿함이 넘치는 관계를 맺고 싶다면 먼저 자신의 가방을 풀어헤칠 마음의 준비를 해야 한다. 아주 단순한 진리지만 받아들이기엔 너무도 어렵고 힘들다. 꿈꾸는 것을 실제로 경험하고 싶다면 우리 자신이 그렇게 되어야 한다. 꿈에 그리는 우정이나 사랑을 갖고 싶다면 바로 내가 누군가의 친구나 연인이 되어야 한다. 그러기 위해서는 먼저 사람들과의 관계 속에서 내가 어떤 사람인지 명확히 파악해야 할 것이다.

진짜 친구

나는 중학생일 때 거의 매일 울면서 집에 돌아왔다. 나를 괴롭히는 무리가 있었기 때문이다. 어느 날 녀석들이 한패가 되어 내게 눈싸움snowball fight을 걸었다. 그다음엔 내 숙제를 훔쳐갔다. 또 어떤 날은 나를 꿇어앉힌 다음 번갈아가며 내게 침을 뱉었다. 그러던 어느 날 참다못한 어머니가 내게 물었다.

"녀석들이 그토록 못살게 구는데도 왜 계속 어울려 다녀?"

나는 버럭 소리를 질렀다.

"그럼 어떡해요! 걔들은 내 친군데!"

몇 년이 지난 뒤, 있는 그대로의 나를 좋아하는 사람들을 만나고 나서야 나는 비로소 중학교 때 어울렸던 그 녀석들이 진정한 친구가 아니라는 사실을 깨달았다. 아니 어쩌면 그들이 오히려 진정한 친구였는지도 모르겠다. 내게 아주 값진 교훈을 가르

처주었으니까. 곁에 있다고 모두가 다 친구는 아니라는 것을, 그리고 친구가 아닌 사람들과는 어울려 다닐 필요가 없다는 것을 가르쳐준 녀석들이니까. 당신 주변의 사람들을 둘러보라. 그리고 자신에게 이렇게 물어보자.

"이 중 내 친구는 몇 명일까?"

이것은 친구를 필요나 계산에 의해 선택하는 이기적인 행위와는 다르다. 서로가 서로의 삶을 충만하게 일굴 수 있는 지혜를 얻기 위해서다. 영양가 있는 사람이란 말 그대로 나의 내면에 자양분을 공급해 준다. 그들은 내가 꼭 하고 싶은 말을 할 때 진심으로 귀를 기울여주며, 나의 내면 가장 깊숙한 곳에 있는 생각과 감정을 거울처럼 비추어주는 사람들이다. 그들을 만나면 나는 눈동자가 빛나고, 같이 있어주기만 해도 짐이 가볍게 느껴진다.

또한 그들은 가만히 들어줄 뿐 결코 가볍게 판단하지는 않는 사람들이다. 나를 사랑하지만 결코 나를 고치려 하지 않는 '있는 그대로의 나'를 통째로 받아주는 그 사람이야말로 가장 영양가 있다. 이런 관계에서 성적·육체적 접촉은 털끝만치도 필요하지 않다. 그저 내가 '하나'라고 느껴지는 아주 친밀한 관계일 뿐이다. 삶의 여정에서 나와 함께 여행하도록 하늘이 맺어준 사람만 있어도 된다.

친구와 떠나는 세 가지 여행

야수가 사람이 되기 위해 필요한 것은 단 하나, 사랑한다는 말 한마디뿐이었다. 마음에서 우러나오는 그 한마디야말로 마녀의 강력한 저주를 풀 수 있는 단 하나의 주문이었다. 그러나 야수는 누군가로부터 사랑받을 만한 방법을 알지 못해 오랜 세월 동안 저주받은 성에서 홀로 지내야 했다. 마침내 벨의 행복을 위해 그녀를 떠나보냄으로써 반전의 축복을 얻게 된다.

우리가 얻고자 하는 것은 아주 소박하다. 그저 친밀감을 느끼고 싶은 것이다. 인간은 누구나 다른 이들과 의미 있는 관계를 간절히 맺고 싶어 한다. 하지만 저주받은 성의 야수처럼 그런 관계를 맺는데는 병적일 만큼 무능하다. 심지어 친밀감이 무슨 뜻인지조차 모르는 사람도 적지 않다. 심리학자 마릴린 메이슨은 친밀감에 대해 "비공식적이고 내밀한 지극히 개인적인 여러 가지 활동을 통해 서로 관계를 맺고 가까워지는 것"이라고 정의한다. 그것은 하나의 과정으로 정적인 것이 아니라 동적이고 반복적이다. 달리 말하면 친밀감은 여행과 같다.

딕과 나는 누군가와 친밀감을 쌓아갈 때 시도할 수 있는 세 종류의 여행을 생각해 보았다. 이 세 가지 여행을 반드시 차례대로 할 필요는 없으며 친밀감을 더욱 두텁게 하기 위해서 각 단계를 건너뛸 필요도 없다.

마릴린 메이슨이 말한 것처럼 친밀감은 하나의 과정이다. 그렇기 때문에 친밀감은 평생을 통해 계속 쌓아나가는 것이고 이 세 가지 여행도 우리와 더불어 발전해 나간다. 당신이 가장 사랑하는 사람들(혹은 가장 사랑하고 싶은 사람들)과 적절한 시기에 적절한 지점까지 와 있는지 점검해 보는 방법의 하나로 다음 세 가지 여행을 해보는 것도 꽤 도움이 된다.

당일치기 여행

주말 여행

평생 여행

지금 당신의 길동무들과 함께 어디쯤에 와 있는지 살펴보자. 당신은 지금 함께 있고 싶은 사람들과 제대로 여행을 하고 있는가? 어떻게 하면 그 여행을 좀 더 즐겁게 만들 수 있을까?

당일치기 여행

친밀감은 한쪽 발을 물에 살짝 담그는 것으로 시작된다. 누군가 마음이 끌리는 사람을 알게 되면 우리는 부푼 기대를 안은 채 마치 달걀 위를 걷듯 조심스럽게 다가간다. 마음은 상대방을 향해 미친 듯이 달려가지만 몸은 오히려 딴청을 부린다. 이것은 오직 인간만이 지닌 우스꽝스런 모순이다. 사람들은 누군가를 좋아하면 할수록 자신의 감정을 좀처럼 드러내지 않는다. 동물들이 상대방의 눈길을 끌기 위해 자랑스럽게 깃털을 펼쳐 보이거나 자신의 매력을 한껏 과시하는 것과 달리 사람들은 누군가에게 호감을 느끼게 되면 오히려 자신이 지니고 있는 훌륭한 자질을 쏙 감춰버리는 것이다.

이런 현상은 고등학교 댄스파티에서 쉽게 목격할 수 있다. 어쩌면 당신 역시 그중 한 사람이었을지도 모른다. 서로에게 끌리는 젊은이들끼리는 같이 어울리는 일이 오히려 드물다. 10대들은 왠지 마음이 끌리는 사람보다는 그저 심드렁한 친구들과 더 쉽고 편하게 이야기를 나눈다. 훗날 어른이 되어 되돌아보면 누구나 웃음을 터뜨릴 것이다.

"그땐 왜 그랬을까? 그냥 솔직하게 마음을 털어놓을 걸."

과연 그럴까? 인생의 절반을 지나고 있는 당신은 이제 솔직하게 마음을 털어놓을 수 있을까? 사실은 그렇지 못한 경우가 더 많다. 우리는 아직도 10대처럼 똑같은 일을 되풀이하고 있다. 자신이 가장 잘 알고 있고 또 가장 사랑하는 사람들에게조차 솔직한 감정을 드러내지 못하는 것이다.

잘 생각해 보자. 당신에게 '중요한 인물', 혹은 가까운 직장 동료에게 터놓고 이야기하는 것보다 비행기나 술집에서 처음 만난 사람과 이야기하는 것이 훨씬 더 쉽지 않은가? 가까운 사람이 당신에게 정말 가까이 다가올 수 있게끔 마음을 열어준 것이 언제였는지 기억할 수 있는가?

우리는 가까운 사람들과의 관계를 마치 당일치기 여행처럼 여긴다. 여행을 계속할지 여부는 그날의 여행이 어땠느냐에 달려 있다. 일이 틀어지면 그냥 떠나버린다. 실제로 떠나지는 않더라도 마음이 떠나버린다는 뜻이다. 사람들은 일단 문제를 눈치채는 순간, 재빨리 문 밖으로 나가기 위해 서둘러 가방을 꾸린다. 이 말이 무슨 뜻인지는 당신도 잘 알 것이다. 가령 어느 날 당신이 오랜 세월을 함께 살아온 배우자와 모임에 갔다 돌아온다. 그날 저녁은 몹시 힘들었고 두 사람 다 녹초가 되었다. 누군가 먼저 짜증스런 말을 꺼내자 두 사람은 기다렸다는 듯 비난의 말들을 내뱉는다. 그러고는 늦은 밤 혼자 깨어 이런 생각을 한다. '도대체 내가 왜 이런 사람하고 같이 살게 되었을까? 만약 혼자 산다면 지금보다 훨씬 더 풍요롭고 훨씬 더 재미나게 살 수 있을 텐데.'

왜 가장 깊은 관계조차 이토록 허술한 것일까? 어째서 우리와 가장 가까운 사람들이 마치 지구의 반대쪽에 서 있는 것처럼 멀게만 느껴질까? 몇 달 동안, 심지어 몇 년 동안 매일매일 이야기를 나눠온 사람들이 이제 다시는 상종도 안 할 것처럼 가시 돋친 말만 주고받다니, 정말 이상하지 않는가?

하지만 이것이야말로 인간의 조건이다. 그렇기 때문에 어떤 식으로든 진심으로 전진하고자 한다면 바로 이쯤에서 가방을 풀어야 한다. 사랑하는 사람들과 다시 의미 있는 관계를 회복하고 앞으로도 계속 함께할 마음이 조금이라도 있다면 출발점에서 새롭게 시작해야 한다. 그리고 이 출발점이 바로 당일치기 여행이다. 어떻게 하면 누군가와 하루 동안 진실한 여행을 할 수 있을까? 그러기 위해서는 어떻게 짐을 풀고 다시 꾸려야 할까?

하루에 하나씩

예전엔 어땠는가? 처음, 사랑하는 사람과 함께 마법 같은 시간을 보낼 때 당신은 어땠는가? 상대방의 변덕스런 행동이 오히려 매력으로 느껴진다. 젓가락질하는 방법, 즐겨 듣는 음악, 운전 습관, 이 모든 것이 그저 감동이다. 그러다 서로를 더 잘 알게 되면 상대방의 개성을 더 깊이 이해하고 좋아하게 된다. 가령 그 사람이 왜 고기를 잘게 썰어 먹는지 사연을 듣고나면 '아, 그렇게 할 수밖에 없었겠구나!' 하고 얼마든지 기꺼이 받아들인다.

그 사람의 일거수일투족이 지긋지긋해질 거라고는 꿈에도 생각하지 않는다. 좌우지간 처음엔 그랬다.

그럼 이제 와서 무엇이 변한 걸까? 상대방이 아니라 당신이 변한 것이다. 이 말은 당신이 한때 그렇게 좋아했던 사람과 다시 친해지기를 원한다면 당신이 하기에 따라서 얼마든지 그렇게 될 수 있다는 뜻이다. 물론 단번에 이루어지는 일은 아니다. 당신이 할 수 있는 가장 부담 없는 방법은 당일치기 여행을 떠나는 것이다.

당일치기 여행 일정표

여기서 말하는 당일치기 여행이란 행선지, 구경할 곳, 할일, 그리고 여행하면서 서로에 대해 배워야 할 것 등을 두루 포함하는 실제 여행을 뜻한다. 당일치기 여행의 기본 개념은 아주 간단하다. 당일치기 여행을 위해 짐을 꾸린다는 것은 누군가와 하루 8시간을 함께 보내면서 당신과 그 사람에 대해서 알고 싶은 것이 무엇인지 깊이 생각해 보는 것이다. 당일치기 여행의 일정표를 짜려면 다음과 같은 질문들을 스스로에게 물어야 한다.

- 짧은 시간을 함께 지낼 때 당신에게 꼭 필요하다고 생각되는 자질은 무엇인가? 8시간짜리 하루 여행을 하는 데

당신에게 없어서는 안 될 것이 있다면 무엇인가?

- 이제 막 누군가를 만났다면, 그 사람이 당신의 어떤 점에 대해 알게 되었으면 좋겠는가? 세 가지만 꼽아보자.

- 당신과 8시간을 함께 여행할 사람이 갖고 있기를 바라는 자질은 무엇인가? 그 사람이 갖고 있는 어떤 특성, 혹은 개성이 당신의 특성이나 개성을 보완해 주는가? 당신에게는 없지만 다른 누군가가 채워줄 수 있는 것이 있다면 어떤 것인가?

- 당신이 누군가와 함께 보낼 수 있는 시간이 단 8시간뿐이라면 누구와 그 시간을 보내겠는가? 어떤 곳에서 무엇을 하며 보내고 싶은가?

- 당일치기 여행을 위한 실제 일정표를 작성해 보자. 가고 싶은 곳을 생각해 보고 대화하고 싶은 주제와 하고 싶은 일들을 생각해 보자.

- 가자! 당일치기 여행을 떠나자.

주말 여행

주말 여행을 통해 자기 자신을 발견할 수 있다. 당일치기 여행과는 달리 주말 여행은 1박 2일, 즉 48시간이 주어진다. 주말 여행을 통해서 우리는 내면을 쉽게 열 수 있다. 미래의 소망, 꿈, 계획 같은 이야기들이 아주 자연스럽게 흘러나온다. 이 시간 동안 우리는 서로에 대해 정말 많은 것을 알게 된다. 하지만 엄밀히 말하면 그것은 어디까지나 대화에 불과하다. 주말을 지내는 동안 당신은 희망이나 꿈에 대해 얼마든지 이야기할 수 있지만 그것이 실현되는 것까지는 확인할 수 없다. 미래를 위한 계획도 얼마든지 세울 수 있지만 그것을 실행에 옮길 수는 없다. 그래서 주말 여행 동안 주고받는 이야기는 다분히 이론적이고 공상적인 데가 있다. 함께 낯선 곳에서 밤을 보내며 많은 대화를 나누지만 각자의 삶은 얼마든지 다른 곳으로 흘러갈 수 있다.

이것이 바로 우리가 말하는 '문간에 놓인 가방'이다. 의식하진 못하더라도 많은 사람이 가장 가까운 사람들과의 관계에서조차 항상 떠날 준비가 되어 있다. 지금은 비록 일상의 질서 속에 얌전히 숨죽이며 살아가지만 뜻밖의 극적인 계기가 찾아오면(오래 전에 헤어진 옛 애인에게서 갑자기 전화가 걸려오거나, 베일에 싸인 방문객을 만나거나 혹은 복권에라도 당첨이 되면) 언제든 문간에 놓인 가방을 들고 떠날 준비가 되어 있다. 참으로 쓸쓸한 일이 아닐 수 없다. '문간에 내놓은 가방'을 거둬들일 수는 없을까? 진정한 만남, 상대방의 내면에 좀 더 충실할 수 있는 온전한 관계가 될 수는 없을까?

'주말 여행'에 해답이 들어 있다. 결국 '문간에 놓인 가방' 안에 들어 있는 것들이 우리가 주말 여행을 위해 꾸리는 짐과 같기 때문이다. 주말 여행가방에 '무엇을', '왜' 넣었는지 생각해 보면 가장 중요한 것이 무엇인지 좀 더 분명히 알 수 있다. 그것 없이는 살 수 없는 게 무엇이며, 나에게 가장 중요한 의미를 갖는 것은 무엇인지, 또 나는 누구이며 어떤 사람인가를 가장 정확하게 정의해 주는 것이 무엇인지도 더 잘 알게 된다. 그래서 주말 여행은 자기 자신과의 만남인 것이다.

48시간

에디 머피가 주연한 영화 〈48시간48Hours〉을 보면 이틀이란 시간이 인생을 뒤집어놓기에 얼마나 충분한 시간인지 알게 된다. 영화가 진행되는 동안 주인공과 형사(닉 놀티 분)는 서로를 다시 보게 되고, 그럼으로써 결국 자기 자신에 대해서도 새롭게 깨닫게 된다. 둘이 같이 일하는 동안 별별 소동도 많이 일어나고, 오해도 숱하게(자동차 충돌만큼이나) 겪지만 결국 두 사람은 깨달음을 얻고 놀라울 정도로 서로를 잘 이해하게 된다. 한마디로 완벽한 영혼의 친구가 된것이다. 단 이틀 만에.

주말 여행의 의미를 잘 활용한다면 당신은 친구, 가족, 배우자와의 관계를 완전히 새롭게 바꿀 수 있다. 물론 에디와 닉처럼 자동차 추격을 벌이거나 총격전에 휘말릴 필요도 전혀 없다.

주말 여행 일정표

하루 여행과 마찬가지로 주말 여행 역시 자기 내면으로 떠나는 여행이다. 실제로 상대방과 주말 여행을 떠날 수도 있지만 내면으로의 주말 여행을 위해 반드시 어디로 떠나거나 한적한 곳을 찾을 필요는 없다. 그 여행에서 무언가 소중한 것을 얻기 위해 꼬박 이틀을 잡을 필요도 없다(잠시 동안 어디로 떠나는 것도 나쁘지는 않겠지만). 주말 여행 일정표를 짜려면 다음과 같은 질문을 스스로 던져봐야 한다.

- 짧지도 길지도 않은 기간을 함께 지낸다는 가정 하에 당신이 꼭 지녀야 할 자질을 종이에 적어보자. 주말 여행을 하는데 당신에게 없어서는 안 될 것이 있다면 무엇인가?
- 만약 당신이 누군가와 48시간을 함께 지낸다면, 상대방이 당신의 어떤 점에 대해 알게 되었으면 좋겠는가? 가장 중요한 세 가지만 생각해 보자.
- 당신과 48시간 동안 함께 여행할 사람이 갖기 원하는 자질은 무엇인가? 그 사람이 갖고 있는 특성이나 개성이 당

신의 부족한 면을 보완해 준다면 그것은 무엇인가?

- 누군가와 함께 보낼 수 있는 시간이 48시간밖에 없다고 한다면 누구와 함께 있고 싶은가? 어떤 곳에서 무엇을 하고 지내고 싶은가?
- 당신에게는 없지만 다른 사람이 채워줄 수 있는 것이 있다면 무엇인가?
- 주말 여행을 위한 진짜 일정표를 작성해 보자. 가고 싶은 장소, 대화하고 싶은 주제, 하고 싶은 일 등을 적어보자. 이 모든 사항을 공식 일정표로 삼고 이에 따르자.
- 가자! 주말 여행을 떠나자.

평생 여행

결혼 50주년 기념일을 맞이하는 부부를 보면 어떤 생각이 드는가? 대부분 로맨틱한 감상과 경외심을 함께 느낀다. 부부가 그토록 오랜 세월을 함께 보냈다는 자체만으로도 존경할 만하다. 하지만 어떤 사람들은 두 사람이 반세기를 함께 견뎌낼 수 있었다는 사실에 소름이 돋는다고 한다. 그 숱한 권태를 어떻게 견뎌냈을까? 아직도 여전히 서로를 사랑할까?

인간이 결혼이나 그 밖의 사회적 계약을 통해 평생 동안 유대를 가꿔가도록 만들어진 존재인가 하는 것은 확실히 논쟁의 여지가 많은 문제다. 최소한 그것이 모든 이에게 두루 적용될 수 있는 이상적인 라이프스타일이 아닌 것만은 분명하다. 하지만 그만큼 모두가 동경하는 것이기도 하다.

사람들은 지금 맺고 있는 친밀한 관계가 언제까지나 계속되었으면 한다. 죽음이 갈라놓을 때까지 영원히 행복하게 살았으면 하는 게 우리 모두의 바람이다. 그렇다면 나도 누군가와 평생 여행을 할 수 있을까? 요즘처럼 하루가 다르게 변해가는 현대인들의 욕구와 기대를 생각한다면 쉽지 않아 보인다.

피터 러셀은 '인간관계란 현대 서구사회의 요가'라고 말한다. 인간관계를 일종의 명상적 요가의 하나로 사용할 수 있고 또 그래야 한다는 것이다. 관계를 평생 지켜가야 할 그 무엇이라고 생각하는 것이 관계를 이어나가는 한 가지 방법이 될 수도 있다. 그래서 사람들은 저기 어딘가에 내게 더 잘 맞는 누군가가 있다는 막연한 생각에 매달리는 대신 지금 하고 있는 이 여행을 위해 기꺼이 가방을 풀 수 있어야 한다고 여긴다. 아마도 그것이 전통적인 결혼 뒤에 숨겨진 생각이다.

하지만 실제로 이렇게 되는 경우는 절반 정도뿐이다. 심지어 결혼생활을 유지하고 있는 부부 중에도 사실상 오래 전에 관계가 끝난 경우가 적지 않다. 두 사람은 이미 각자 셈을 치르고 돌아서 나가버렸기 때문이다. 이런 부부는 함께 살고는 있지만 과감히 서로의 차이를 직시하고 헤어지는 길을 택한 부부보다도 더 남남에 가깝다.

위대한 대화

처음에는 같은 길을 나란히 함께 걷다가 점점 어긋나기 시작한다. 바람직한 삶에 대한 각자의 생각이 일치하지 않는 탓에 자꾸만 서로에게 걸려 넘어진다. 여행하면서 서로가 서로의 기댈 언덕이 되어주는 대신 따로따로 자기 길만 말없이 걸어간다. 평생 여행의 가장 대표적인 예는 자녀들과의 관계에서 찾을 수 있다. 자녀를 가진 사람들은 부모 노릇을 하면서 수많은 기쁨과 좌절을 맛보며 평생 동안 관계를 이어간다. 하지만 부모자식간의 관계를 이어간다고 해서 저절로 대화가 통하는 것은 아니다. 애완동물을 향한 무조건적인 사랑이 그 사람의 유일한 평생 여행인 경우도 있다. 이런 여행은 평생 동안 지속될 수 없다. 뽀삐나 해피가 곁에 있는 동안에만 가능한 여행일 뿐이니까.

평생 여행을 한다고 해서 두 사람이 늘 꼭 붙어 살아야 하는 것은 아니다. 몇 킬로미터, 혹은 바다 하나를 사이에 두고 떨어져 있으면서도 얼마든지 성공적으로 평생 여행을 할 수 있다. 평생 여행에서는 사는 곳을 옮기는 것보다 삶에 대한 비전을 새롭게 하는 것이 더 중요하기 때문에 행여 관계가 소원해질까봐 서둘러 달려올 필요가 없다. 우리는 지금 '긴 항해'를 이야기하고 있다. 그러니 당신과 당신의 평생 여행 동반자가 이따금 함께 있지 못하는 시간도 얼마든지 있다.

니체는 결혼을 '위대한 대화'라고 했다. 결혼이라는 대화를 계속하기 위해서는 아무리 오랫동안 관계를 유지해 왔더라도 각자가 현재 겪고 있는 일에 대한 근본적인 대화를 나눌 수 있어야 한다. 두려움을 직시하고 서로의 차이점을 존중하면서 자신의 내면 가장 깊은 곳의 생각과 감정을 거리낌 없이 나눠야 한다.

평생 여행 일정표

평생 여행을 위한 일정표에는 자기 자신과 동반자에 대해 가슴 깊이 품고 있는 감정과 두 사람의 관계가 장기적으로 어떻게 전개될지에 대한 당신의 생각이 반영되어 있다. 대개 평생 여행 일정표는 짧은 여행만큼 빡빡하지는 않다. 대부분 목적지보다는 목적과 방향에 대해 씌어 있기 때문이다. 하지만 평생 여행을 함께하는 사이라 해도 당일치기 여행이나 주말 여행 때와 같은 대화를 나누는 것이 도움이 된다. 당신의 평생 여행 동반자와 아직도 같은 길 위에 있는지 확인해 보기 위해 이런 훈련을 규칙적으로 반복하는 것도 나쁘지 않다.

거듭 물어보자. 우리는 아직도 함께 여행하고 있는 걸까? 만약 그렇다면 앞으로도 계속 함께 여행할 수 있을까? 만약 그렇지 않다면 어떻게 해야 우리의 여행길로 다시 돌아올 수 있을까?

- 평생 여행을 하는 동안 당신에게 가장 필요한 것이 있다면 무엇인가? 평생 여행을 하기 위해 당신이 반드시 지녀야 할 자질은 무엇인지 곰곰이 생각해 보자.
- 만약 당신이 남은 생애 동안 누군가와 삶을 함께하고 싶다면 그 동반자가 당신에 대해서 알아둬야 할 가장 중요한 세 가지는 무엇인가?
- 남은 생애 동안 함께 여행하고 싶은 사람이 갖기 바라는 자질은 무엇인가? 그 사람의 어떤 특성이나 개성이 당신의 부족한 점을 보완해 줄 수 있는가?
- 당신에게는 없지만 누군가가 채워줄 수 있다고 생각하는 것은 무엇인가?
- 꼭 한 사람하고만 남은 생애를 함께할 수 있다면 누구와 함께하고 싶은가? 함께 살 장소는 어디가 좋겠는가? 무엇을 하며 지내고 싶은가?
- 당신의 평생 여행을 위한 실제 일정표를 작성해 보자. 가

고 싶은 곳, 대화하고 싶은 주제, 하고 싶은 일 등을 적어
보자. 이 모든 사항을 공식 일정표로 삼고 이에 따르자.

• 가자! 평생 여행을 떠나자.

사랑이란,
외로운 두 영혼이 서로 지켜주고,
보듬어주고, 따뜻하게 맞아주는 것이다.

- 라이너 마리아 릴케 -

08

이미 답은
내 안에 있다

✦

가방을 풀어라

늘 만나던 친구가 어느 날 연락도 없이 사라져 버렸다. 직장
도 그만두고 멀리 이사를 갔다고 한다. 무슨 일이 생겼을까? 알
고 보니 뜻밖의 거액의 유산을 물려받아 어느 쾌적한 도시에서
새로운 삶을 시작했다고 한다. 남겨진 친구들과의 오랜 우정이
나 그동안의 모든 관계는 그가 시작한 새로운 삶의 목록에 없었
던 것이다. 쓸쓸하지만 이런 일들은 주변에서 심심찮게 벌어지
곤 한다. 견고해 보이던 인간관계도 상황이 바뀌거나 뜻밖의 계

기가 찾아오면 쉽게 변해버리고 만다.

많은 사람이 두루두루 관계를 유지하면서도 가방은 늘 문가에 놓아두고 지낸다. 그의 잠재의식 속에는 언제나 더 나은 누군가를 기다리는 또 하나의 자아가 있다. 혼자 여행을 떠날 때면 슬그머니 결혼반지를 빼버리는 남편, 그리고 남편에 대해 온갖 불평을 늘어놓지만 정작 그 앞에서는 한마디도 말하지 않는 아내처럼 많은 사람이 실제로 혹은 상상 속에서 따로따로 휴가를 떠나고 있는 셈이다. 이런 식의 악순환이 되풀이될수록 서로에 대한 신뢰는 점점 무너져 내린다. 무엇보다 가슴 아픈 것은 돌이킬 수 없게 된 관계의 대부분이 가장 깊고 강력했다는 점이다.

누구나 비행기 안에서 처음 만난 사람에게는 자기 가방을 바닥까지 열어 보일 수 있다. 하지만 자신의 배우자나 가까운 동료들에게도 그렇게 할 수 있는 사람이 얼마나 될까? 물론 언제나 그런 것은 아니다. 하지만 주변을 둘러보거나 자신의 내면을 들여다보자. 인간관계 때문에 생긴 절망의 우물이 넘실거리지 않는가? 어쩌면 우리가 꿈꾸던 무대에서 맘껏 노래하고 춤추기에는 배우나 자신의 재능이 너무 부족한 게 아닐까?

우리는 터질 듯한 열정을 맛볼 능력은 있어도 그것을 다스리는 기술은 부족하다. 감정의 스포츠카를 몰 수 있는 열쇠는 갖고 있지만 아무도 그 차의 운전법은 가르쳐주지 않는다. 이렇게 보면 감정의 충돌사고를 일으키는 것도 그리 이상할 게 없다.

사랑했던 이유가 헤어져야 할 이유가 되어버리고, 사랑을 위해 하는 일이 사랑을 하는 데 장애가 되고 있는 셈이다. 정말이지 기가 막힐 노릇이다. 왜냐하면 우리의 모든 행동은 결국 누군가와 깊고 소중한 관계를 맺고 싶다는 절실한 욕구에서 나오기 때문이다. 부자가 되고 싶은 욕망, 유명해지고 싶은 욕망, 세상을 정복하려는 욕망, 그 모든 욕망의 동기를 모두 한 냄비에 담아 끓여보면, 단 하나만 남게 된다. 바로 사랑받고 싶은 욕망이다. 진부한 이야기지만 사실이다. 우리가 안달하고 지어내고 만들어내는 모든 것, 우리가 마지막 숨을 헐떡이며 내뱉는 첫마디, 이 안에는 사랑받고 싶다는 하나의 동기만 들어 있다. 그래서 우리는 친구, 가족, 심지어 생면부지의 낯선 사람이라도 우리를 사랑하도록 만들기 위해 필사적으로 노력하면서 점점 더 많은 짐을 꾸려 넣는다. 하지만 우리가 정말 해야 할 일은 그와 정반대가 되어야 한다.

가방을 풀어야 한다. 마음과 영혼과 입을 열어 자신이 느끼는 것을 이야기해야 한다. 자신의 내면 가장 깊숙한 곳에 있는 생각, 희망, 꿈 그리고 욕망을 함께 나누어야 한다. 두려움을 이기고 자기 자신을 드러내지 않고서는 결코 진정한 자신의 모습을 보여줄 수 없다.

유리알 자아

심리학자 시드니 주러드Sidney Jourard는《유리알 자아The Transparent Self》에서 누군가를 깊이 사랑하는 사람들이 더 오래 살 거라고 예언한 바 있다. 서로에게 자신을 드러내 보이는 사람들은 질병에 걸릴 확률이 훨씬 낮을 뿐 아니라 더 건강하고 활기찬 삶을 살 수 있다는 이론이었다. 1973년 딕의 연구를 비롯한 다른 연구 결과들을 통해 그것이 사실임이 입증됐다.

미국의 정신과 전문의이며 베스트셀러《행복의 조건》의 저자인 조지 베일런트George E. Vaillant는 하버드 대학교의 남자 졸업생들을 대상으로 졸업한 지 40년 지난 후의 삶에 대해 광범위한 연구를 실시했다. 이 연구의 목적에는 건강했던 졸업생들을 시들고 병들게 만든 요인이 무엇인지 규명하려는 의도도 포함되어 있었다. 어떤 사람들이 병에 걸렸고 어떤 사람들이 불구가 되었으며 어떤 사람들이 일찍 세상을 떠났을까?

베일런트는 그의 저서《성공적 삶의 심리학Adaptation to Life》에서 놀라운 사실을 발표했다. 건강의 비결은 식이요법이나 운동, 그 어떤 건강요법도 아니었다. 건강과 행복의 유일하고도 가장 중요한 열쇠는 바로 자아개방이었다. 베일런트의 연구 대상자들 중 40년 후에도 건강한 그룹에 속한 사람들은 주위에 '영양가 있는' 사람을 적어도 한 사람은 갖고 있었다고 한다. 배우자나 친구, 동료 등 자신의 생각과 감정을 터놓고 이야기할 수 있는 대상이 늘 곁에 있었다는 뜻이다.

롤리와 도리스 라슨 부부는 그들의 공저 《나는 당신에게 내가 어떤 사람인지 가르쳐주어야 합니다 I Need to Have You Know Me》에서 경청 능력의 중요성을 강조했다. 사람들은 자신의 말을 들어주고 이해해 주며 누군가가 자기 존재를 그대로 인정해 주기를 끝없이 갈구하고 있다는 것이다.

"그 여자는 내가 좋아하는 일엔 도통 관심이 없어."

"그 남자는 정말 이해를 못해. 어떻게 하면 이해할 수 있는지 알려고 들지도 않는다니까."

"그 여자는 자기 문제만으로도 끙끙대고 있어. 난 짐이 되고 싶진 않아."

"그 남자는 너무 바빠서 시간이 없어."

"그 여자는 나만 보면 꼬투리를 잡으려고 안달이지."

"내가 옆에 있어도 그 남자는 나를 못 보는 것 같아."

희망적인 것은, 우리에겐 하루에도 수백 번씩 '용기 있는 대화'를 할 수 있는 능력이 있다는 것이다. 베일런트와 마찬가지로 시드니 주러드와 라슨 부부도 정기적으로 우리의 감정이 담긴 가방을 완전히 풀어주는 것이 큰 도움이 된다고 입을 모은다. 가방을 푼다는 것은 자아를 개방한다는 뜻이다. 가방 속에는 '산 채로 매장된' 감정들이 들어 있다. 그것들을 계속 가둬둔다면 다른 사람들과의 관계뿐 아니라 자기 자신과의 관계마저 끊어지고 말 것이다.

그럼 어떻게 해야 할까? 어떻게 하면 가방을 완전히 풀 수 있을까? 대답하기는 결코 쉽지 않다. 그러나 완전히 가방을 풀고 적나라하게 보여줄 단 한 사람만 있어도 당신의 삶은 건강을 되찾을 수 있다. '너와 나'의 관계는 곧 '나와 나'의 관계를 보여주는 거울이다. 다른 사람들과의 관계를 발전시켜 나간다는 것은 결국 자기 자신과의 관계를 발전시켜 나가는 것이다. 다른 사람들과의 관계에서 가방을 풀기 위해서는 출발점에서부터 다시 시작해야 한다. 나의 가방을 먼저 풀어야 하는 것이다.

《포춘Fortune》 선정 100대 기업 컨설턴트인 작가 기포드 핀쇼 Gifford Pinchot는 개인이건 기업이건 모든 긍정적인 변화는 내부에서 시작하여 외부로 표출된다고 했다. 그는 이렇게 술회한다.

"나는 성공하고 싶었지만 잘 되지 않았네. 한때는 내가 만약 뭔가 특출한 일을 하면 사람들이 나를 받아들이고 좋아하게 될 거라 믿었지. 하지만 이젠 그게 잘못된 생각이라는 것을 안다

네. 더 빠른 지름길이 있다는 것도 말일세. 자네가 자기 자신을 받아들이고 다른 사람도 받아들인다면, 사람들도 자네를 받아들이고 좋아하게 될 거라는 걸 말일세."

그는 또 이렇게 고백한다.

"출장을 떠나 컨설팅을 하고 매일매일 강연하는 일이 나를 짓누른다네. 늘 그렇게 아웃사이더로 살면서 어떻게 진정한 친밀감을 찾을 수 있겠나? 이따금 나도 그냥 친구들이나 사랑하는 사람들을 찾아가고 싶어지지. 마사이족 노인들처럼 나도 이제 그만 창을 내려놓고 다녔으면 좋겠네. 바람직한 삶이란 친구들과 함께 의미 있는 일을 하는 걸세. 일과 사랑이 하나로 어우러지는 그런 삶 말일세."

핀쇼 부부는 현재 워싱턴에 있는 기포드 핀쇼 국유림 근처의 콜드스프링 공동체 운동에 관여하고 있다. 이 운동은 천연자원을 지속가능한 방법으로 이용하자는 취지를 갖고 있다. 언제나 꿈꾸는 사나이 기포드는 지금 새로운 의미의 공동체를 만들어간다. 그는 날마다 자신의 내면을 경영하고자 하는 이들에게 일터만이 아닌 모든 차원에서 자신의 삶을 살아보라고 말한다.

"콜드스프링은 꿈을 이루기 위해 함께 일하는 방법일세. 거기 있으면 내 몸 전체를 관통하는 어떤 거대한 에너지가 느껴진다오. 자연이 그 매제일세. 그리고 물론 자연 속에는 우리 인간만 사는 것도 아니라네."

끝으로 그는 자신의 꿈을 이렇게 이야기한다.

"나는 자연을 주인으로 만드는 어떤 공동체 안에서 함께 글을 쓰거나 그림을 그리고, 또 뭔가를 만들거나 집을 짓는다네. 그곳 사람들과 함께 대화하고, 서로의 삶에 관심을 갖고, 서로의 말에 깊이 귀 기울이면서 말일세. 거기서는 내가 모든 것과 하나로 연결되어 있는 기분이 들지 내 안의 모든 짐을 풀어놓은 듯한 그런 기분 좋은 느낌…."

순서 정하기

관심은 세월과 함께 흐른다. 기포드 핀쇼의 경우 처음에는 일에 몰두했지만 서서히 사랑으로 관심이 옮겨갔다. 20대의 당신이 '일'이라는 길을 걸었다면 30대의 당신은 '사랑'의 길을, 그리고 40대의 당신은 '장소'라는 길을 걷게 될 수도 있다. 길은 삶의 목적에 따라 달라지며 또 누군가와 자신의 짐을 완전히 풀어놓은 관계를 얼마나 잘 가꿔왔는가에 따라 달라진다. 누군가와 진정한 관계를 맺으려면 그가 현재 바람직한 삶의 세 갈래 길 중 어느 길을 따라 걷고 있는지부터 알아야 한다. '일'에 몰입해 있는 사람에게 '장소'나 '사랑'을 주제로 한 대화는 겉돌 수도 있기 때문이다. 그 사람의 개인적인 욕구와 성향에 가장 잘 맞는 방법으로 가방을 풀고 다시 꾸릴 수 있도록 도와줘야 한다. 그리고 상대방 역시 당신의 욕구와 성향을 충분히 이해하도록 용기 있게 당신의 가방을 풀어놓아야 한다.

결국 가방을 완전히 풀어놓은 사이란 당신과 상대방 모두 자신의 가방을 풀어놓고 있다는 뜻이다. 만약 둘 중 누구 한 사람이라도 문간에 가방을 놓아두고 있다면 분명히 엇박자가 날 것이다. 사랑, 우정, 동료애 등 인간관계에서 온전한 만족을 느끼지 못하는 사람들은 대부분 이렇게 생각한다.

"나 자신을 좀 더 드러내 보일 수 있는 사람을 만날 수 있다면 모든 것이 다 해결될 텐데."

실제로 더 깊고 의미 있는 관계를 맺는 유일한 비결은(사실 비결이랄 것도 없지만), 자기 자신을 열어 보이는 것이다. 당신이 상대방을 더욱 깊이 받아들일수록, 상대방 역시 당신에게 더욱 더 많은 것을 보여줄 수 있다.

단순하지만 이것이 바로 삶의 참모습이다. 사람들이 자꾸만 그렇게 걸려 넘어지는 것도 결국은 자신을 드러낼 용기가 없거나 자신이 어떤 사람이고 삶에서 무엇을 추구하는지 설명해 줄 어휘를 찾지 못해서다. 이럴 때 '누구', '무엇', '어디'라는 세 가지의 우선순위를 이용하는 것도 하나의 방법이 된다. 당신이 바람직한 삶의 세 요소를 어떻게 꾸리고 싶은지 상대방에게 들려주자. 자신이 진정 어떤 사람인지, 마음과 영혼의 만족을 위해 자신에게 필요한 것은 무엇인지 서로에게 보여주자. 여행의 첫 발은 그렇게 내딛는 것이다.

우선순위를 정하는 법

당신은 지금 일과 사랑과 장소 중에서 무엇을 우선순위로 두고 있는가? 무엇이 우선이고 무엇이 다음인가? 다음 대화를 들어보자.

"오늘밤에 뭐 하고 싶어?"

"식당이 하나 새로 생겼는데 한 번 가볼까?"

"아, 거기? 난 싫어. 웨이터들이 얼마나 불친절한데!"

"웨이터가 무슨 상관이야? 맛만 좋으면 그만이지!"

"게다가 시내까지 나가야 되잖아. 난 좀 편하게 시간을 보낼까 싶었는데."

"아니, 외출하기 싫다면서 그럼 묻긴 왜 물어?"

"관둬. 그냥 집에 있자."

"좋아, 그렇게 해."

한 사람의 관심은 '장소'에, 그리고 또 한 사람의 관심은 '무엇'에 있다. 두 사람이 무언가를 함께하지 못하는 건 당연한 일이다. 이런 종류의 대화를 '위대한 대화'로 발전시키고 싶다면 먼저 가슴을 열고 안에 있는 것들을 죄다 끌어내자. 어떤 특정한 상황이 주어졌을 때 각자 세 가지 요소(일, 사랑, 장소)에 따라 우선순위를 적은 다음 비교해 보라. 서로 일치하는 부분도 있고 어긋나는 부분도 있다. 어긋나는 부분 중에서 가장 엉키고 꼬인 곳으로 함께 가보자. 여기서부터 좀 어렵지만 정말 재미있는 놈이 버티고 있다.

상대의 선택을 존중하자

모든 결정을 상대방이 최우선으로 선택한 것에 맞추자. 가령 상대방이 장소를 최우선으로 생각한다면 상대방의 취향에 맞는 환경을 만들거나 그런 환경에 어울리도록 노력해 보자.

역지사지

하루 저녁, 혹은 며칠 동안 서로의 역할을 바꾸어보자. 상대방의 입장에 있을 때 어떤 기분인지 한번 느껴본다. 당신은 당연히 사랑에 비중을 두는데 상대방은 일을 가장 중요시한다면 서로 역할을 바꾸어보자. 당신이 일을 가장 우선으로 생각했을 때 어떤 기분이 드는지, 그리고 당신이 그렇게 했을 때 상대방은 어떤 기분인지 알아보자.

'짐 꾸리기 대장'이 되자

두 가지의 행사를 계획해 보자. 각 행사마다 둘 중 한 사람이 '짐 꾸리기 대장'이 된다. 짐 꾸리기 대장이 그 행사에 관계된 모든 것을 결정하도록 한다. 어떤 행사를 어디에서 누구와 함께 가질 것인지 모두 혼자 결정하는 것이다. 욕심 사납게 대장 마음대로 행사를 준비하라는 것이 아니다. 오히려 짐 꾸리기 대장은 그 행사가 상대방의 기호에 가장 잘 맞도록 모든 노력을 아끼지 말아야 한다.

실전 여행

당일치기, 혹은 주말 여행을 떠나자. 상대방이 어떻게 짐을 꾸리는지 서로 더 깊이 이해할 수 있도록. 예를 들어 둘이서 장소를 알아보고 싶다면 전에 해보지 않은 방법으로, 당신이 살고 있는 곳이나 살고 싶은 곳에 대해 알아보면서 하루를 함께 보낸다. 지금 살고 있는 동네에서 당신이 잘 모르는 곳을 찾아가자. 아니면 당신이 잘 모르지만 가보고 싶은 곳을 찾아가 본다. 일에 대해서도 똑같이 해보자. 상대방을 초대하여 하루, 아니면 최소한 몇 시간이라도 직장에서 함께 지내보자. 상대방이 당신의 일을 이해하는 것이 당신의 가방을 푸는데 어떻게 도움이 되는지 보자. 실제로 여행을 하는 동안에는 처음부터 끝까지 두 사람의 관계에만 신경 쓰도록 하자. 하루나 이틀 정도 둘이서 어디로든 함께 떠나자. 서로를 좀 더 잘 알기 위한 일 말고는 아무것도 하지 말 것.

내가 있어야 할 곳은 바로 여기라오.

- 아이작 다이슨, <아웃 오브 아프리카> -

09

하나의 문을 닫으면
또 다른 문을 열 준비가 필요하다

✦

낭만주의자가 되자

지금 당신이 살고 있는 곳을 떠올려보라. 당신의 집과 이웃들, 그리고 주변의 환경…. 자, 그럼 이제 당신이 있는 곳이 아니라 있어야 할 곳을 그려보자. 지금 살고 있는 곳 이외에 덤으로 하나 더 생각해 보는 것이다. 당신은 어떤 곳에서 살고 싶은가? 거기서 당신은 어떤 일을 하고 수입은 어느 정도일까? 누구와 즐거운 시간을 보내고 또 어떤 꿈을 꾸고 있을까? 그곳에서 당신의 하루는 어떻게 흘러가는가? 상상 속에 존재하는 제2의 장소는 지금 현재의 장소만큼 중요하다. 앞서 우리는 바람직한 삶을 위해서는 낭만주의자가 되어야 한다고 했다. 상상을 가로막는 현실적인 모든 제약과 생각의 울타리를 깨고 마음껏 상상해보자. 설령 아무런 일이 일어나지 않는다 해도 당신의 상상은 제역할을 할 것이다. 왜냐하면 당신이 현재 살고 있는 곳의 참된 가치를 더욱 잘 알게 될 테니까.

장소에 대한 감각

만일 세상 어디든 원하는 곳에 가서 살 수 있다면 나는 어디로 갈까? 콜로라도의 바위산 골짜기? 카리브 해변의 모래사장? 알프스 산기슭 어디쯤? 북적거리는 뉴욕 중심가? 발리의 해변? 남태평양의 어느 섬? 박물학자이자 저술가인 시거드 올슨Sigurd Olson은 장소에 대한 감각의 필요성을 이렇게 역설한 바 있다.

"자연친화적인 삶에서 지금처럼 도시 문명적인 삶으로 넘어오기까지는 오랜 세월이 걸렸다. 따라서 지금의 한두 세대쯤으로 단순하고 자연적인 삶에 대한 애정을 송두리째 뿌리 뽑기는 불가능하다. 자연에 대한 애정은 아직 뿌리 깊이 박혀 있기 때문에 그것을 우리 삶에서 완전히 몰아내기 위해서는 수백 년,

아니 수천 년의 시간이 흘러야 할 것이다."

딕은 그동안 황무지 여행에 참가했던 사람들이 변화되는 모습을 숱하게 목격해 왔다. 사람들은 킬리만자로에 오르기 위해, 혹은 동물의 대이동을 구경하기 위해 아프리카를 찾는다. 그러나 정작 그들을 사로잡는 것은 원시 자연의 적막한 침묵이다. 해질녘 대초원의 하늘이 붉게 타오르는 시간, 모닥불 위에 쏟아질 듯 피어나는 별무리 속에서 그들은 깊은 상념에 젖어든다. 여행에서 돌아온 뒤에도 그들의 눈에는 흙을 향한 그리움, 흙과 하나가 되고 싶어 하는 간절함이 가시지 않는다.

현대인들은 뿌리에 대한 감각, 장소에 대한 감각을 잃어버렸다. 장소에 대한 감각은 인간이 지금처럼 진화하기까지 쌓아온 배경과 전통에 그 뿌리를 두고 있는 탓에 결코 무시할 수 없는 문제다. 시거드 올슨의 말처럼 황무지는 '영적인 필수품이자 현대 문명의 압박감을 견디기 위해 숨겨둔 아름다운 이야기이며 고요와 평정을 회복하는 귀한 치료약'이다. 변화의 속도가 너무 빨라 미처 기어를 바꿀 시간이 없었을 뿐, 우리의 감각은 여전히 야생의 과거에 뿌리를 둔다. 그래서 아무리 성공적인 삶을 살고 있다 해도 과거의 감각을 완전히 떨쳐버릴 수가 없다. 흙에서 멀어질수록, 그리고 흙 속의 향기와 그 단순한 리듬에서 멀어질수록 우리는 허전함을 느낀다. 삶의 뿌리가 약해지기 때문이다.

늘 어디론가 가고 있지만,
결코 어디에도 존재하지 않는

과거의 세대가 흙에서 자랐다면 지금 세대는 TV를 통해 성장한다. 바람직한 삶이 어떤 것이냐고 물으면 대부분 TV 드라마나 광고에서 봤던 이미지들을 떠올린다. 하지만 TV 밖의 삶은 언제나 TV 속 이미지에 한참 못 미친다. 그럴 때 우리는 어떻게 할까? 답은 쉽다. 좀 더 서두르거나 장소를 옮긴다. TV의 이미지는 끝없이 바뀌고 우리는 숨가쁘게 옮겨 다녀야 한다. 그래서 시간이 늘 부족하다. 자신을 위한 시간도 부족하고 서로를 위한 시간은 훨씬 더 부족하다. 심사숙고하는 사람들이나 너무 천천히 이야기하는 사람들 앞에서 우리는 안절부절 시계만 쳐다본다. 우리는 갈수록 급하게 차를 몰고, 빨리빨리 사랑을 하며, 스타벅스 라테를 한 잔 마시는 데 15초면 충분하고, 수첩에는 빽빽한 일정이 적혀 있다. 시간은 돈이다. 주말 일정은 몇 주 전부터 잡혀 있다. 담소를 나눌 시간이나 허송할 시간이 거의 없다.

분명히 예전보다 더 짜임새 있게 살아가지만 그만큼 자유의지를 저당 잡혀야 하기 때문에 우리는 늘 어깨가 축 처져 있다. 미래를 대비하는 일에는 재빠르지만 현재를 즐기는 일에는 서투르다.

"이 일만 끝나면 친구들하고 여행을 떠나야지."

"다음 주말쯤이면 아이들 데리고 산에 갈 수 있을 거야."

그러나 일은 끝나지 않고 다음 주말까지는 몇 개월이 걸린다. 우리는 늘 어디론가 서둘러 가고 있지만 그곳은 결코 어디에도 존재하지 않는다. 우리는 대체 어디로 가고 있는 것일까? 가고자 하는 그곳은 어디에 있는 것일까? 필즈베리의 영업이사였던 다이앤 허먼은 젊은 시절을 이렇게 회상한다.

"저는 위대한 사상이나 미술, 음악을 접할 때마다 전율을 느껴요. 성격도 활달한 편이었죠. 그런데 어느 날 그걸 다 잃어버렸습니다. 첫 번째 결혼에서 저는 영혼을 잃어버렸죠. 그래도 다행히 가방을 다시 꾸려 제 궤도로 돌아올 수 있었습니다."

이제 46세가 된 다이앤은 예술, 정치, 그리고 딸의 학교 일에 참여하면서 자신이 공동체와 일체가 된 느낌이라고 한다.

"전 제가 속한 이 공동체에 책임감을 느낍니다. 필즈베리에 있을 때는 못 느꼈던 거예요. 그땐 학교 행사 때문에 회사에 결근하면 죄책감을 느꼈죠. 정말이지 그때는 자원 봉사할 시간도, 아이들 학교 행사에 참석할 시간도 없었어요."

다이앤은 전에 딸의 학교에서 소식지를 만들기 위한 모임에 참석했던 일을 떠올렸다.

"같은 테이블에 8명의 여자들이 둘러앉아 있었는데 그중 6

명이 MBA 출신이더군요. 그 사람들도 내가 씨름하고 있는 것과 똑같은 문제로 고민하면서 살고 있었습니다. 그런 사람이 나 하나가 아니라는 사실에 조금은 위안이 되더군요."

다이앤이 바람직한 삶을 살기 위해 사직서를 쓰기로 마음먹었을 때 가장 힘들었던 것은 성공에 대한 정의를 다시 내리는 것이었다.

"거의 모든 시간을 직장에서만 보냈죠. 물론 성공했어요. 하지만 안으로는 남은 것이 아무것도 없었어요. 텅 비어 있는 느낌이랄까요. 성공의 빛이 한때는 효력이 있었지만 결국 내면의 빛을 잃게 만든 거죠."

우리는 인터뷰를 하면서 다이앤 같은 사람들을 수없이 만났다. 그들은 외면의 성공이 내면의 실패에 대한 보상일 뿐이라는 것을 깨달았다. 삶의 막다른 골목에서 그들은 과감하게 방향전환을 함으로써 더 깊은 성취감과 장소에 대한 감각을 발견했다. 그리고 그들은 이제 자기만의 '내적인 세계'를 어떻게 가꿔야 하는지 배워가고 있다.

딕이 몇 년 전 아프리카 여행에서 댄 피터슨을 만났을 때 그는 2년 동안 안식년을 보내던 중이었다. 그 전까지 댄은 샌디에고 근교의 치과에서 20년 동안 일을 해왔다고 한다.

"뭔가 다른 일을 해야겠다 싶었습니다. 많이 지친 상태였어요. 저는 동업자와 함께 우리의 이상을 담은 마스터플랜을 짰습니다. 1년을 반으로 나누어 교대로 6개월 일하고 6개월 쉬기로 했죠. 18년 동안은 계획대로 잘 돌아갔습니다. 저는 모든 것을 누렸어요. 오직 한 가지, 내적 평화만 빼고 말입니다. 그래서 이렇게 떠나온 겁니다."

내면으로 시선을 돌린 뒤부터 댄은 자기 자신을 일깨우고, 더 나은 인간으로 만들어가는 일에 헌신하는 사람들과 새롭고 깊은 관계를 쌓아가기 시작했다. 안식년을 끝낸 지금 댄은 심신 통합치료법으로 진료하는 치과의사로 일주일에 2~4일씩 편하게 일하고 있다. 또 그는 열성적으로 심신심리학을 공부하고 있으며, 자아개발에 관한 문제들을 자신이 고안해 낸 새로운 접근법으로 치료하고 있다.

"사람들이 자문을 구하려고 저를 찾아옵니다. 그러면 저는 언제든지 하던 일을 멈추고 그들과 대화를 나누지요. 그들은 내가 그렇게 많은 시간을 함께 보내는 것에 대해 무척 놀랍니다. 사실 저는 환자들과 함께 한 차원 더 높은 존재가 되어가는 중인데 말이죠."

태평양이 내려다보이는 댄의 병원은 고객들에게 건강한 삶을 위한 오아시스 역할을 하고 있다. 병원 자체가 장소에 대한 그의 감각과 환자들 자신이 스스로 치유하도록 돕는 그의 자연 치료 방식을 잘 보여준다. 파도치는 바다와 소박한 천연림을 병풍처럼 두른 그의 병원은 삭막한 조명과 차가운 기계들로 가득한 도시의 병원들과는 극명한 대조를 이룬다. 사람들은 대양의 파도 소리와 댄의 이야기 속에서 스스로 삶의 상처를 치유한다.

어디서 살 것인가?

바람직한 삶의 형태가 구체적으로 그려질수록 '장소'와 방법도 점점 뚜렷해진다. '집'이란 단지 한 채의 건물만을 의미하지는 않는다. 집 주변의 환경, 즉 이웃들과 지역사회의 제반 시설, 기후, 세금, 정치까지 포함하는 것이다. 이 모든 것이 개인의 가치관에 의해 검열받거나 역으로 개인의 가치관을 변화시키기도 하면서 내가 살게 될 장소를 결정짓게 된다. 따라서 '어디에 살 것인가?'라는 문제는 여러모로 진지하게 생각해야 한다.

우리는 평생을 통해 자기 자신을 끝없이 새롭게 만들어간다. 장소를 바꾸는 것 역시 이러한 거듭나기의 큰 부분을 차지한다. 장소를 바꾼다는 것은 세상을 보는 시각을 바꾼다는 의미와 같기 때문이다. 《아름다운 삶, 사랑, 그리고 마무리Loving and

Leaving the Good Life》에서 헬렌 니어링은 이렇게 말했다.

"하나의 문이 닫히면 또 하나의 문이 열린다. 새롭게 열린 공간은 이제까지와는 다른 일들로 가득 차 있다. 우리 삶에는 열고 닫아야 할 문들이 무수히 많다. 어떤 문은 열어둔 채로 떠난다. 다시 돌아올 여지를 남겨두었기 때문에 어떤 문은 단호하게 쾅 닫는다. '더 이상은 안 돼!'라는 뜻으로, 또 어떤 문은 유감스러운 듯 살그머니 닫는다. '좋았지만 이제는 끝났어'라는 마음으로…. 출발은 다른 어딘가에 도착했다는 뜻이다. 하나의 문을 닫는 것은 새로운 곳, 새로운 모험, 새로운 가능성, 새로운 자극을 향해 자신을 활짝 열어젖힌다는 뜻이다."

당신은 하나의 문을 닫고 또 다른 문을 열 준비가 되었는가? 새로운 곳, 새로운 모험, 새로운 가능성을 위해 당신이 기꺼이 포기할 수 있는 것은 무엇인가? 만약에 새로운 곳으로 옮길 생각이라면 먼저 당신이 꿈꾸는 미래의 라이프스타일이 어떤 것인지 곰곰이 떠올려봐야 한다. 너무 멀리 가기 전에 우선 가까운 사람들과 이야기하며 자신의 생각을 객관적으로 살펴볼 필요도 있다. 왜냐하면 큰맘 먹고 삶의 터전을 옮긴 뒤에 "이게 아니었어!" 하며 땅을 치고 후회하는 경우도 종종 있기 때문이다. 서둘러 결정하기 전에 최소한 이런 질문에 충실히 답해보라.

"나는 지금 내가 원하는 곳에 있는가?"

"내 맘에 쏙 드는 좋은 장소를 알고 있는가?"

"특정한 장소에서 발견한 '내가 원하는 그것'이 무엇인가?"

"어떻게 하면 지금 내가 있는 곳을 내가 바라는 곳처럼 만들 수 있을까?"

"여기 그대로 있어야 할까, 아니면 떠나야 하는가?"

자, 그럼 이번에는 당신이 살고 싶은 곳을 머릿속에 그려보도록 하자. 상상 속의 영상이 구체적이고 생생할수록 좋다. 배경이 완성되면 이제 그곳에서 살고 있는 당신의 모습을 상상해보자. 그 상태에서 당신만의 내레이션을 떠올려보라. 당신이 왜 그곳을 그곳에서의 삶을 그토록 원하는지 그 이유를 자신에게 설명해 보자. 가령 이런 식으로.

"거기서 나는 여전히 교사를 하면서 생활비를 번다. 하지만 파트타임 대리 교사로도 일하고 있다. 학부모와 학생들을 상대로 상담을 시작했는데, 학생들이 자신에게 맞는 대학을 선택할 수 있도록 도와주고 있다. 나는 내 배우자와 함께 보내는 시간이 많다. 우리는 적어도 한 달에 일주일은 배낭여행을 떠난다. 우리는 좋은 환경에서 살고 있으며, 개와 고양이를 기를 수 있을 만큼 땅도 소유하고 있다. 이처럼 골고루 균형 잡힌 라이프스타일 덕분에 규칙적인 운동도 한다. 저녁에 책을 읽을 수 있을 정도로 여유로우며 에너지도 넘친다. 전처럼 책을 보다가 얼굴에 덮고 자는 일은 없다. ”

떠나기 전에 한 번 더

마침내 '이곳의 삶'에서 '저곳의 삶'으로 결정을 내렸다면 몇 가지 당부할 것들이 있다. 어디든 깜깜한 상태에서 무작정 떠나는 것보다 조금이라도 알고 떠나는 게 현명할 테니까. 당신이 앞으로 살게 될 장소에 대해 알아볼 수 있는 몇 가지 방법을 소개한다. 이것은 당신보다 앞서 떠났던 많은 사람의 생생한 경험에서 얻은 실용적인 지혜들이다.

1. 당신이 하고 싶은 일을 하고 있는 사람을 찾아보자

이것은 가장 현실적인 문제이며 당신에게 중요한 자산이 될 것이다. 가능한 한 모든 방법을 동원하여 현재 그곳에서 당신이 하고 싶어 하는 일을 먼저 하고 있는 사람에 대해 알아보라. 그들을 직접 만나 이야기해 보면 그곳에 대한 확실한 감이 올 것이고, 결정을 내리는 데에도 중요한 열쇠를 제공할 것이다. 그들을 만나 무엇을 물어볼 것인가? 반드시 물어봐야 할 질문은 "내가 그곳에서 생활을 유지할 수 있을 만큼 계속 돈을 벌 수 있는가?" 하는 것이다. 이사 준비를 하기 전에 그 지역 구직시장에 대해 알아볼 방법이 있는가? 당신은 밤 늦도록 견습생으로 일할 자신이 있는가? 혹은 휴가 때도 일할 수 있는가? 만약 분야를 바꾸거나 새로운 사업을 시작할 예정이라면 그분야의 전문가들과 먼저 이야기해 보자.

2. 먼저 상상속에서 그곳에서의 삶을 경험해 보자

인터넷을 최대한 활용해 볼 필요가 있다. 그 지역을 중심으로 한 동호회부터 지역 정보 사이트, 사진, 동영상 등 모든 정보를 검색해 보자. 그리고 그곳에서의 가상 생활을 충분히 경험해 보자. 어느 정도 감이 잡힐 것이다. 그 지역 주민이 된 당신의 모습을 상상할 수 있는가?

3. 그곳으로 주말 여행을 떠나자

자, 이제 가상공간에서 나와 직접 그곳을 방문해 보자. 이를테면 주말 여행을 그곳에서 보내는 것도 좋은 방법이다. 긴장을 풀고 즐거운 시간을 보내자. 이 여행에서 결정을 내릴 필요는 없다. 대신 이곳저곳을 다니며 꼼꼼히 물어봐야 한다. 지역 주민들을 만나 식당, 오락, 교육 등 모든 것에 대해 자세히 물어보자.

4. 그곳에서 좀 더 긴 시간을 보내자

다시 한 번 그곳을 찾아가 보자. 그곳에 오래 머물수록 좀 더 확실하게 감을 잡을 수 있다. 당신 자신이 앞으로 그 지역의 큰 자산이 되고, 그 지역의 가치를 높여줄 사람이라고 상상하자. 가령 부동산을 알아보고 그 지역 주택시장에 관해 알고 싶은 사항들을 작성해 보자. 그 지역의 매물과 세놓을 곳에 관한 대강의 그림을 파악할 수 있도록 차를 타고 그곳을 한 바퀴 돌아보자. 이웃 사람들과 이야기를 나눠보고 당신이 마음에 두고 있는 것들을 전부 다 물어보자.

소유를 기준으로 삼는 삶은, 존재를 기준으로
삼는 삶보다 자유롭지 못하다.

- 윌리엄 제임스 -

IO

스스로 질문을 던지다

✦

요즘 어때?

자명종이 울린다. 새벽 5시 30분, 끄고 다시 잔다. 또 울린다. 다시 끄고 잔다. 세 번을 반복한 뒤에야 비틀비틀 욕실로 향한다. 이미 지각이다.

대충 주섬주섬 걸치고 먹는 둥 마는 둥 집을 나선다. 회사로 향하는 길은 교통지옥이다. 한 손은 운전대, 또 한 손은 휴대전화, 그리고 머릿속은 그날의 업무, 마감시간, 회의로 가득 차 있다. 해야 할 일들의 목록은 공항의 일정표를 방불케 한다. 긴장을 풀고 느긋하게 하루를 보낸 적이 언제였던가? 마지막으로 자신에게 "요즘 어때?" 하고 물어본 게 언제였던가? 이런 질문에 답하기 위해 조용히 물러나 쉴 수 있는 곳은 어디인가?

기가 막히게도 이 세상에 흔적을 많이 새기면 새길수록 자기 몫의 세상은 점점 좁아진다. 니어링이 말한 문을 여는 기술은 늘고 주머니도 두둑해지지만 지나온 문들은 차례차례 닫고 잠가버리기 바쁘다. 하루하루를 너무 꽉 채우다 보니 아무리 시간이 주어져도 이젠 가방을 풀만한 여유가 없다. 이제는 풀어야 할 필요가 절실하면 절실할수록 가방은 점점 풀기 어려워진다.

바람직한 삶을 찾아가는 여정은 일상과 꿈의 합작품이다. 하지만 정말 그런 삶을 살 수 있으려면 바깥세상으로 눈길을 돌려야 한다. 잠시 멈춘 듯한 시간 속에서 조용히 지낼 수 있는 그런 장소를 찾아야 한다. 바람직한 삶에 대해 이야기를 나누고 또 그런 대화를 통해 대강의 그림을 그려나가면서 우리는 나름의 인생관을 세우게 된다. 하지만 우리가 꿈꾸는 삶을 실제로 살기 위해서는 이따금 말을 멈춰야 할 필요가 있다. 입을 닫고 귀를 열자. 몸과 마음이 보내는 신호, 당신을 둘러싸고 있는 세상의 언어에 가만히 귀를 기울여 보자. 그러기 위해서 우리의 여정 어디쯤에선가 '경청의 자리'를 찾아내야 한다. 프레드릭 레먼Fredric Lehrman은《성스러운 풍경The Sacred Landscape》에서 이렇게 말했다.

"경청의 자리는 대지의 목소리를 좀 더 또렷이 들을 수 있는 곳이다. 이러한 장소들을 찾아가서 귀를 기울여라. 한번 들려온 대지의 소리는 어느 곳에 있는 당신 귓가를 맴돌 것이다."

대지의 목소리를 들으려면 어디로 가야 하나? 경청의 자리는 어디에 있을까?

내면의 소리를 듣는 경청의 자리

시거드 올슨은 《경청의 자리Listening Point》에서 이렇게 썼다.

"나는 그곳을 '경청의 자리'라 부른다. 그곳은 오로지 듣기 위해 가는 곳이기 때문이다. 잠자던 의식을 깨워 조용히 앉아 있으면 모든 것을 볼 수 있고 모든 것을 들을 수 있는 곳이다. 사람이라면 누구나 어딘가에 이런 '경청의 자리'를 갖고 있다."

당신에게도 경청의 자리가 있다. 찾을 수 있겠는가? 조용히 머물면서 내면의 눈으로 우주를 들여다볼 수 있는 그곳은 어디인가?

보험대리인으로 성공한 래리 크리스티는 매주 금요일 정오가 되면 경청의 자리로 떠난다. 자동차로 5시간 정도 걸리는 북부 미네소타의 어느 호숫가, 그곳에 그는 통나무집 한 채를 갖고 있다. 거기까지 차를 타고 달리는 5시간부터가 그에게는 경청의 자리가 된다. 차 안에서 그는 시와 고전문학 테이프를 듣는다. 래리는 자신의 통나무집에 대해 이렇게 말한다.

"그곳은 바람직한 삶으로 가득 찬 영혼의 안식처입니다. 아내와 저는 거기서 책도 읽고 일기도 쓰고 고전음악도 듣습니다. 우리는 강아지를 데리고 오랫동안 산책도 하지요."

그는 또 이렇게 말한다.

"나이 60세가 된 지금, 저는 삶을 정말로 사랑합니다. 그동안 곡식을 심느라 많은 시간을 보냈으니 이제는 추수할 때가 되지 않았겠어요? 요즘 제 관심은 일보다는 사랑과 장소입니다. 이제는 전처럼 자신을 몰아붙이는 법이 없어요. 은퇴할 생각은 추호도 없습니다. 하지만 일의 양을 줄여 일주일에 3일만 일하려고 합니다. 통나무집에서 소중한 시간을 좀 더 많이 갖기 위해서지요. 그곳은 정말로 내 영혼의 문을 열어주는 곳입니다."

딕에게도 자기만의 '경청의 자리'가 있다. 체카메건 국립공원 변두리에 있는 110년 된 통나무 오두막집이다.

"그곳에 가면 내 생활은 마치 계절의 변화처럼 느려지고 침착해진다. 그곳엔 전화도 없고 전기도 없다. 통나무를 때는 난로와 석유램프가 만들어내는 그림자는 우리를 뭉클한 낭만으로 감싸준다. 지난 10년 동안 나는 그 오두막을 나의 '경청의 자리'

로 삼아 늘 새로운 나와 만나왔다. "

자기만을 위한 경청의 자리를 원하지 않는 사람이 있을까? 우리는 모두 가방을 풀고 자기 자신을 완전히 되찾을 수 있는 그런 장소를 간절히 원하고 있다. 하지만 이런 소망을 실행에 옮기는 사람은 그다지 많지 않다. 여유를 인정하지 않는 일상의 북소리에 쫓겨 끝없이 행군해야 하기 때문이다. 그러나 외부의 북소리가 아닌 내면의 북소리를 듣기 위해 가던 길을 멈춘 사람이 있다. 그가 바로 헨리 데이비드 소로다. 그는 월든 호숫가 숲에서 혼자만의 삶을 살고 있는 이유에 대해서 이렇게 설명했다.

"내가 숲으로 들어온 것은 깊이 생각하며 살고 싶어서였다. 삶에서 꼭 필요한 것들만 마주하고 싶어서, 삶이 내게 반드시 가르쳐줘야 할 것들을 숲에서 혼자 살면서도 배울 수 있을지 알고 싶었기에, 그리고 죽음이 다가왔을 때 나는 나의 삶은 산 것이 아니었다고 말하지 않기 위해서. "

딕은 자신의 동기도 소로와 다르지 않다고 말한다.

"나는 쓰던 원고를 끝내고 나면 종종 등산화를 신고 숲으로 산책을 나서곤 했다. 걷다 보면 느릿느릿 걸어오는 사슴이나 곰과 마주친다. 내가 알기로 삶의 활기가 충만한 사람들은 모두 이렇게 조용한 시간을 갖는다. 그들은 내면에 귀 기울일 시간을 갖기 때문에 어떤 상황에서도 자신을 잃지 않고 살아간다."

물론 침묵의 소리를 듣기 위해 꼭 어딘가를 찾아갈 필요는 없다. 데이브는 도시 한복판에서 경청의 자리를 찾았다.

"여름밤이면 나는 자전거를 타고 도시를 천천히 달리고 싶어진다. 나를 둘러싸고 있는 삶을 바라볼 수 있는 것만으로도 엄청난 해방감을 느낀다. 극심한 교통지옥 속에서도 혼잡한 보도 위에서도 그리고 담배 연기 자욱한 술집에서도 나는 자유롭다. 헬멧을 스치는 바람 소리와 눈앞의 풍경들 속에서 나의 생각은 점점 넓어진다. 나는 밤공기 속에서 혼자 이 세상 그 누구도 만들지 못할 나만의 작품을 완성해 간다. 나와 나의 자전거, 그리고 발가벗은 도시 안의 수많은 이야기만이 소용돌이치는 밤공기 속에서."

경영 컨설턴트인 톰 디스는 감동적인 글을 읽을 때, 역사의 현장이나 아름다운 자연경관을 마주할 때, 베토벤의 교향곡을 감상할 때, 그리고 자극적인 주제를 놓고 토론을 벌일 때마다 마음이 편안해지는 것을 느낀다. 그는 이렇게 말한다.

"한 번은 이제 갓 5개월 된 손녀에게 우유를 먹여봤습니다. 마음이 그렇게 평온해질 수 없었지요. 어린 손녀를 품에 안고 우유를 먹일 때 천사가 되지 않을 사람이 어디 있습니까? 어느 곳에 있든 지금 이 순간을 온전하게 음미할 줄만 안다면 어떤 기적이라도 가능하다고 저는 믿습니다."

사실 톰은 최근까지만 해도 우리들 대부분이 그렇듯이 주변에서 정의해 놓은 라이프스타일에 자신을 맞추려고 애써왔다. 그것은 좀더 많은 일을 하기 위해 사색의 시간을 없앨 수밖에 없는 라이프스타일이었다. 잠시 멈춰 서서 "지금 이곳이 내가 가장 머물고 싶은 곳일까?"라는 질문을 스스로 던지는 것만으로도 큰 위기에 처할 수 있는 그런 라이프스타일이었던 것이다.

"해야 할 일들, 그리고 사람들이 내게 기대하는 것들에 너무 얽매여 있어서 무엇이 중요한지 우선순위를 생각할 겨를이 없었습니다. 그렇게 살다 보니 내가 진심으로 되고 싶은 게 무엇인지 잊어버리고 말았어요. 그러다가 전립선암에 걸렸다는 사실을 알게 되었습니다. 어떻게 됐겠습니까? 이제 더 이상 '시간의 양'은 중요하지 않게 돼버렸어요. '시간의 질'에 따라 삶의 가치가 달라진다는 것을 깨달은 겁니다."

이제 톰은 하루에 두 시간씩 깊은 사색에 잠긴다.

"저는 하루일과를 세심하게 짭니다. 귀를 기울이기 위해 매 순간 하던 일을 멈추고 나 자신에게 묻곤 합니다. 이 모든 행동이 내 삶의 목적을 이루어주는가? 그렇게 하루하루 정해진 일과에 몸을 맡기고 따라가다 보면 질서와 아름다움에 대한 감각이 살아나는 것 같습니다. 그리고 이 우주 안에서 내가 지금 있는 곳이 어딘지도 점점 분명해지지요."

침묵 휴가

미국의 성인들은 하루 평균 5,000개의 단어를 말한다. 그리고 성공한 사람일수록 더 많은 말을 한다. 말들이 입에서 쉬지 않고 콸콸 쏟아져 나온다. 할 말이 너무 많아 들을 시간이 거의 없다. 다른 사람의 말은 물론 자신의 말도 들을 시간이 없다. 아무도 귀 담아 듣지 않는 '버려진 언어'들이 허공으로 흩어져 정신의 스모그를 이루고 있다. 그 속에서 우리는 자기도 모르게 서서히 질식할 것 같은 스트레스의 늪으로 빠져든다.

자, 그렇다면 이제 경청의 자리에서 24시간 동안의 침묵에 잠겨보는 것은 어떨까? 오로지 침묵을 위한 이 짧은 휴가를 통해 당신은 정말로 들어야 할 침묵의 소리를 만나게 된다. 침묵 휴가를 제대로 보낼 수 있다면 당신은 모든 짐을 완전히 풀 수도 있다. 그리고 아침마다 잠자리에서 일어나야 할 새로운 이유를 찾아낼 수도 있다. 또한 오래 전에 잊었던 삶의 이유를 다시 발견할 수 있는 좋은 계기도 될 것이다. 침묵 휴가는 당신에게 내가 처해 있는 이 상황이, 혹은 내가 관계맺고 있는 사람들이 나에게 가르쳐주려는 게 무엇인지 곰곰이 생각하게 해준다. 그리고 무엇보다도 진정으로 그 대답을 듣기 위해 필요한 여유를 만들어준다.

이제 당신이 경청의 자리에서 생각해 볼 수 있는 10가지 사항들에 대해 살펴볼 차례다. 이들 중 몇 가지는 이 책의 다른 부분에서 이미 언급한 것들이다. 당신이 어떤 문제를 안고 있건, 어떤 상황에 처해 있건, 단 하루만이라도 경청의 자리에 머물 수 있는 시간을 만들어보기 바란다. 침묵 휴가를 보내면서 다음에 적은 것들 중 한두 가지를 붙들고 깊이 생각해 보자.

1. 감춰진 나의 재능을 재발견하자

삶의 근본은 창조다. 재능은 당신이 창조적인 삶을 만드는 데 핵심적인 요소다. 당신은 지금 무엇을 창조하고 있는가? 당신의 재능을 충분히 발휘하고 있는가? 그렇지 않다면 어떻게 해야 되겠는가?

2. 당신의 목적을 되찾자

재능은 목적이라는 용광로 속에서 단련된다. 자신이 진심으로 믿는 무언가를 위해 재능을 발휘하는 동안 당신은 더욱 헌신적이며 열정적으로 변해가는 것을 느낄 수 있다. 당신의 목적을 다시 찾았는가? 찾지 못했다면 그것을 다시 찾기 위해서 어떤 일을 할 수 있겠는가?

3. 당신의 직업을 새로운 시각으로 바라보자

만족은 늘 불만족을 낳는다. 같은 일을 계속 되풀이하면 점점 기계적으로 하게 된다. 가장 좋아하는 일이라도 정기적으로 자신을 새롭게 하지 않으면 맥이 빠지게 된다. 당신은 자신의 일을 정기적으로 새롭게 바라보고 있는가? 당신은 새로운 문제와 새로운 주제를 끊임없이 찾아다니고 있는가? 어떻게 하면 당신의 일을 새로운 시각으로 바라볼 수 있겠는가? 어떻게 해야 당신이 매일 아침(적어도 거의 매일 아침) 그날 할 일에 대한 설렘으로 잠자리에서 일어날 수 있겠는가?

4. 당신을 위한 '개인 이사회'를 새로 선출하자

자신의 성공을 되돌아보면 대부분 다른 사람들의 응원과 지원이 참으로 중요했다는 것을 발견하게 된다. 당신이 여기까지 오는 동안 당신의 버팀목이 되어준 가장 중요한 사람은 누구였는가? 당신이 충고를 구할 만큼 믿고 의지할 수 있는 사람들은 누구인가? 그들을 당신의 개인 이사회 이사들이라고 생각해 보

자. 이들과 회의하는 광경을 머릿속에 그려보자. 모두가 테이블에 둘러앉아 있다. 의장석에는 누가 앉아 있는가? 당신인가? 지금 당신이 의장석에 앉아 있다면 이사들 앞에 무슨 안건을 내놓고 싶은가? 당신은 그들이 어떤 반응을 보였으면 좋겠는가? 그리고 당신은 어떤 식의 지원을 기대하고 있는가?

5. 성장의 칼날을 다시 갈자

나에게 좀 더 차별화된 가치를 선사하기 위해 새로운 기회를 연구하고 신기술을 개발하자. 배움은 활력을 불어넣는다. 당신이 배우는 상상만 해도 짜릿해지는 것은 무엇인가? 어떻게 하면 당신의 성장의 칼날을 다시 예리하게 만들 수 있겠는가?

6. 인간관계의 가방을 다시 꾸리자

사람들은 가장 내밀한 관계, 가장 개인적인 관계에서조차 크고 작은 짐을 꾸려 문간에 놓아둔다. 당신의 삶에서 누구와의 관계가 가장 중요한가? 당신은 사랑하는 사람들과 '근본적인 대화'를 나누는가? 그것이 '위대한 대화'라고 생각하는가? 인간관계에서 가장 문제가 되는 것은 소통의 부재다. 어떻게 하면 사랑하는 사람들에게 완전히 가방을 풀어 보이고, 더욱 깊고 의미 있는 소통을 위해 문을 열 수 있겠는가?

7. 시간과 돈의 사용을 검토하자

자리에 앉아 달력과 통장을 펼쳐놓자. 가장 소중한 두 가지 재산, 즉 시간과 돈을 어떻게 쓰고 있는지 검토해 보자. 당신의 시간과 돈이 흘러가는 방향에 만족하는가? 마지막으로 '오늘은 정말 잘 보낸 하루였어'라고 중얼거리며 잠자리에 들었던 때가 언제인가? 당신 삶에서 덜 중요한 것에는 'No!', 정말 중요한 것에는 'Yes!'라고 하는 순간은 언제인가?

8. 바람직한 삶에 대한 정의를 다시 내리자

자기성취를 예언하는 것보다 확실한 자기성취법은 없다. 당신이 무언가를 꿈꿀 수 있다면 그것을 실제로도 할 수 있다는 뜻이다. 미래의 어느 날 잠에서 깨었을 때 당신이 바라던 삶이 아닌 타인의 삶을 살고 있다는 사실을 발견하는 일이 없도록 조심하자. 앞을 내다보자. 작은 꿈을 갖자. 당신에게 성공이란 정말 어떤 것인가? 2023년 12월 31일밤 11시 59분, 당신은 어디 있었는가? 누구와 함께 있었는가? 당신은 어떤 직업을 갖고 있었는가? 당신은 목적 있는 삶을 살고 있었는가?

9. 매일 자기 자신을 새롭게 하자

지금 당신은 조급해하고 있는가? 머리가 늘 소음과 잡음으

로 가득 차 있거나 정신이 마비된 느낌이라면 당신은 조급증에
걸린 것이다. 여기 특효약이 있다. 정기적으로 휴식시간을 갖
자. 짧은 휴가라도 괜찮다. 자기 자신과 만날 약속을 하자. 하루
에 15분 정도만 투자해도 놀라운 효과를 본다. 매일 자신을 새롭
게 하기 위해 정기적으로 혼자 있을 시간과 장소를 찾아보자.

10. 웃음을 되찾자

사람들은 하루에 대략 15번 웃는다. 많은 것일까, 적은 것일
까? 당신은 아직도 재미있게 살고 있는가? 진정한 기쁨을 맛보
며 살고 있는가? 재미와 기쁨은 다르다. 재미는 외적인 표현이
고 기쁨은 내적인 희열이다. 기쁨은 장소, 사랑, 일, 그리고 삶의
목적이 조화를 이루는 데서 온다. 당신은 작년 이맘때보다 기쁨
이 늘었는가, 아니면 줄었는가? 대답이 어느 쪽이든 그 이유가
무엇이라고 생각하는가?

부처도 지도를 남겼고, 예수도 지도를 남겼다.
크리슈나도 지도를 남겼고,
랜드 맥널리도 지도를 남겼다.
그러나 그 길은 우리 자신이 걸어야 한다.

- 스티븐 레빈 -

II

지금과 꼭 다른 삶을
살 필요는 없다

✦

얼마나 많이, 얼마나 적게 지고 가야 하는가?

살다 보면 무엇을 가져가고 무엇을 두고 갈지 결정해야 할 순간들과 끝없이 맞닥뜨리게 된다. 게다가 일단 결정하면 어떻게든 그것을 가지고 갈 방법을 찾지 않을 수 없다. 결정해야 할 사항은 우리가 그동안 이야기해 온 것들, 즉 '일', '인간관계', '장소' 이 세 가지 분야에 집중되어 있다. 얼마나 많이 일해야 할까? 얼마나 많은 관계를 맺어야 할까? 얼마나 많은 것을 소유해야 할까? 우리가 속한 장소와 얼마나 긴밀한 유대를 맺어야 할까?

일이든 재물이든 너무 많이 짊어지면 목적지에 도착하기도 전에 지쳐버리게 마련이다. 반대로 너무 적게 들고 가면 외톨이가 되거나 위험에 제대로 대처할 수 없으며 목적지까지 가는 동안 너무 많은 고생을 해야 한다. 성공의 열쇠는 오직 하나, 먼저 우리에게 필요한 것을 검토한 다음 그 짐을 지고 갈 수 있는 최상의 방법을 찾는 것뿐이다. 그러기 위해서는 자신에게 두 가지 질문을 던져야 한다.

"얼마나 많이 가져가면 충분하겠는가?"

"내가 정말로 가져가고 싶은 것은 무엇인가?"

한 가지 더 알아야 할 것은 꼭 필요하다고 생각했던 것들이 쓸모없게 될 수 있다는 사실이다. 여행 전날 밤 침대 위에 늘어놓았던 것들 중에도 막상 떠나보면 별로 중요해 보이지 않는 것들이 많다. 그래서 대부분 길을 가는 도중에 물질적으로든 정신적으로든 하나씩 짐을 버리게 된다. 산을 오르면서 한 발 한 발 뗄 때마다 스스로 물어보라.

"나에게 정말 필요한 게 뭐지?"

딕의 경험담을 들어보자.

아프리카에서 있었던 일이다. 우리 12명의 '내적 탐험' 멤버들은 각자 20킬로그램도 넘는 짐을 지고 킬리만자로를 오르고 있었다.

마침내 구름보다 높이 올라갔을 때 우리는 자연스럽게 둘러앉아 "얼마나 있어야 충분하겠는가?"에 대한 이야기를 나누게 되었다. "우리가 지금 지고 있는 것은 무엇인가? 우리에게 정말로 필요한 것은 무엇인가?"

저마다 큰소리로 인생에서 가장 기뻤던 순간들을 이야기했다. 대부분 결혼 자녀의 출생, 승진 등 인생의 큰 사건들을 꼽았다. 하지만 나는 그 질문과 한참 씨름해야 했고, 산을 오르는 동안에도 생각에 생각을 거듭해야 했다. 처음엔 일이 가장 중요한 게 아닐까 싶었다. 책을 쓰고 프로그램을 개발하고 많은 사람 앞에서 강연하는 일 등을 떠올렸다. 하지만 그런 일들이 꼭 기쁘기만 것은 아니었다. 그보다는 나의 경력과 성공, 그리고 통장에 어떤 영향을 줄 것인가부터 걱정하는 편이었다.

그날 저녁 해발 4,600미터쯤에서 야영을 할 때 우리는 그 질문을 약간 바꾸어 다시 화제로 삼게 되었다.

"마지막으로 자신이 정말 살아 있다고 느꼈던 때가 언제였던가?"

고도가 너무 높은 데다가 지칠 대로 지쳐 있어 다들 반쯤 죽은 듯했기 때문에 그 질문에 대답한다는 것이 무척 모순처럼 느껴졌다. 그러나 그보다 더 기막힌 모순은 갑작스럽게 터져 나온 나의 대답이었다. "나는 그게 언제였는지 알아요. 지금이에요. 바로 지금! 지금만큼 내가 살아 있다는 걸 생생하게 느껴본 적은 없어요!"

오직 우리들 외에는 아무도 도와줄 사람 없이 바로 이 자리에 함께 있다는 사실! 아, 그 짜릿함이란!

살아 있다는 느낌을 찾아 방황하는 것. 그것이 곧 인생의 절반에서 만나는 위기다. 살아 있다는 느낌이 어디에서 오는가는 중요하지 않다. 그런 느낌은 마음, 몸, 감정, 영혼 그 어느 영역에서든 우리가 지닌 재능을 시험하고 발휘할 때 느낄 수 있다.

사람들이 나이보다 더 빨리 늙고 삶의 생기를 잃어가는 이유 가운데 하나는 짊어진 짐이 너무 무겁기 때문이다. 리처드 그렉Richard Gregg은 "짐을 가볍게 한다는 것은 제 손으로 삶을 정돈하는 것, 외적 혼란으로부터 탈출하는 것, 삶의 주된 목적과 무관한 많은 소유물을 포기하는 것"이라고 했다. 데이브는 그 말에 이렇게 동의한다.

나는 고등학교를 졸업하자마자 대학에 들어갔지만 3주 만에 자퇴했다. 나는 가진 것을 몽땅 배낭에 꾸려 넣고 토론토에서 밴쿠버까지 히치하이킹으로 횡단했다. 여행 첫날, 저무는 온타리오 호숫가에 앉아 여행일지에 이렇게 썼다.

"태어나서 처음으로 죽음도 그 무엇도 두렵지 않다. 나는 내가 하고 싶은 일을 하고 있다. 물론 나는 죽고 싶진 않지만, 후회 없이 죽을 수도 있을 것 같다. 나는 그 어느 때보다도 충만한 삶을 살고 있다."

세월이 흘러 이제 나는 자신에게 묻는다.

"지금 나는 그때의 느낌을 얼마나 자주 경험하고 있는가?"

가방을 다시 꾸리기 위한 재고조사

"지금 내가 갖고 있는 것이 무엇인가?"

자동차 열쇠를 찾으려고 집 안을 뒤지고 돌아다니는 것도 일종의 재고조사다. 모임에 입고 갈 옷을 고르기 위해 옷장을 샅샅이 훑는 것 역시 마찬가지다. 어떤 형태든 재고조사를 하면 배우는 게 있다. 당신은 언제 마지막으로 이삿짐을 싸보았는가? 상자를 하나둘씩 채워나가다 보면 이 집에서 지금까지 사는 동안 당신이 쌓아둔 물건이 얼마나 많은지 깜짝놀랄 것이다.

"훨씬 전에 시간을 내어 물건들을 골라냈더라면 좋았을 걸!"

데이브는 자신의 재고조사를 이렇게 반추한다.

생애 처음으로 큰 이사(고등학교 졸업 후 피츠버그에서 샌프란시스

코로)를 하게 되었을 때 나의 짐이라곤 커다란 배낭 하나면 충분했다. 5년 뒤 로스앤젤레스로 이사하게 되었을 때 나는 여행가방 세 개를 들고 비행기에 올랐다. 다시 4년 뒤 뉴멕시코의 샌타페이로 이사할 때는 내 차 뒷좌석에 짐이 가득 찼다. 몇 년 뒤 샌타페이에서 결혼하고 아내 제니퍼와 미네소타로 이사할 때 우리는 3.6미터짜리 화물 트럭을 불러야 했다. 그로부터 5년 뒤 마지막으로 이 집에 이사 올 때는 이사 전문회사의 대형 트럭을 불러야 했으며 집을 나르는 데도 건장한 청년이 셋이나 필요했다.

물론 그 온갖 물건을 생각 없이 모은 것은 아니다. 하지만 하나하나 충분히 생각하고 모은 것도 아니다. 재고조사의 요령은 그저 지금 나에게 무엇이 있는지 확인하는 데 있다. 당신이 갖고 있는 물건들을 조사해 보자. 15분 내지 20분 동안 당신의 정신적인 삶과 육체적인 삶을 천천히 훑어보자. 당신이 지고 있는 모든 짐을 곰곰이 생각한다. 우선 다락이나 베란다부터 샅샅이 뒤져보자. 그곳에 쌓아놓은 것들 중에서 충분히 생각하고 모은 것이 얼마나 되는가? 별 쓸모도 없이 그저 쌓아놓은 것들은 또 얼마나 많은가? 목적지를 향해 나아가는 데 도움이 되는 것은 얼마나 되고, 그저 당신을 무겁게 짓눌렀던 것은 얼마나 되는가? 이런 식으로 재고조사를 하고 나면 대부분 말할 수 없는 해방감을 느끼게 된다.

리처드와 수지 피터슨은 최근에 가방을 다시 꾸리기 위해 재고조사를 실시했다. 재고조사를 하면서 그들은 자신들의 삶을 이루고 있는 모든 것을 재평가했다. 다만 그들 사이의 깊은 사랑과 서로에 대한 헌신만 빼고. 장소나 일 등은 버릴 수 있지만 서로에 대한 헌신만큼은 그대로 놓아두어야 한다. 가지고 있는 것들을 하나하나 훑어보고 계속 지닐 것과 버릴 것 그리고 창고에 보관할 것, 이렇게 세 가지로 분류하는 동안 두 사람은 놀라운 발견을 하게 되었다. 삶이 새털처럼 가볍게 느껴지기 시작했다. 그들이 지고 있던 짐과 그에 따르는 책임감 때문에 그동안 쭉 묻혀 있었던 '살아 있다'는 느낌을 되찾은 것이다.

당신도 재고조사를 하면서 리처드와 수지가 한 것처럼 물건들을 다음과 같이 몇 가지로 분류해 보자. 많은 도움이 될 것이다.

그것 없이는 살 수 없는 것

이것은 가장 근본적인 범주에 든다. 리처드와 수지의 경우 두 사람간의 깊은 애정과 서로에 대한 헌신이 여기에 속한다.

그것 없이는 지내고 싶지 않은 것

이것은 당신이 계속 간직하고 싶어 하는 것들이다. 삶을 음미하고 누리는 데 도움이 되는 것들, 집에서 당신 곁에 두고 싶은 것들이다.

확신이 서지 않는 것

없애버릴 준비는 되지 않았지만 가까이 둘 필요는 없는 것들이다. 리처드와 수지에게는 창고로 보낼 물건들이 여기에 속했다.

없애고 싶은 것

당신에게 이제는 소용이 없어진 것들, 혹은 더 이상 좋은지 알수 없는 것들, 혹은 그저 당신이 원치 않는 것들이다. 이것이 바로 당신을 짓누르고 있는 것들이다. 이것들을 버림으로써 얼마나 가벼워진 느낌이 드는지 한번 시도해 보자.

"얼마나 있어야 충분한 걸까?"

"내가 정말로 갖고 가고 싶은 것은 무엇일까?"

이 두 질문의 답을 찾고 나면 많은 사람이 다목적 라이프스타일을 선택한다. 사실 더 나은 삶으로 가는 열쇠는 이 두 질문을 제대로 파악하는 데 있다. 이 두 질문의 답은 살아가는 방식과 일하는 방식의 조화로운 접점을 찾아내는 데 중요한 발판이 된다. 이는 또한 개인적인 성취—좀 더 단순한 좀 더 안정된, 그러면서도 목적과 의미는 풍성한 삶—로 안내하는 이정표가 되기도 한다.

가방 다시 꾸리기는 평생 계속 해야 할 일이다

이제 지금까지 이야기한 모든 것을 행동으로 옮겨야 할 때가 왔다. 가방을 다시 꾸리는 일만 남은 것이다. 자, 그럼 이제 어떡할 것인가? 어쩌면 지금 당신은 영화 〈졸업Graduate〉의 주인공 벤저민과 비슷한 심정일지도 모르겠다. 벤저민은 마침내 젊은 시절 내내 목표로 삼았던 곳에 도달한다. 하지만 그때부터 어디로 가야 할지 방향을 잃어버린다. 아버지의 동업자가 그에게 플라스틱 사업을 간곡히 권하지만 그에게는 아무런 희망도 되지 않고 나아갈 방향도 제시해 주지 못한다. 벤저민은 오직 잠수복을 입고 혼자 수영장 바닥으로 잠수할 때만 편안함을 느낀다.

유감스럽게도 우리는 "이제 어떡하지?"라는 질문에 "플라스틱 사업을 해보게"처럼 단 한 마디로 대답해 줄 수는 없다. 하지만 당신 이전에도 이렇게 가방 다시 꾸리기를 수없이 해보았다는 사실만큼은 일깨워 줄 수는 있다. 그렇다. 이번이 처음이 아니다.

살아오면서 어딘가로 장소를 옮겨야 했을 때, 이를테면 학교를 옮긴다거나 직장을 바꾼다거나 다른 사람과 사랑에 빠지거나 심지어 휴가를 떠날 때도 당신은 어느 정도 가방을 다시 꾸렸다. 그때 당신은 무엇이 가장 중요한지 생각해 보고 그것이 살아가는 데 별 지장은 없을지 따져본 후에 결정을 내렸을 것이다. 어떤 것은 선택하고, 어떤 것은 제쳐두고, 떠날 여행에 필요한 기술은 새로 익히기도 한 뒤에 떠났을 것이다. 당신이 지금 이 자리에, 그것도 성한 몸으로 이 책을 읽고 있다는 사실은 가방 꾸리기를 제법 잘 해냈다는 의미이기도 하다.

앞서 우리는 가방을 꾸리기 위해 여행 체크리스트를 점검해 봤다. 그 모든 것이 이제부터 만나게 될 과정을 위한 준비 작업이었다. 차이점이 있다면 이번에는 가방을 다시 꾸리는 데 있어 어떤 틀이 생겼다는 것이다. 우리는 이제 물건들을 어떻게 배치해야 할지에 대한 모델도 장만했고, 물건들을 정리하는 방법에 대해서도 요령을 터득했다. 이제부터 하게 될 일들은 여러 물건들을 가방 속에 알맞게 채워 넣는 작업과 비슷하다.

가방을 다시 꾸리는 일에 있어 최대의 장애물은 '제테오포비아zeteophobia'라는 것이다. 제테오포비아란 탐색에 대한 두려움이다. 그것은 결정할 일이 너무 벅차 도저히 못할 것 같은 두려움으로 인생 항로의 전진을 가로막는 고질적인 불안 심리다.

사람들은 나머지 인생을 어떻게 보낼 것인지에 대해 '지금 당장 결정'해야 한다고 생각한다. 삶과 일에 관한 결정은 너무나 중대해서(또 너무 결정적이고 절대적인 것이어서), 그 결정과 맞닥뜨리는 것 자체를 견디지 못한다. 그래서 될 수 있는 한 마지막 순간까지 가방을 다시 꾸리는 일을 피하려 든다. 그리고 결국 영영 때를 놓쳐버리고 마는 것이다.

이처럼 결정을 앞둔 상태에서는 흔히 그 결정의 중요성 때문에 거의 마비 상태에 빠진다. 미래에 일어날지 모를 일이 우리를 짓눌러 아무런 결정도 내리지 못하고 만다. 하지만 우리가 내리는 결정이 콘크리트처럼 한번 굳어지면 돌이킬 수 없는 것은 결코 아니라는 사실만 기억한다면 제테오포비아는 충분히 극복될 수 있다. 가방을 다시 꾸리는 일을 요람에서 무덤까지 계속되는 과정이라는 사실을 잊지 말자. 오늘 가방에 무엇을 꾸려 넣든 당신은 멀지 않은 미래에 가방을 또다시 꾸려야 할 테니까.

반드시 할 필요는 없는 일들

가방을 다시 꾸리는 일은 전에 한 번도 해본 적 없는 신비스런 체험 같은 게 아니다. 다시 강조하지만 당신은 이 일을 전에도 해봤다. 가방을 다시 꾸리는 일은 달리기와 같다. 하지만 장거리 선수처럼 혼자서 외롭게 할 필요는 없다. 오히려 혼자보다 마음 통하는 대화 상대와 함께할수록 효과가 크다. 가방을 다시 꾸리기 전에 다른 사람들과 이야기를 나누다 보면 당신의 생각과 이론이 옳은지 미리 검증할 수 있다. 적어도 궁지(항상 실수하는 것은 아니지만, 항상 옳은 일만 하는 것도 아니므로)에 빠질 위험은 확실히 줄일 수 있다. 다음은 가방을 다시 꾸리기 위해 반드시 해야 할 필요 없는 일들이다.

- 누군가의 도움이나 지원 없이 오로지 혼자서만 하는 것
- 산꼭대기에 올라가 자연과의 일체감을 느껴보는 것
- 세속적인 소유물을 모두 팔아버리고 처음부터 다시 시작하는 것
- 직장을 그만두는 것
- 평화봉사단에 가입하는 것
- 지금 살고 있는 곳에서 다른 곳으로 이사하는 것
- 이혼하거나 결혼하는 것
- 세상의 모든 문제를 해결하는 것(혹은 당신의 모든 문제를 해결하는 것)
- 앉은 자리에서 단번에 가방 꾸리기를 끝내는 것

- 처음 내린 결론을 바꾸는 것에 주저하는 것
- 변화를 두려워하는 것

가방을 다시 꾸린 사람들

가방을 다시 꾸리는 방법은 지구의 인구수만큼이나 많다. 일단 시작해 보면 어떤 것이 효과가 있고 어떤 것이 맞지 않는지 자연스럽게 터득하게 된다. 거기에 맞춰 가방을 꾸리면 된다. 여기 당신에게 도움이 될 만한 예를 소개한다. 이들은 가방을 다시 꾸린 사람들이다. 당신의 경험이 아무리 유별나다 해도 이들의 경험보다 특별히 튀지는 않을 것이다.

데이브 이야기

1991년 봄, 나는 일생일대의 전기를 맞았다. 나는 종달새 소리를 들으며(어쩌면 그것은 중년의 초반에 들려온 첫 번째 위기 신호였는지도 모른다) 미네소타 대학교에서 철학 입문을 수강하기로 마음먹었다. 1970년대 후반 대학 졸업 이후 처음 대하는 '진짜 학문'이었다.

4월의 어느 화창한 저녁, 나는 트윈 시티 캠퍼스에 있는 오래된 강의실 구석에 혼자 떨어져 앉아 있었다. 주위에 있는 동기들은 나보다 10년에서 15년 정도 나이가 어렸다. 그들은 의자에 푹 파묻혀 앉아 있거나 눈 한번 깜빡이지 않고 창밖을 응시하고 있었다. 그들은 마치 마음만 먹으면 수업이 끝날 때까지 지는 해를 멈출 수 있다고 생각하는 것 같았다. 그래야 수업 후에 롤러스케이트나 스케이트보드를 탈수 있을 테니까. 칠판 앞에서는 대학원생 강사가 데이비드 흄의 《자연종교에 관한 대화》를 펼쳐놓은 채 신학적 논쟁에 대해 설명하고 있었다. 그 순간 문득 깨달았다. 집으로 돌아왔다는 사실을.

앞에서 얘기했던 것처럼 '직업vocation'이란 말은 '소환하다', '부르다'라는 뜻을 가진 라틴어 'vocare'에서 유래된 것이다. 강사의 목소리가 나를 집으로, 나의 'vocation'으로, 나의 소명으로 돌아오게 만든 것이다. 철학 공부가 그것이었다. 바로 그날부터 가방 다시 꾸리기 작업이 시작되었다. '철학 학위'라는 20년 묵은 과제에 다시 도전하기로 한 것이다. 공부가 쉽거나 늘재미있는 것은 아니었다. 생계를 위한 일과 우주의 비밀이 담겨 있는 철학 서적을 읽는 일, 이 두 가지를 동시에 해내는 것이 늘즐겁지만도 않았다. 하지만 둘 다 내가 꼭 해야 할 일이었기 때문에 일이 너무 몰릴 때나 건강이 좋지 않을 때는 한 학기를 쉬어가며 공부했다. 내가 목표한 곳을 향해 가던 궤도에서 잠시 이

탈한 것 같은 기분이 들때도 있었다. 목표로 하는 곳이 정확히 어디인지 항상 분명했던 것도 아니지만.

그럼에도 불구하고 내가 깨달은 것은 마침내 '나다운 나'가 되었다는 것이다. 나는 생애의 대부분을 누군가가 되려고 노력해 왔다. 하지만 나 자신을 있는 그대로 세상에 드러내는 것이 곧 참된 삶의 예술이라는 사실을 드디어 깨닫게 되었다. 다시 가방을 꾸리면서 나는 다음과 같은 것들을 하기로 마음먹었다.

- 마음과 영혼의 행복한 시간을 위하여 다른 일을 줄일 것
- 내가 원하는 것—공부나 그 밖의 것—을 하기 위해 다른 불필요한 것들을 버릴 것
- 자신에게 'Yes'라고 말하기 위해 다른 사람에게 'No'라고 말하는 법을 배울 것
- 인간관계를 새롭게 넓히기보다는 지금의 관계를 좀 더 새롭고 창조적으로 만들기 위해 노력할 것
- 밖에 있는 최상의 것을 잡으려 애쓰기보다는 지금 내가 갖고 있는 것들 안에서 아름다움과 만족을 찾을 것
- 긴 안목으로 볼 것, 그리고 인내를 배울 것

나는 가방 다시 꾸리는 일을 일종의 축복으로 여기게 되었

다. 또한 매일매일이 축복에 감사해 한다. 감사의 세 가지 주제는 다음과 같다.

재능을 소중히 여길 것

현재를 받아들일 것

가진 것을 나눌 것

'재능을 소중히 여긴다'는 것은 잠재된 재능을 완전히 발휘함으로써 타고난 끼와 능력을 만끽하겠다는 뜻이다. '현재를 받아들인다'는 것은 새로운 가능성 앞에 마음의 문을 열고 내게 다가오는 가능성들을 기꺼이 받아들이겠다는 뜻이다. '가진 것을 나눈다는 것'은 함께하는 다른 사람들을 위해 내 몫의 일을 해야 한다는 준엄한 책임감을 느낀다는 뜻이다.

나는 내가 걷고 있는 길이 이 세 가지를 실현할 수 있는 가장 좋은 기회—사실 하나밖에 없는 기회—를 제공해 주었다고 믿는다. 지금 가고 있는 이 길이야말로 진정 나를 부르는 소리를 들을 수 있는 유일한 길이기 때문이다. 그런데 누가 감히 당신에게 결코 자신의 소명을 찾지 못할 것이라고 말할 수 있겠는가?

테리 핸포드 이야기

우리의 친구이며 의사인 테리 핸포드는 몇 년 전 미니애폴리스에 있던 병원을 청산하고 아내와 함께 루마니아로 가서 진료소를 열었다. 준비할 때부터 여러 가지로 문제가 많았지만 그래도 루마니아로 이주한 것은 그에게 100퍼센트 옳은 결정이었다. 그는 루마니아와 그곳 사람들을 사랑한다. 그는 지금 아내와 함께 살고 있으며, 아내와 가까이서 일하고 싶다는 평생의 꿈을 이루었다. 게다가 그는 자신에게 맞는 일을 하고 있다. 비록 지금의 수입이 미국에서와는 비교도 안 될 만큼 적긴 하지만.

테리는 아주 대대적으로 가방을 다시 꾸린 것이다. 그의 가방 꾸리기는 우리들 대부분이 하고 싶어 하거나 해야만 하는 것보다 훨씬 더 엄청났다. 그것은 결코 쉬운 작업이 아니었으며 모든 것을 정리하는 데만 5년이 넘게 걸렸다. 그는 우선 두 자녀가 대학에 갈 때까지 기다리고 등록금을 해결할 수 있도록 재정적으로 도와주었다. 그리고 다른 의사와 동업하여 자신의 병원을 점차적으로 넘겨주었다. 그 사이 테리는 다니던 교회와 함께 봉사활동을 펼치며 해외에 적당한 연고를 만들어두기도 했다. 필요한 허가를 얻기 위해 경직된 관료주의와의 힘겨운 투쟁도 감수해야 했다. 이사하기 전 1년 동안 그는 미국과 루마니아를 보통 한 달에 두 번 정도 오갔다.

거의 포기할 뻔했던 때도 여러 번 있었다. 계획을 포기하고 대신 은퇴해서 멕시코로 가는 문제를 진지하게 고려하기도 했다. 하지만 바람직한 삶에 대한 갈망 때문에 끝까지 견뎌낼 수 있었다. 마침내 그는 루마니아에 있는 건물 한 채를 살 수 있게 되어 그곳에 진료소를 꾸미기 시작했다. 그는 그곳 사람들과의 유대를 튼튼하게 다지면서 동시에 본국과의 관계를 차츰 줄여 나가기 시작했다. 결국 5년에 걸친 노력이 결실을 맺어 그는 아내와 함께 이주에 성공했다.

테리에게 가방을 다시 꾸리는 일은 일종의 투쟁이었다. 하지만 그는 자신이 생각하는 바람직한 삶의 네 가지 요소를 모두 충족시켰기 때문에 모든 것이 잘 풀려나갔다.

가방 다시 꾸리기에 필요한 체크리스트

앞서 본 것처럼 우리는 정말 중요한 것과 덜 중요한 것, 그리고 중요하지 않은 것을 가려내기 위해 여행 체크리스트를 활용해 봤다. 당신의 가방 다시 꾸리기 작업을 평가하는 데 도움이 되도록 여기 그 목록을 다시 작성해 보았다.

여행 체크리스트 II. 가방을 다시 꾸리기에 필요한 12가지 필수품

품목	갖고 있다	필요하다
여권 목적의식(여행을 하는 이유)		
모험정신 어디든 떠나고, 내 방식대로 여행 일정을 세우겠다는 마음가짐		
지도 여행을 안내해 줄 방향감각		
티켓 미지를 탐험하고 새로운 기회를 찾기 위한 재능이나 자격증		
여행자수표 여행을 즐기기에 충분한 돈		
여행 동반자 경험을 함께 나눌 사람		
여행 가이드 여행 중 조언을 해줄 사람		
짐 지금 하고 있는 여행에 걸맞은 크기와 모양의 가방		
손가방 즐거운 여행을 위해 곁에 두어야 할 물건		
세면도구 여행을 즐길 에너지와 활기		
여행일지 여행에 필요한 정보와 과거의 여행에서 얻은 중요한 교훈들		
수첩 자신의 삶에서 중요한 사람들과 만나고 연락하는 것		

여행 체크리스트의 각 품목은 앞서와 마찬가지로 이제부터 하게 될 여행을 좀 더 알차고 성공적으로 이끄는 데 반드시 필요하다. 하지만 막상 가방을 다시 꾸리게 되면 품목에 따라 그 내용이 바뀔 수도 있다. 예를 들어 가방을 다시 꾸리기 전에 당신은 '여행자수표'가 더 필요하다고 생각했을지도 모른다.

하지만 가방을 꾸리고 난 후에는 여행자수표가 불필요하게 많다는 사실을 알게 될 수도 있다. 그리고 가방을 다시 꾸리기 전에는 '여권'이라는 항목이 해결되었다고 생각했지만 다 꾸린 뒤에서야 충분하지 못하다고 생각할 수도 있다. 이처럼 여행 체크리스트는 현재 당신이 가지고 있는 것과 앞으로의 여행을 위해 필요한 것을 판단하는 데 큰 도움이 될 것이다.

다시 한 번 당부하지만 여행 체크리스트를 완성해 가는 과정에서 대화 상대와 충분히 의논하기 바란다. 각 항목이 어떻게 되어 있는지 확인하고, 앞서 당신이 만든 목록과 달라진 것이 있는지 대조해 보자. 앞서 목록을 작성했을 때와 비교하여 각 품목의 상대적 중요성이 어떻게 달라졌는가. 코이에가 덕에게 물었던 질문을 당신 자신에게도 던져보자.

"이 모든 것이 당신을 행복하게 해주는가?"

만약 그렇다면 다시 꾸린 가방이 정말 편안하게 느껴지는

가? 만약 그렇지 않다면 어떻게 바꿔야 행복해질 수 있겠는가? 가방을 다시 꾸리게 만든 두 가지 질문을 꼭 기억하자.

"얼마나 있어야 충분한 걸까?"

"내가 정말 가져가고 싶은 것은 무엇일까?"

버그 잡기

잠시 컴퓨터와 프로그래머의 소프트웨어 설계 방식에 대해 이야기해 볼까 한다. 소프트웨어 기술자들은 대부분 프로그램을 만들 때 처음부터 완벽하게 만들지 않고 먼저 코드를 작성해 놓은 후 결점을 하나씩 제거해 나간다. 그들은 프로그램이 처음부터 완벽할 수 없다는 것을 잘 알기 때문에 각 부분 하나하나를 가지고 땀 흘리는 대신 버전 하나를 완성해서 그것을 꼼꼼히 살펴보고 수정하는 방식을 취한다.

이와 마찬가지로 "글을 쓰는 일은 곧 수정하는 일이다"라는 말이 있다. 한 권의 책이 나오기까지는 수없이 많은 수정 작업을 거쳐야 한다. 어떤 책은 초고의 내용에서 한참 멀어지기도 한다. 가령 이 책만 해도 수십 번 넘게 다시 쓰고 지우고 또 다시 썼다. 2년에 걸쳐 이 책을 쓰는 동안 우리 두 사람이 만나 책의 윤곽을 다듬고 차례를 다시 구성하는 일이 우리의 취미가 되다시피 했다(작가들은 죄다 꽁생원들이라고 누가 말했는가). 가방 다시 꾸리기 작업에 대해 사람들이 제기하는 의문은 대개 이런 것들이다.

"왜 꼭 지금과 다른 삶을 살아야 하는가?"

"왜 처음 가방을 꾸릴 때 꼭 제대로 꾸려야만 하는가?"

"결정이 잘된 것인지 시험해 본 뒤에 잘못을 수정하면 되지, 무엇 때문에 결정부터 해야 하는가?"

대답은 이렇다.

"반드시 그럴 필요는 없다!"

앞 장에서 우리는 무턱대고 뛰어들기 전에 먼저 장소나 일이나 사랑에 대해 테스트하는 방법에 대해 이야기했다. 여기서도 같은 원칙을 적용하면 된다.

가방을 다시 꾸리고 나니 어떤 기분이 드는가? 새로 내린 결정이 마음에 드는가? 그것들이 당신을 원하는 곳으로 잘 인도하고 있는가? 다음 장에서 더욱 깊이 있게 알아보기로 하고 여기서는 이 점만을 당부해 두고자 한다.

가방을 다시 꾸려보자

그런 다음 느낌이 어떤지 보자

고칠 점은 고치자

필요할 때마다 가방을 다시 꾸리자

여행을 다시 떠날 준비가 되었다면 이제 떠나자.

성공이란 결국, 내가 하고 싶은 일을 할 시간을
갖는 사치를 누리는 것이다.

- 레온타인 프라이스 -

12

'타임아웃'이 충만한
하루를 만든다

✦

갈수록 빨라지는 시계바늘

웬델 베리는 《페미니즘, 몸 그리고 기계Feminism, the Body, and the Machine》라는 제목의 수필에서 친구들의 간곡한 권유에도 불구하고 자신이 왜 컴퓨터로 더 빨리, 더 쉽게, 더 많은 글을 쓰지 않는지에 대해 이렇게 설명하고 있다.

"나는 과연 더 빨리, 더 쉽게, 더 많은 글을 쓰고 싶은 걸까? 아니다. 속도나 편리함, 그리고 글의 분량은 내게 문제가 되지 않는다. 연필로 글을 쓰면서도 이미 너무 빨리, 너무 쉽게, 너무 많은 글을 썼다는 증거를 수없이 남겼기 때문이다. 나는 더 좋은 작가가 되고 싶다. 그러기 위해서는 다른 사람들의 도움이 필요할 뿐 기계의 도움은 필요하지 않다."

요즘 같은 비트 시대에 베리 같은 사람은 불치의 테크노포비아technophobia(과학기술공포증) 환자나 시대에 뒤떨어진 구제불능자로 치부되기 쉽다. 더 빠른 것, 더 쉬운 것, 더 많은 것을 성과의 기준으로 삼는 오늘날 하이테크 시장에서는 '얼마나 빨리, 얼마나 쉽게, 얼마나 많이'가 가장 중요하다. 하지만 이런 기준을 지키면서 우리가 정말로 얻는 것은 무엇인가? 그렇게 시간을 절약하고 압축해서 과연 우리가 진정 하고 싶은 일을 할 수 있을 만큼 시간을 벌었을까? 직접 일하는 수고를 던다고 해서 정말로 관심 있는 일에 뛰어들 에너지를 얻었을까? 결과를 극대화한다고 해서 정말로 우리가 원하는 것을 얻을 수 있을까?

컴퓨터가 빠를수록 좋다는 데 이의를 제기할 사람은 아무도 없을 것이다. 과거 286 시대를 생각하면 지금의 컴퓨터는 광속에 가깝다. 돈을 내고 컴퓨터를 사는 것은 말 그대로 시간을 사는 일이다. 일을 빨리 해주는 기계일수록 그것을 얻기 위해 우리는 더 많은 돈을 기꺼이 지불한다. 하지만 뜻하지 않은 일이 벌어진다. 기술 발전의 속도가 빨라질수록 사람들은 그것을 따라잡기 위해 더욱 더 서두른다. 연필이나 펜은 아무리 빨라봐야 그것을 쥐고 있는 손의 속도를 능가할 수 없다. 터보 장치와 대용량 램을 장착한 PC는 사람이 하루 동안 처리할 수 있는 것보다 더 많은 데이터를 1초도 안 걸려 처리한다. 그렇다면 인간과 컴퓨터 중 누가 먼저이고 누가 나중일까? 누가 누구한테 시중을 드는 것일까?

잠깐, 우리는 지금 '클록 스피드clock speed'라는 컴퓨터 용어로 말하고 있다. 우리의 변덕은 갈수록 빠른 속도로 요동치기 때문에 컴퓨터 칩의 클록 스피드도 갈수록 가속도가 늘어간다. 이것을 오늘날 우리의 삶에 비유할 수 있지 않을까? 문제는 웬델 베리의 질문처럼 "정말로 빠를수록 더 좋은가?" 하는 것이다. 그리고 대답은 우리 모두 고개를 끄덕일 수 있겠지만, 꼭 그렇지 않다는 것이다.

목숨을 걸고 데드라인을 맞춰라?

우리들 대부분은 늘 마감시간에 쫓긴다. 제품 출시 일자는 정해져 있다. 회계연도가 끝나면 최종 통지가 온다. 다들 피부로 느끼듯 데드라인이 사람을 잡는다. 그러니 '데드라인'이라고 부르는 것도 당연한 일이다. 탈출구는 없을까? 갑자기 브레이크를 밟고 그 자리에 마냥 서 있을 수만은 없지 않은가? 그렇다면 대안은 무엇일까?

찰리 채플린의 유명한 영화 〈모던 타임스Modern Times〉에서 주인공 리틀 트램프는 조립라인에서 일하는 노동자다. 그의 상관은 조립라인의 속도를 계속해서 올린다. 올리고 또 올리자 마침내 트램프는 찰칵 소리를 내며 조립라인 속으로 빨려 들어간다. 그리고 기계의 일부가 되어 나온다. 우리도 이런 일을 똑같이 겪고 있지 않은가? 하지만 희망은 있다. 영화에서 채플린은 기계 속으로 들어간 뒤 갑자기 아주 목가적인 세계와 만나게 된다. 바퀴와 톱니들로 이루어진 조립라인 안에서 달콤한 음악이 흐르고, 조립라인의 기계가 한 바퀴 돌아 그를 다시 밖으로 내려놓자 그는 공장 바닥을 돌며 춤을 추기 시작한다. 그는 멍에에서 풀려나 공기보다 가벼워지고 자유로워진다. 어쩌면 우리도 그렇게 할 수 있을 것이다.

우선 모래시계를 떠올려보자. 사람들은 대부분 삶이 마치 모래시계의 위쪽에 있는 것처럼 살아간다. 우리는 모래성을 쌓기 위해서 분주히 돌아다니지만 바쁘게 돌아다닐수록 모래의 양은 줄어든다. 오래 기다리면 기다릴수록 모래는 점점 줄어들어 1분 1초 흘러가는 시간이 더욱 소중해지고 촉박해진다. 하지만 생각의 틀을 바꿔보는 건 어떨까? 모래시계의 아래쪽에 살고 있다고 상상해 보는 것이다. 그럼 시간이 흐를 때마다 우리의 재산도 늘어간다. 경험도 풍부해진다. 어떤 성을 쌓든 그것을 쌓는 실력도 향상된다.

헨리 데이비드 소로는 완벽한 작품을 위해 길을 떠난 어느 조각가의 이야기를 들려준다. 완벽한 작품을 만드는 동안은 시간도 간섭할 수 없다는 것을 깨달은 그는 이렇게 말한다.

"내가 살면서 다른 아무 일도 하지 않을지언정 그 작품만은 모든 면에서 완벽할 것이다."

그래서 그 예술가는 작품을 만드는 동안 마침내 시간을 초월한다. 작품을 만들기에 완벽한 나무를 발견하고 그것을 완벽하게 조각했을 때는 이미 영겁의 시간이 흘렀지만, 시간은 그와 그의 작품에 아무런 흔적도 남기지 않았다. 그 완벽한 작품에 마지막 손질을 마쳤을 때 전에 경험했던 시간의 흐름은 단지 환상에 불과하다는 것을 깨닫게 된다. 완벽한 작품을 조각하는 동안 그의 시간이 결코 손댈 수 없는 세계에 들어가 있었던 것이다.

살면서 현재를, 지금 이 순간을 완전하게 누릴 때 우리도 같은 경험을 한다. 이미 일어난 일 때문에 지쳐 있거나 앞으로 다가올 일에 대해 미리 근심하지 않을 때, 우리는 시간 밖의 세계, 아니 좀 더 적절하게 표현하자면 시간 속으로 들어가게 된다. 그리고 그제야 올바른 장소를 발견했다는 것을 알게 된다. 자기 자신을 앞서지도 말고 자신에게 뒤처지지도 말아야 한다. 삶의 균형을 잡는다는 것도 바로 이런 의미다.

바람직한 삶의 네 가지 요소 사이에서 균형을 잡는 것은 모래시계의 위쪽에서 바라보던 삶을 아래쪽에서 볼 수 있도록 시각을 바꾸는 것과 같다. 그 이유는 이미 알고 있듯이 우리들 대부분이 시간을 충분히 갖고 있지 않아서가 아니라 원하는 종류의 시간을 충분히 갖고 있지 않기 때문이다.

당신이 일, 사랑, 장소, 목적 중에서 어디에 시간을 쓰고 싶은지 알고 있다면, 그리고 그에 따라 시간을 할당할 수 있다면 덫에 갇힌 듯한 기분도 사라지고 일과에 쫓겨 허덕이는 일도 줄어들 것이며, 자신의 목표에 좀 더 깊이 집중할 수 있게 된다. 만일 시간이 충분하지 않다고 생각한다면 기본적으로 당신이 할 수 있는 일은 두 가지다.

- '시간을 좀 더 확보하기' 위해 수입을 늘릴 것
- '더 많은 시간을 갖기' 위해 당신의 생활을 단순화할 것

듀에인 엘진Duane Elgin은 《단순하게 살아가기Voluntary Simplicity》라는 책에서 이렇게 지적한다.

"사람들은 모두 자신의 삶이 어디서부터 필요 이상으로 복

잡해졌는지 알고 있다. 우리의 삶을 짓누르고 우리가 가는 길을 번거롭고 불편하게 만드는 것이 무엇인지 우리는 뼈저리게 느끼고 있다. 그것은 우리의 마음이 중심을 잃고 혼란에 빠져 있으며, 그렇지 않으면서 그런 척하고 있기 때문이다. 단순하게 산다는 것은 삶의 짐을 내려놓는 것이다. 그것은 우리 삶의 모든 측면과 좀 더 솔직하고 꾸밈없으며 부담 없는 관계를 유지하는 것이다."

단순한 삶이란 가만히 정지된 것이 아니다. 그것은 평생을 거듭해서 겪는 과정이며 "얼마나 있어야 충분한 걸까?" 하고 자문할 때마다 변하고 바뀌는 것이다.

권태가 없으면 타임아웃도 없다

인생의 절반쯤 오게 되면 많은 사람이 마치 덫에 갇혀 있는 듯한 느낌에 사로잡힌다. 이때쯤이면 일이든 육아는 어느 분야에선가 나름 전문가가 되어 있다. 오랜 시간을 자신의 전문 분야에 주력해 왔기 때문에 우리의 미숙한 부분은 점점 더 모습이 뚜렷해진다.

카를 융은 우리가 40대나 50대 혹은 그 이상이 되면 자신의 삶이 균형을 잃었다는 생각에 처할 수밖에 없다고 했다. 어느 특정 분야에만 시간을 쏟아붓고 나머지 분야는 소홀했기 때문이다. 바꿔 말하면 이제 '미지의 자아'를 발견해야 할 때가 된 것이다.

어떤 이들은 결국 성공을 이루었지만 자신이 원하던 것을 얻지 못했다며 성공이 자신을 배반했다고 한다. 사람들은 지금 가고 있는 길을 계속 가야 할지 아니면 가보지 않은 길, 새로운 삶의 방향을 택해야 할지 갈등한다. 너무도 혼란스러워 사물을 가려낼 능력도 없다. 하루하루 살아가면서 이따금 자신의 삶을 얼핏 들여다보기도 하지만 허락된 시간이 정해져 있다는 것을 의식하고 타임아웃을 불러 변화를 모색하는 일은 하지 못한다.

"저는 덫에 걸린 기분이에요. 하고 있는 일이 지긋지긋해서 눈물도 안 나올 지경입니다. 지금 하고 있는 일을 어떻게 계속해야 할지 모르겠어요. 그렇다고 일을 그만둘 순 없습니다."

"저는 제가 있는 분야에서 정말 할 만큼 했어요. 앞으로도 일을 계속하면서 아직 개발하지 못한 재능을 발휘해 보고 싶습니다."

"전 평생의 꿈들 중 몇 가지는 꼭 실현하고 싶어요. 이를테면 킬리만자로를 등반한다든지 뭐 그런 것 말입니다."

그들은 또 이렇게 말한다.

"시간을 자유롭게 활용할 수 있는 직업이면 좋겠어요. 지금 같아서야 어떻게 시간을 낼 수 있겠습니까?"

우리는 이렇게 묻는 사람들에게 월터처럼 하라고 권한다.

제임스 서버James Thurber의 소설《월터 미티의 은밀한 생활The Secret Life of Walter Mitty》에 등장하는 주인공 월터는 일상 생활에 쫓겨 사는 샐러리맨이다. 하지만 자기만의 공상 속에서는 언제나 뛰어난 인물로 거듭난다. 비록 상상의 세계일지라도 매번 모험을 마치고 예전의 삶으로 돌아올 때마다 그는 새로운 에너지와 희망을 갖게 된다. 인생의 절반을 넘어서는 사람들 대부분은 월터 미티처럼 작고 소박한 타임아웃을 애타게 갈구한다.

만족은 항상 불만을 낳는다. 좋든 싫든 피할 수 없는 사실이다. 그것이 직업이든 사람이든 오랜 세월을 두고 지속적인 열정을 품기는 정말 어려운 일이다. 성공이란 것 역시 손에 쥐는 순간부터 어느새 시들시들해지고 만다.

'살아 있다'는 느낌을 되찾으려면 결국 새로운 것을 꿈꾸어야 하고 자신을 재창조해 나가야 한다. 삶에서 깜짝 놀랄 일들이 사라지면 삶 역시 손가락 사이로 모래가 빠져나가듯 사라지고 만다. 그래서 타임아웃이 필요하다. 타임아웃은 자기 귀에 대고 부는 기상나팔이다. 타임아웃을 갖고나면 다시 예전처럼 놀라움과 설렘을 회복할 수 있다. 딕으로 하여금 타임아웃에 대한 고정관념을 바꾸게 한 사람은《나를 명품으로 만들어라What Color is

Your Parachute?》의 저자인 리처드 볼스Richards Bolles였다.

어느 날 함께 저녁 식사를 하던 중 딕은 왜 우리 삶의 중반에 일이 이렇게 몰려 있는 건지 모르겠다며 불평을 늘어놓았다. 볼스는 딕에게 이렇게 말했다.

"은퇴 기간을 인생의 말년에 몰아놓지 말고 그걸 토막토막 나눠보는 건 어때?"

딕은 볼스의 충고를 진지하게 받아들이기로 했다. 1974년부터 그는 하나의 목표를 정하고 1년에 평균 16주는 일을 하지 않았다. 그 시간의 일부는 글을 쓰고 생각을 정리하는 데 사용했으며 나머지는 아프리카 같은 곳을 여행하는 데 이용했다. 딕은 이렇게 말한다.

만일 지구상에 아프리카가 없었더라면 내가 이렇게 몇 년 동안 이 일을 계속할 수 있었을까? 해마다 일을 멈추고 아프리카를 여행할 수 있었기에 조각조각 흩어져 있던 나를 온전히 하나로 맞출 수 있었다. 돌아온 뒤에도 나는 단 하루도 아프리카를 머리에서 지울 수가 없었다. 의식하지 않을 때조차 나는 내 몸 어딘가에 남아 있는 아프리카를 느낄 수 있었다. 그것은 항상 거기 있었다.

볼스는 《인생의 세 가지 상자와 그것들로부터 탈출하는 법

The Three Boxes of Life and How to Get Out of Them》이란 책에서 살아가는 방식과 일하는 방식을 개조할만한 새로운 방법들을 소개했다. 그는 삶이 교육과 일, 그리고 은퇴로 이루어져 있다는 오래된 관념이 대대로 우리의 인생관을 지배해 왔다고 지적한다. 하지만 요즘은 사람들이 전보다 더 풍족하게 오래 살기 때문에 새로운 라이프스타일이 필요하다.

교육과 일과 은퇴라는 세 개의 상자를 순서대로 배치하지 말고 하나하나 분해해 보는 것이다. 그리고 융통성 있게 언제든지 바꾸고 재배치하며 나에게 맞도록 새로운 모델을 만들어보는 것이다. 하지만 사람들은 까마득한 옛날부터 물려받은 현재의 모델에 작별을 고할 용기가 없다. 아직도 사람들은 대부분 어린 시절부터 노년에 이르는 길이 직선으로 곧게 뻗어 있다고 생각한다. 타성과 돈에 매여 한 방향으로만 나아갈 뿐 휴식을 취하거나 돌아서 가거나 일손을 놓을 만한 여유가 없다.

지쳐 쓰러지기 전에 새로운 영감을

타임아웃이란 무엇인가? 그것은 끝이며 시작이다. 사람들은 모두 타임아웃을 원한다. 그리고 결국에는 누구나 타임아웃을 하게 된다. 여기서 말하는 타임아웃은 그저 오후 한나절 쉬는 것이 아니라 진정한 의미의 정신적spiritual 타임아웃이다.

'영혼spirit'의 어원은 '생명을 불어넣다'라는 뜻을 갖고 있다. 그렇다면 타임아웃이란 한 발짝 뒤로 물러나 깊이 숨을 들이마심으로써 삶에 생명을 불어넣는 것이라고 정의할 수 있다. 타임아웃은 녹초가 되어 쓰러지기 전에 새로운 영감을 불어넣는다.

《인생 수업》의 저자 엘리자베스 퀴블러 로스Elizabeth Kubler Ross는 타임아웃이 필요한 이유에 대해 누구보다도 명쾌하게 설명한다.

"사람들이 공허하고 무의미한 삶을 사는 것은 죽음을 부인하기 때문이다. 영원히 살 것처럼 살기에 꼭 해야 할 일도 아주 쉽게 뒤로 미루게 된다. 내일의 준비와 어제의 기억 속에 갇혀 '오늘'은 언제나 잃어버리고 만다."

모두 시간에 쫓기며 산다. 지치고 짓눌린 기분에 사로잡힌 사람들이 점점 더 늘어간다. 우리는 정말 피곤한 세상에서 살고 있다. 직업에 상관없이 우리 모두 똑같은 두려움을 갖고 있다.

"내가 원하는 것들을 이루지 못하고 이대로 그냥 다 놔둔 채 시간만 흘러가는구나!"

만약 당신이 타임아웃을 갖는다면 삶이 어떻게 변할 것 같은가? 당신이 타임아웃을 갖겠다고 하면 가족과 친구들은 과연

지지해 줄까? 아니면 멀쩡한 길 놔두고 옆길로 샜다가 일자리도 잃고 무일푼으로 생을 마감한 사람들 이야기나 주절주절 늘어놓을까?

우리의 시간관념에 타임아웃을 끼워 넣으면 라이프스타일에 커다란 변화가 생긴다. 이제 많은 사람이 이 변화를 수용할 준비를 하고 있다. 사람들은 지금보다 더 좋은 길이 틀림없이 있다는 것을 알고 있지만, 그 길이 무엇인지 정확히 모를 뿐이다. 중요한 것은 시간을 사용하는 방법이 하나만 있는 게 아니라 아주 여러 가지라는 점을 깨닫기 시작했다는 사실이다. 이것은 일종의 문화적인 흐름이다. 사는 방법을 자주 들여다볼수록 구시대의 장벽이 더 이상 우리에게 맞지 않으며, 하루빨리 치워버려야 한다는 사실이 더욱 선명하게 떠오른다.

타임아웃을 사용하는 방법

보웬 맥코이는 모건스탠리 투자 금융회사가 제공하는 6개월짜리 안식일 프로그램의 첫 수혜자였다. 그는 하버드 비즈니스 리뷰에 기고한 '현인의 비유The Parable of the Sadhu'라는 글에서 자신의 경험을 이렇게 말했다.

"네팔에서 3개월을 지낸 뒤 나는 스탠퍼드 경영대학원과 버클리 합동 신학대학원의 윤리 및 사회정책 센터에서 3개월 간 비상근 이사로 지냈다. 일터 밖에서 보낸 그 6개월은 지난 20년간의 비즈니스 경험을 한데 녹여 완전히 내 것으로 만드는 시간이었다. 나는 조직에서 리더십이 갖는 의미에 관해 많은 생각을 했다."

자기만의 타임아웃을 보내면서 맥코이가 발견한 것은 "시간은 언제나 있다"는 사실이었다. 전 테네시 대학 총장이며 타임아웃을 잘 활용한 인물인 라마르 알렉산더Lamar Alexander 역시 마찬가지였다. 그는 자신의 저서《6개월간의 휴식: 어느 미국 가족의 호주 탐험기Six Month Off: An American Family's Australian Adventure》에서 6개월간 모든 세상사를 등진 채 살았다고 썼다. 그는 아내의 말에서 영감을 얻었다고 한다.

"우린 여길 벗어나야 해요. 그저 잠깐 동안의 휴가가 아니라 어쩌면 아주 오랫동안 그래야 할 거예요. 가능한 멀리 떠나는 게 좋겠어요. 우리 한 가족으로 다시 뭉쳐야 해요. 그리고 당신은 이제 남은 인생을 어떻게 살 것인지 생각해야 해요."

그들은 호주의 시드니에 집을 구했다. 아이들은 전학을 시켰고, 라마르는 '아무것도 안 하고' 지내기로 했다. 그는 20년간 읽지 못했던 책들을 읽고, 오랫동안 산책하고, 자신이 꿈꿔온 것에 대해 깊이 생각하면서 그동안의 생활 방식과는 다르게 생활했다. 그는 무엇을 배웠을까? 2개월 동안 가족들과 하나가 되어 지낸 뒤 그는 이렇게 적었다.

"나는 우리 가족이 항상 서로를 사랑한다고 생각했다. 우리는 서로를 더욱 사랑하는 법을 알았던 것이다. 아마도 10년 후에는 이 시절을 돌아보면서 악어와 눈 덮인 산을 떠올릴 것이다. 하지만 무엇보다 중요한 것은 할 수 있을 때 반드시 그렇게 함께 지낼 시간을 가져야 할 만큼 우리 가족은 서로에게 중요한 존재였다는 사실이다."

꼭 네팔이나 호주일 필요는 없다. 6개월이나 2개월씩 잡을 필요도 없다. 하지만 반드시 삶에 변화를 주어야 한다. 일상의 패턴에서 과감히 벗어나야 한다. 여기 당신의 이해를 돕기 위해 타임아웃을 경험했던 사람들의 이야기를 소개한다.

샐리 리더의 타임아웃

샐리는 자신을 온전히 '일'에만 바친 사람이다. 그녀는 날마다 기진맥진해서 집으로 돌아온다. 집에 와도 수없이 걸려오는 전화를 받아야 하고 할 일도 아직 많이 남아 있다. 한 주간의 노동이 끝날 때면 그녀는 말 그대로 주말 동안 푹 쉬어보려고 필사적으로 노력한다.

그렇다면 그녀는 강박에 시달리는 일중독자인가? 전혀 그렇지 않다. 샐리는 재능 있고 재주 많은 학생을 가르치는 유능한 교사다. 오늘날 우리가 사는 세상은 고차원적인 사고력과 창의적인 문제 해결 능력이 그 어느 때보다 중요하다는 것을 잘 알고 있으며, 학생들 개개인의 학구열에 불을 지피기 위해 헌신적으로 노력한다. 그녀는 누구에게나 재능은 있다고 굳게 믿는 사람이다. 하지만 그녀 역시 자신의 능력에 계속 영감을 불어넣기 위해서는 타임아웃이 꼭 필요했다. 샐리는 교사 생활 22년 만에 처음 가진 6개월간의 안식휴가에 대해 이렇게 말했다.

"정말 기분 좋아요. 타임아웃을 가진 덕분에 활력도 찾았고, 사물을 더 잘 들여다볼 수 있게 되었어요. 휴가 동안 전 새로운 경쟁력을 갖게 됐습니다. 정말 뿌듯해요."

샐리는 자기 자신을 새롭게 하고, 경험교육 분야의 석사 과정을 마치기 위해 6개월이 필요했다. 밀린 인생 수업을 겸해서 그녀는 한 달간 탄자니아로 모험 여행을 떠났다. 그녀의 석사학위 주제는 타임아웃의 이점을 요약한 것이다.

"인생이 하나의 거대한 모험이라면, 그리고 자신의 삶의 목적을 찾아 떠나는 여행이라면, 나의 믿음과 나의 인생을 하나로 합치기 위해서 어떻게 해야 할까요? 어떻게 하면 나 자신을 통해서 나의 관심을 가장 잘 나타낼 수 있을까요? 아프리카에서 나는 생물학적 다양성의 위기에 맞서 내가 해야 할 개인적·직업적 의무가 무엇인지 훨씬 명확하게 알게 됐습니다."

그녀는 또 이렇게 말한다.

"다시 태어날 수 있었으면 좋겠어요. 다시 태어난다면 그땐 다른 일을 해보고 싶거든요. 얼마 동안은 교사로 일하게 되겠지요. 은퇴하고 나면 박물학자나 될까 해요."

몇 년 전 샐리는 캘리포니아의 샤스타 산에서 살기 위해 1년 간 타임아웃을 가졌다. 그녀는 이렇게 설명한다.

"나에게 중요한 변화가 절실히 필요하다는 것을 직감적으로 깨달았습니다. 최근에 어머니가 돌아가셨는데 그 죽음이 저를 잠에서 깨어나게 했죠. 몹시 외로웠지만 한편으론 아주 자유로워진 느낌도 들었어요. 마치 제 인생에서 무제한의 선택권을 갖게 된 듯한 기분이었지요. 새로운 체로 나의 삶을 걸러보니 이제 알겠더군요. 얼마나 많은 걸 선택할 수 있는지를. 샤스타 산에서 중요한 '내적 수양'도 쌓았고, 거기서 알게 된 사람들에게서 느낀 바도 많았어요. 그들은 내가 중요하게 생각하는 가치관을 의식적으로 살고 있는 것 같더군요. 그곳에서의 생활은 내가 정말로 원했던 것이 무엇인지 다시 발견하는 매우 유익한 계기가 되었습니다. 내가 정말로 원했던 것은 나의 뿌리가 있는 곳으로 되돌아오는 것이었지요. 장소에 대한 끈질긴 애착이 나를 미네소타로 돌아오게 했어요. 마치 귀소본능을 가진 비둘기처럼 나는 본능적으로 이곳에 이끌려왔어요. 마치 여기에 속해 있는 느낌이었습니다."

만약 샐리가 집을 떠나보지 않았다면 어디가 자신의 집인지 결코 몰랐을 것이다. 타임아웃은 우리에게 자신의 감정을 정화할 수 있는 시간과 자기 안에 흐르는 음악에 귀 기울일 여유를 가져다준다. 샐리는 그것을 다음과 같이 요약한다.

"타임아웃을 한번 맛보고 나면 다시 또 경험해 보고 싶어질 겁니다. 타임아웃이 끝날 때면 언제나 몇 주씩 하늘을 나는 기분이었으니까요."

발레리 굿윈의 타임아웃

딕은 아프리카에서의 모험 여행을 다룬 자신의 책에서 이렇게 말한다.

"처음 아프리카에 오게 되면 사람들은 거기서 무엇을 기대할 수 있을지 시큰둥해한다. 하지만 집으로 돌아가고 나면 뭔가 변화되었음을 알게 된다. 그 여행은 어떤 식으로든 자신의 삶을 바꿔놓는다. 지구상에 그토록 완전한 야생의 세계와 그토록 깊은 평온을 주는 곳은 없을 것이다."

발레리는 탄자니아 어느 오지의 모닥불 가에서 자신을 돌아보며 마흔네 번째 생일을 조촐하게 기념했다. 3주간의 타임아웃 동안 그는 미지와 일상의 경계에 살며 새로운 교훈을 얻게 되었다. 그는 자신의 불꽃같은 정열과 영혼이 그 경계 위에서 한층 강렬한 기세로 타오르던 것을 기억한다. 그는 자신의 경험을 딕에게 써 보냈다.

"새로운 환경에 나 자신이 자연스럽게 적응하는 것을 지켜보면서 한 번도 편하다고 느껴본 적 없었던 온갖 장소들이 아주 분명하게 떠올랐습니다. 나는 잘 차려입고 참석하는 학부모회의, 아이들 학교, 성공한 사람들과 만나는 사업상의 모임 등 때문에 정말 오랫동안 힘들어했어요. 그것이 장소가 주는 불편함 때문이란 사실을 그땐 몰랐고, 다른 장소라면 마치 그곳을 위해 태어난 것처럼 잘 맞을 수 있다는 사실도 알지 못했어요. 난 언제나 내 안에 있는 뭔가가 아주 잘못된 거라고 생각했습니다. 하지만 정작 잘못된 것은 내가 아니라 장소일지도 모른다는 생각이 들자 좀 위안이 되더군요. 그런 장소를 영원히 등지고 살 수 있어서가 아니라 그 장소가 더 이상 내게서 은밀한 기쁨과 고요한 힘을 앗아갈 수 없기 때문입니다. 나의 인생이 산소에 닿은 촛불처럼 환하게 빛을 발하는 곳을 떠올릴 때면 그 기쁨과 힘은 내 안에서 다시 가만히 솟아오릅니다."

당신의 타임아웃

여기까지가 타임아웃을 갖기로 마음먹고 그것을 실천한 사람들의 이야기다. 어떤 사람들은 공부를 하기 위해서, 혹은 새로운 일자리를 찾기 위해서 어쩔 수 없이 타임아웃을 갖기도 한다. 수많은 사람이 정기적으로 일자리를 얻기도 하고 잃기도 하는 현실에서, 실직과 재취업은 말 그대로 생존기술이 되고 있다. 점점 더 많은 사람이 어떻게든 도태되지 않기 위해 다시 기술을 익히고 훈련을 받기 위해 학교로 돌아오고 있다. 평생에 한 번 받는 교육이 아니라 평생교육이 표준이 되고 있다. 개인과 조직은 온갖 종류의 대안을 시험대에 올려놓고 있다. 파트타임 근무, 파트타임 퇴직, 일자리 나누기, 자유 출퇴근제, 퇴직 연습, 자유 근무연한 계약제, 프로젝트 중심 고용제, 재택근무, 안식년제 등.

온갖 종류의 타임아웃이 생겨나 점점 더 많은 사람이 타임아웃을 갖게 되었다. 심지어 최고를 다투기 위한 재충전의 일환으로 타임아웃이 필수라고 생각하는 곳도 있다. 당신도 당신 자신만을 위한 타임아웃을 시작해야 하지 않을까?

참 잘 보낸 하루

어떤 면에서 사람들은 생애의 한 토막 정도는 타임아웃에 할애하고 있는지도 모른다. 새로운 장소, 새로운 인간관계, 새로운 일, 혹은 새로운 목적을 찾거나 경험하면서. 아마도 당신은 당신이 속한 곳에서, 사랑하는 사람들과 함께 삶의 목적을 가지고, 자신의 일을 하다가 생을 마감할 것이다.

　타임아웃에 대해 이야기할 때 많은 사람이 타임아웃을 갖기 전에는 꿈도 못 꿀 일이라 생각했다고 고백하곤 한다. 하지만 일단 타임아웃을 갖고 나서는 새로운 인생관을 갈아입고 나타나 자신들이 무엇 때문에 그토록 오래 미루어왔는지 모르겠다며 한결 같이 고개를 흔든다. 샐리 리더는 쉬면서 보낸 하루하루가 '참 잘 보낸 하루'처럼 느껴졌다고 말했다. 당신도 잠자리에 들기 전에 그렇게 말할 수 있기를 바란다.

　"그래, 오늘은 참 잘 보낸 하루였어."

먼저 길 위로 나서야 한다.
방향을 돌려 야생의 세계로 들어가기 위해서는.

- 게리 스나이더 -

13

길을 잃어야 새로운 길을
발견할 수 있다

✦

숲에서 길을 잃다

내가 꼬마였을 적에 심심해 죽겠다며 투정부릴 때마다 어머
니는 늘 이렇게 말하곤 했다.

"숲에서 길을 한번 잃어보렴."

물론 장난으로 한 말이다. 외아들인 내가 정말 그러리라고
는 상상조차 못하셨을 것이다. 그런데 어느 날 나는 정말 그렇게
했다. 나는 아침 10시쯤 집을 나와 동네 재개발 구역에 있는 변
두리의 숲속으로 곧장 걸어 들어갔다. 그로부터 3시간 뒤 나는

완전히 길을 잃은 채 방황하고 있었다. 집이 어느 쪽인지 도무지 알 수 없었고, 방향감각을 잃은 탓에 어느 길로 가야 숲을 벗어날 수 있는지조차 알 수 없게 되었다. 나는 계속 빙빙 돌면서 같은 길을 몇 번이고 다시 걸었다. 특히 블랙베리 관목 숲이 있는 길은 6번이나 지나쳤는데 매번 다른 방향에서 그 숲을 지나가고 있었다. 영원히 그곳을 맴도는 것이 마치 나의 운명처럼 느껴졌다. 학교 운동장만한 숲에서 내가 영원히 실종될 가능성은 거의 없었지만 일곱 살짜리에게는 공포 그 자체였다.

'나는 여기서 빠져나갈 수 없을 거야. 사람들이 내 뼈를 발견하게 되겠지. 너구리하고 털 벌레들이 깨끗하게 발라먹고 남은 내 뼈를.'

나는 미친 듯이 길을 찾아 헤맸고 마침내 구릉진 풀밭으로 이어진 길을 발견했다. 나는 앞을 향해 달리다가 말 한마리와 정면으로 마주쳤다. 놀라기도 하고 한편으론 마음도 놓이면서 그제야 울음을 터뜨렸다. 울음소리를 듣고 말 주인이 달려왔는데, 나이가 지긋하고 아주 친절한 분이었다. 그는 내가 막 지나온 농장의 주인이었으며 그 농장을 취미로 가꾸고 있었다. 그는 나를 달래며 눈물을 닦아준 뒤 나를 자기 집으로 데리고 갔다.

지금도 그 아저씨의 부엌이 생생하게 떠오른다. 어스름한 불빛이며 빵 굽는 냄새, 달궈진 오븐에서 느껴지던 열기… 거기엔 농가에서 흔히 볼 수 있는 아주 커다란 나무 식탁이 있었다. 전형적인 농부의 아내처럼 생긴 부인이 꽃무늬 홈드레스를 입고 나와 허기진 나에게 갓 구운 과자를 내주었다. 어머니가 도착한 뒤에도 나는 그 집을 떠나고 싶지 않았다.

"애야, 언제든 놀러오렴."

집주인으로부터 그 말을 듣고서야 나는 어머니를 따라나섰다.

"너 정말 숲에서 길을 잃은 거니? 내 말을 그대로 믿은 거야?"

어머니의 말에 나는 아주 태연하게 대답했다.

"엄마, 난 길을 잃지 않았어. 그냥 모험을 해보고 싶었어."

어머니는 그저 빙그레 웃으며 차를 몰았다.

이것은 데이브의 어린 시절 이야기다. 일곱 살짜리 데이브처럼 우리는 가끔 길을 잃고서도 길을 잃었다는 사실을 모를 때가 있다. 반대로 길을 잃지 않았는데도 길을 잃었다고 느껴질 때가 있다. 가방을 다시 꾸려 인생의 다음 여정을 향해 출발할 때 아마도 대개는 길을 잃은 듯한 느낌이 들 것이다. 그럴 때면 잠시 멈춰 서서 정말로 길을 잃은 것인지, 갔던 길을 자꾸 되풀이해서 가고 있는 것은 아닌지 생각해 볼 필요가 있다.

지금 있는 곳이 어디인지 확실히 알고 있다고 생각될 때조차도 주위를 둘러봐야 한다. 어쩌면 자신이 생각하는 것보다 숲

속으로 더 깊숙이 들어와 있는지도 모른다. 그리고 길을 잃는 것이 그렇게 나쁜 것만은 아닌지도 모른다. 갓 구운 맛있는 과자를 얻어먹게 될지도 모르니까.

길을 잃었다면 당신은 길을 찾고 있는 중이다

길을 잃는다는 것은 무슨 뜻일까? 어디를 향해 가고 있는지 모르는 데도 길을 잃었다는 명제가 성립될 수 있을까? 길을 잃었다는 것은 결국 목적지를 알고 있다는 말이 된다.

이제 당신이 가방 다시 꾸리기를 마쳤다고 하자. 무엇이 정말 중요한지 알았으며, 중요한 것들을 가방에 더 꾸려 넣기 위해서 삶에 변화도 주었다. 하지만 아직도 제대로 된 곳에 있다는 느낌이 들지 않는다. 내가 왜 여기에 있는지, 무엇을 하고 있는지, 왜 그것을 하고 있는지 알 수가 없다. 변화 이전의 상황을 떠올려보니 아무래도 그때가 더 좋았던 것 같기도 하다. 도대체 왜 가방을 다시 꾸리기로 했는지 자신을 이해할 수가 없다. 그렇다면 결국 헛수고만 한 셈인가?

아니다. 뭔가 시도해 보고 실패하는 것이 남은 생애 동안 그때 한번 해봤더라면 어땠을까 궁금해하면서 사는 것보다 낫지 않겠는가? 버나드 쇼의 말처럼 "쓰레기 더미 위에 던져지느니 녹초가 되어 나가떨어지는 게 낫지 않겠는가?"

60세가 넘은 사람들을 인터뷰할 때마다 우리는 항상 똑같은 사실을 발견하게 된다. 하나는 대부분 자신의 삶을 되돌아보지 않는다는 것이고, 또 하나는 죽음을 두려워하지 않는다는 것이다. 나이 든 사람들이 가장 많이 느끼는 두려움은 의미 없는 삶을 산 게 아닌가하는 것이었다. 내 삶을 충분히 살지 못한 건 아닐까? 주어진 것보다 내 기회를 충분히 누리지 못한 건 아닐까? '갈 데까지' 내 자신을 던져보지 못한 건 아닐까?

〈그럼피 올드 맨Grumpy Old Men〉이라는 영화를 보면 94세의 아버지가 잭 레먼에게 이렇게 말한다.

"네가 삶을 되돌아보고 후회할 것이 한 가지 있다면, 그건 네가 포기해 버린 모험들일 게다."

만약 길을 잃었다면 적어도 당신은 모험을 감행한 것이 아닌가? 또 하나, 당신이 만약 길을 잃었다면 적어도 자기 자신이 길을 잃었다는 사실만은 알고 있는 셈이다. 거꾸로 만약 당신이 지금 서 있는 곳을 정확히 알고 있고, 어디로 향해 가는지도 분명히 알고 있다면 그것은 당신이 서 있는 곳이 어디인지 알아보기 위해 멈춰 서서 생각해 본 지가 너무 오래된 탓에 길을 잃고도 그 사실을 깨닫지 못하는 것일지도 모른다. 길을 잃었다는 사실을 아는 것, 그것이 자기 자신을 발견하는 첫 걸음이다. 길을 잃었다면 적어도 당신은 길을 찾고 있는 중이다. 설사 그렇게 느껴지지 않는다 해도.

상실의 두려움과 두려움의 상실

모든 두려움은 모르는 데에서 비롯된다. 가방을 다시 꾸려야겠다고 생각하면서 '길을 잃으면 어떡하지?' 하고 의심이 든다면 미지에 대해 걱정하고 있다는 뜻이다. 사람들이 걱정하는 것은 대개 이런 것들이다.

"만약 내가 지금의 '나'가 아니라면, 어떤 사람이 될까?"

"만약 내가 이것을 하지 않아도, 혹은 이것을 갖고 있지 않아도, 혹은 이것을 추구하지 않아도 사람들은 여전히 나를 사랑할까?"

"이것을 정말 내가 원하는가?"

"만약 내가 '그것'을 찾지 못하면 어떻게 될까?"

"시도했다가 실패하면 어떻게 될까? 또 다시 기회가 올까?"

"시도했다가 성공하면 어떻게 될까? 다시 그렇게 해야 할까?"

안타깝게도 몸으로 부딪쳐보지 않고서는 앞의 질문에 대답할 방법이 없다. 모르는 것에 대한 두려움을 극복하려면 그것을 직접 알아내는 수밖에 없다. 린다 재드윈의 말대로 "늪에서 수영을 해보는 수밖에 없다." 물론 두려운 일이다. 하지만 그것만이 두려움을 벗어날 수있는 유일한 길이다.

가방을 다시 꾸릴 생각만 해도 겁이 난다면(사실 그럴 만한 이유도 한둘이 아니다) 실제로 가방을 다시 꾸리는 것만이 두려움을 쫓아버릴 가장 확실한 방법이다. 하지만 이 사실을 안다고 가방을 다시 꾸리는 게 쉬워질까? 그렇지는 않다. 뼈 있는 농담으로 가득 찬 블랙 코미디, 〈로스트 인 아메리카Lost in America〉에서 앨버트 브룩스가 연기했던 주인공의 경우는 확실히 그렇지 못했다. 영화에서 그는 아내와 함께 성공한 중산층의 라이프스타일에서 탈피하기 위해 트레일러를 끌고 전국을 유람한다. 그들은 스티븐 울프의 노래 '본 투 비 와일드Born to Be Wild(영화 〈이지 라이더〉의 삽입곡으로, 히피들의 주제가로 유명하다—옮긴이)'를 들으며 길을 떠난다. 하지만 앨버트와 그 아내는 길 위의 자유가 그들이 기대했던 것과 많이 다르다는 사실을 곧 깨닫는다. 그의 아내가 라스베이거스에서 밑천을 도박으로 깡그리 날리자 그들은 어쩔 수 없이 밑바닥부터 다시 시작한다. 앨버트는 학교 앞 건널목에서 학생들을 건네주는 일을 하고, 아내는 패스트푸드점에서 지배인 보조로 일한다. 몇 주 후 그들은 도시로 돌아오고 다시 예전의 직장에서 일한다. 월급은 전보다 엄청나게 깎인 채로. 그러나 적어도 그들은 환갑이 된 지금, 사막의 고속도로를 여행하면 얼마나 멋질까 하는 꿈을 꾸면서 지내지는 않는다.

길을 잃으면 어떡하지?

우리의 친구 새라 카터는 토목기사로 일하다가 직장을 그만두고 학교로 돌아가 대학원에서 건축학을 공부하기로 결심했다. 학교에 등록한 지 2주일이 지나자 그녀는 자신이 끔찍한 실수를 저질렀다는 사실을 알았다. 집과 다니던 직장, 친구들, 그모든 것이 그리워졌다. 길을 잃은 느낌이었다. 2주만에 그녀는 자기 집을 가진 성공한 직장인에서 아파트 지하에 사는 가난한 고학생이 된 것이다.

하지만 험한 산과 거친 들을 누비며 모험으로 잔뼈가 굵은 새라는 자기만의 방법으로 차근차근 대처했다. 두려움에 떨지도 않고 경솔한 행동도 하지 않았으며, 벗어날 길을 애타게 찾아 헤매지도 않았다. 그 대신 가만히 앉아 정신을 집중했다. 기를 모아 정신을 다시 추슬렀다. 이런 경우 조용히 귀를 기울여야 한다는 것을 그녀는 잘 알고 있었다.

무엇보다도 새라는 자기 주변의 상황을 차분히 지켜보았다. 그리고 대처할 방법을 생각했다. 그녀는 자신이 느끼는 불안의 뿌리가 무엇인지, 그것이 어디에서 비롯된 것인지 알아내려고 노력했다. 자신에게 열려 있는 선택들에 대해서도 시간을 두고 곰곰이 생각해 보기로 했다. 내가 바꿀 수 있는 것은 무엇일까? 바꿀 수 없는 것은 무엇일까? 계속 붙잡아 둘 가치가 있는 것은 무엇일까? 그냥 포기하는 편이 나은 것은 또 무엇일까?

가방을 다시 꾸리고 나서 길을 잃은 느낌이 든다면, 혹은 가방을 다시 꾸리려고 하는데 길을 잃을까 걱정이 된다면 가장 좋은 방법은 아무것도 하지 않는 것이다. 그냥 가만히 앉아 정신을 집중하자. 그리고 주위를 둘러보자. 어떤 느낌이 드는지 느껴보자. 단 숨 쉬는 것은 잊지 말 것.

길을 잃은 사람들

페르시아의 신비문학을 대표하는 중세의 시인 루미Rumi는 언젠가 이렇게 쓴 적이 있다.

"내가 죽는다고 해서 잃는 것이 무엇인가?"

루미는 자신이 죽었다 다시 태어날 때마다 언제나 한걸음 더 성숙해졌다고 이야기한다. 몇십만 년 동안 그는 돌덩이로 있었고, 또 몇십만 년도 더 되는 동안 식물로 살았다가 그 후엔 동물이 되었고 마지막으로 인간이 된 것이다. 그의 말을 이해하기 위해서 꼭 환생을 믿을 필요는 없다. 뭔가를 포기할 때마다, 즉 가방을 다시 꾸릴 때마다 비록 계획대로 잘되지 않더라도 항상 발전하고 성숙하게 된다. 눈과 귀와 마음을 활짝 열어놓고 있는 한 뭐라도 한 가지씩 배우는 게 있기 마련이다.

우리가 잘 알고 지내는 소프트웨어 기술자 마이클은 애정과 직장 문제에 대한 자신의 철학을 이렇게 이야기한 바 있다.

"직장에서 쫓겨나거나 애인과 헤어졌을 때 최악의 상태를 견딜 수 있는 건, 다음번에는 언제나 더 좋은 걸 얻게 된다는 믿음이 있습니다."

이 말은 분명 우리에게도 해당되는 것 같다. 사람들은 너무 오랫동안 필요 이상으로 고통스런 상황을 견뎌왔다. 그들은 그 상황을 떨쳐버리지 못하고 그저 덜덜 떨기만 한다. 다음에 무엇이 올지, 아니 오기나 할지 알 수 없기 때문이다. 그러나 일단 한 발짝 벗어나면 완전히 새로운 세상이 열린다. 과거의 방식을 벗어던지면 더 많은 해답, 더 좋은 해답을 선물로 얻는다. 이 과정은 저절로 돌고 돌면서 점점 더 풍성한 선택의 기회가 되어 우리를 찾아온다. 그것은 배우자를 잃은 지 얼마 안 되는 노인들에게서도 쉽게 확인할 수 있다. 물론 사별 직후에는 엄청난 상실감과 두려움에 빠져 많은 시간을 혼자 집에 틀어박혀 지낸다. 하지만 1년쯤 지나면 다시 피어난다. 문화교실도 가고 자원봉사도 하고 여행도 다닌다. 그들은 몇 년 전보다 건강하고 더 행복하며 훨씬 더 생기 있어 보인다.

사람들이 흔히 생각하는 '최악의 사태'란 자신을 발견하는 제2의 기회이기도 한 것이다.

길을 잃지 않았다

물론 가방을 다시 꾸리려 할 때면 두려움과 막연함, 불안, 회의 같은 감정들을 만나게 된다. 그런데 그런 느낌은 당신뿐 아니라 모두 겪고 있다. 가방을 다시 꾸린 뒤 적응하기까지는 대개 상당한 기간이 걸리게 마련이다. 그렇다고 자신의 삶을 하루 아침에 송두리째 바꿔놓고서 다음날 버린 장소에 가서 다시 그 삶을 주워올 수는 없는 노릇이다. 시간을 갖고 변화에 익숙해지도록 하자. 새로운 것, 달라진 것에 적응하고 그것을 편안하게 받아들일 수 있도록 하자.

실제로 가방을 다시 꾸릴 때 어떻게 하는가? 바닥부터 채워 나가지 않던가? 꾸러미들이 자리를 잡고 물건들이 덜거덕거리며 돌아다니지 않게 되려면 시간이 필요한 법이다. 사는 것도 마찬가지다. 새로운 배치에 익숙해지려면 시간이 필요하다. 이 과정에서 정말이지 당신이 할 수 있는 일은 아무것도 없다. 시간은 양떼처럼 몰 수 있는 존재가 아니니까.

하지만 가방을 꾸리는 동안 고통을 덜기 위해 할 수 있는 일은 아주 많다. 길을 잃은 듯한 느낌이 들더라도 자기 자신을 완전히 잃지 않도록 도와줄 비법들을 몇 가지 소개한다.

1. 하루의 흔적을 기록하자

'일기'라는 형식에 갇힐 필요는 없다. 매일매일 꼬박꼬박 써야 할 의미도 없다. 그저 자유롭게 하루 동안의 생각과 느낌 등 자신이 남긴, 혹은 기억에 남겨진 흔적들을 기록해 두기만 하자. 언젠가는 자신과의 대화에 있어 풍부한 소재들을 제공할 것이다. 무엇보다 그 시간 동안 당신은 왜 다시 가방을 꾸리기로 마음먹었는지 그 이유를 짚어보게 된다. 그동안 쌓인 것들을 털어내는 좋은 방법이기도 하다. 그 효과는 상상을 초월할 것이다.

2. 자신을 '성공'에 놓자

길을 잃은 느낌이 들면 지금 있는 곳을 정확하게 알고 있는 척 행동해 보자. 과거에 성공했던 경험을 그 증거로 활용해 보는 것이다. 적응하는 데 어려움을 겪고 있다면, 이미 다 마쳤다고 상상해 보자. 자신을 미래에다 한 번 놔둬보자. 가방은 완전히 다시 꾸렸고 모든 선택이 편안하게 느껴진다. 하루 혹은 한나절 동안 모든 의심을 완전히 제쳐놓자. 미래에 대해서 어떠한 두려움도 품지 않겠다고 마음먹는다. 당신이 꿈꾸는 이상향의 원주민이 가질 법한 그런 마음의 자세를 가져보는 것이다. 지금 품고 있는 몇 가지 의심들을 그냥 무시함으로써 쫓아버릴 수는 없는지 알아보자.

3. 떠나온 곳을 되밟아보자

정말로 길을 잃었다고 생각되면 두고 온 것들을 돌아보는 것도 도움이 될 수 있다. 사람들은 과거의 좋은 부분만을 기억하는 경향이 있기 때문에 과거로 돌아가서 썩 좋지 못했던 것들을 다시 떠올려주는 게 여러 모로 도움이 된다. 예를 들어 직장을 버리고 왔는데, 그곳이 그리워진다면 옛날 직장 동료들에게 전화를 걸거나 찾아가서 만나보라. 전에 밟고 다니던 땅을 한 시간 정도 밟아보면 왜 더 이상 그 땅을 밟지 않기로 결심했는지 다시 생각날 것이다.

4. 거울 앞에 서자

가족이나 친구에게 거울을 들고 있어 달라고 부탁하자. 결코 생각만큼 쉬운 일이 아니다. 하지만 상당히 효과적이다. 거울을 들고 있으란 말은 누군가 신뢰하는 사람에게 지금 당신이 처해 있는 상황이 어떻게 느껴지는지 가르쳐 달라는 뜻이다. 그의 말을 경청하되 그가 말하는 도중에 끼어들지 않도록 주의하자. 당신은 자신에 대해 더 좋은 인상을 받게 되었는가? 다른 사람들이 보는 당신의 모습은 어떤지 확실히 감이 잡히는가?

5. 한 가지, 오로지 한 가지에만 집중하자

흔히 길을 잃은 느낌이 들고 자기 자신을 감당할 수 없게 되는 이유는 너무 많은 것을 하려고 하기 때문이다. 따라서 당분간 오로지 한 가지에만 집중하는 것이 좋다. 새롭게 다시 꾸린 삶의 요소들과 한꺼번에 씨름하지 말고 한 가지에만 집중하자. 모르긴 몰라도 다시 꾸린 가방에는 새 직장, 새 집, 새 친구들이 들어 있을 테고, 당신은 단숨에 이 모든 변화에 적응하려 들 것이다. 그러지 말고 한 가지만 택해서 몇주 동안은 오로지 그것에만 집중하도록 하자. 다른 것들이 길 옆으로 떨어져 나가도 걱정하지 말자. 그렇게 돼도 떨어져 나가게 그냥 내버려두자. 일단 삶의 한 분야를 좀 더 단단한 발판 위에 올려놓고 나서 다른 분야로 관심을 돌리자 모든 것을 한꺼번에 하려고 덤비면 결코 아무 것도 제대로 되지 않을 것이다.

6. 돌다리도 두드리고 건너자

미안하지만 어쩌면 당신은 그냥 게으른 것인지도 모른다. 길을 잃은 듯한 느낌이 드는 이유가 당신이 자기 자신을 찾으려고 충분히 노력하지 않았기 때문일 수도 있다는 뜻이다. 될 수 있는 한 많은 사람과 이야기를 나눠봐야 하고 필요한 만큼 조언을 구해야 하는데 그렇게 하지 않았는지도 모른다. 어쩌면 밖에 얼마든지 기회가 많은 데도 자신을 내놓지 않을 수도 있다. 또한 당신은 마라톤 주자가 한계 상황을 돌파하기 직전과 같은 상태에 있는 건지도 모른다. 지금 당신은 지쳐 있다. 하지만 조금만 힘을 내면 피로는 물러가고 언제까지고 달릴 수 있을 것 같은 기분이 들게 된다.

7. 밖으로 나가고, 안으로 들어오자

밖으로 나가서 사람들과 이야기를 나누자. 그들을 통해 더 많은 정보, 더 많은 지식, 더 많은 충고, 이제까지 당신에게 닫혀 있던 문들을 열어줄 만한 요령들을 수집하자. 그리고 그 안으로 들어가서 자기 자신에게 귀를 기울이자. 이 책의 앞부분에서 했던 실습을 다시 해보고, 다른 사람들과 나누었던 대화를 다시 나눠보고 자기 자신과 했던 대화도 다시 해보자.

8. 한숨 돌리고 가자

길을 잃은 사람들이 가장 흔히 저지르는 실수 중 하나가 계속해서 주변을 뱅글뱅글 맴도는 것이다. 길을 잃으면 필요 이상으로 힘을 낭비하게 되는 경우가 많다. 당신은 지금 지나치게 열심히 노력하고 있는 것인지도 모른다. 지금 처해 있는 상황에서 빠져나가는 데만 에너지를 쏟아붓지 말고, 반대로 그 경험에 자신을 순순히 맡겨보자. 모든 짐을 혼자서 지고 가려고만 하지 말고 흘러가는 대로 자신을 놓아두자.

이 또한 지나가리라

정말이다. 그 무엇도(스티로폼만 빼고) 영원한 것은 없다. 아무리 길을 잃은 느낌이 들더라도 사정이 달라질 때가 올 것이다. 물론 전보다 더 갈피를 못 잡을 수도 있다. 하지만 또 아는가? 오히려 더 편안한 기분이 들지. 삶은 잠시도 멈추지 않는 역동적인 과정이다. 행복을 찾아 움켜쥐는 것부터가 애초에 글러먹은 시도일 뿐이다. 행복은 붙잡자마자 시들기 때문이다. 사실 가방을 다시 꾸리는 작업도 그렇다. 그것은 당신이 계속해서 탐험을 할 수 있도록 도와주는 베이스캠프 같다. 그것이 어떤 모습을 하고 있건 당신 안에서 나온 것이어야 한다.

17세기 철학자 베네딕트 스피노자는 중년에 가방을 다시 꾸리는 일에 열중했다. 그는 우선 흔히 사람들이 최고의 선이라고 생각하는 것들, 즉 부와 명예 그리고 오감의 쾌락을 추구하기 위해 쏟았던 자신에 대해 곰곰이 생각해 보았다. 스피노자는 이러한 것들이 매력은 있지만 결코 진정한 행복은 주지 못한다는 결론을 내렸다. 그는 이 커다란 발견을 다음과 같이 표현했다.

"행복이나 불행은 우리가 사랑하는 대상의 물질에 의해 결정된다."

순간의 매력이나 일시적인 가치를 사랑한다면 행복 또한 순간적이고 일시적인 것이 된다. 하지만 좀 더 지속적인 가치를 사랑한다면 행복 또한 좀 더 오래갈 것이다. 스피노자는 자신이 정말로 중요하다고 생각하는 것들을 추구하기 위해 세 가지 원칙을 세웠다.

- 목적을 달성하는 데 방해되지 않는 일반적인 관습은 가급적 따르도록 하자.
- 쾌락은 건강을 유지하는 데 필요한 만큼만 누리자.
- 건강한 삶을 누리면서 그 밖에 필요한 것들을 살 수 있을 정도의 돈은 벌도록 노력하자. 그리고 목적에 부합되는 일반적인 관습들은 따르도록 노력하자.

300년 이상이 지난 오늘날, 이 책을 통해 우리가 말하려는 것 또한 크게 다르지 않다.

- 무엇이 중요하고 무엇이 중요하지 않은지 곰곰이 생각해보자.
- 시간과 에너지를 중요한 일에 투자하자.
- 목적대로 살 수 있게 만들어주는 것들만 가방 안에 꾸려 넣고 그 외의 것들은 제쳐두자.

나란히 놓고 보면 세상이 아무리 변해도 변하지 않는 것은 변하지 않는 모양이다.

이보다 더 좋을 수도 있다

이 책은 2년이 넘도록 우리가 나눈 대화의 산물이다. 그동안 우리는 끝없이 의논을 거듭했고 수없이 대화를 나누었으며 셀 수 없이 많은 옛이야기를 주고받았다. 대화를 통해 우리는 서로를 속속들이 알게 되었다. 우리가 주고받은 말과 서로에 대한 충고는 각자의 삶에 이루 말할 수 없는 영향을 주었다. 데이브는 나와 알고 지내온 지난 세월동안 이런 일이 처음은 아니었다며 이렇게 술회한다.

딕은 내 생애의 아주 중요한 전환점에 적어도 세 번은 나타나서 나를 송두리째 바꿔놓았다. 묘한 것은 이 세 번 모두 더없이 매우 만족스러울 때였다는 것이다. 그런데 딕이 나타나기만 하면 내 생활을 온통 뒤흔들어 놓는 것이었다.

첫 번째는 1987년 내가 뉴멕시코의 샌타페이에 있는 직업교육원에서 수석 작가로 일하고 있을 때였다. 당시 나는 모든 것을 갖고 있었다. 얼마 전에 아내도 얻었고, 회사에서도 승승장구하고 있었으며, 세계 최고는 아니지만 나라 안에서 최고로 경치 좋은 곳에 있는 1만 2,000평짜리 농장에서 살고 있었다. 딕은 우리 회사에 와서 그가 집필한 《내적 탐험가들The Inventurers》을 주제로 세미나를 열었다. 그것은 자아 검토와 내적 발견에 대한 이야기였다. 그 당시 나는 어느 영화제목처럼 '이보다 더 좋을 수 없는' 생활을 하고 있었다. 그런데 딕은 나로 하여금 근본적인 의문을 품게 만들었다. 그다음 어떻게 됐는지 상상이 가는가?

3개월 뒤 나는 직장을 그만두었고 아내 제니퍼도 내 뒤를 따랐다. 그리고 나는 본국에서 추방당했던 작가이자 화가인 스콧 피츠제럴드와 어니스트 헤밍웨이 같은 삶을 꿈꾸며 파리로 떠났다. 그 후 내 생활은 영화 제목만큼은 아닐지라도 전보다 더 나아진 것만큼은 분명했다. 직접 경험하기 전에는 나도 이 같은 변화가 가능하리라고 꿈에도 생각해 보지 못했다.

그 후 3년가량 LA에 살면서 나는 새로운 멀티미디어 기술을 개발하는 하이테크 회사의 중역으로 일하고 있었다. 어느 날 한때 같이 일했던 친구의 초대로 미네소타에 놀러 가게 되었다. 그 친구는 자신이 막 입사한 신생 회사에 와서 작가로 일해보지 않겠냐고 권했다. 하지만 나는 LA를 떠날 마음이 조금도 없었다. LA 생활은 환상적이었고 수입도 그 어느 때보다 많았으며 전도유망한 회사에서 중요한 직책을 맡고 있었기 때문이다. 그런데 미네소타에서 집으로 돌아오는 길에 1년쯤 소식이 없었던 딕을 우연히 만났다. 우리는 같은 비행기를 타고 있었던 것이다. 미국을 가로지르는 내내 나는 읽던 책을 덮고 딕과 함께 많은 이야기를 나누었다. 나는 그간에 나의 삶이 얼마나 순탄하게 잘나가고 있었는지, 테크놀로지 분야에서 일하는 것이 얼마나 흥미진진한 경험인지 잔뜩 늘어놓았다. 그러다가 별 생각 없이 미니애폴리스에서 받은 제안에 대해 이야기를 꺼냈다. 다 듣고 난 뒤 그의 대답은 정말이지 정곡을 찌르고 있었다.

"자네는 자네가 가진 그 '재능'으로 유명해지고 싶은가, 아니면 갖고 있는 '도구'로 유명해지고 싶은가?"

2개월 후 아내와 나는 미국 중서부인 미니애폴리스로 이사했다. 나는 나의 도구(당시로선 새로운—물론 이제는 낡아빠진 것이지만—테크놀로지)보다는 나의 재능(글쓰기)을 발휘할 수 있는 길을 따르기로 결정했던 것이다.

세 번째로 딕이 나의 삶을 바꾸어놓은 것은 그로부터 몇 년 뒤였다. 나는 그때 먼저 일했던 LA의 그 회사에서 일하고 있었다. 그때 역시 이보다 더 좋을 순 없을 것 같은 생활을 하고 있었다. 회사는 나의 부서에 거의 무제한의 자유를 허용해 주었다. 사실 계속된 조직 개편으로 우리 부서는 정말이지 맡아야 할 책임이 아무것도 없었다. 하지만 회사에서는 내가 계속 있어주기를 원했다. 중요한 것은 무엇이든 하고 싶은 대로 할 수 있었는데도 여전히 급여가 나온다는 것이었다. 동료들과 나는 질리도록 농구를 하고, 멋진 식당에서 푸짐한 점심을 즐겼으며, 영감이 떠오를 때면 일도 썩 괜찮게 처리했다. 이보다 더 좋을 수 있겠는가? 정말이지 신의 직장 아닌가? 더 물어볼 것도 없었다.

그런 어느 날 오후, 딕과 만나 한잔 하면서 그동안 지내온 이야기를 나누었다. 나는 회사가 내게 특별한 대접을 해준다며 자랑을 늘어놓았다. 내가 그동안 얼마나 잘 지내왔는지 알면 그도 무척 기뻐할 거라는 기대를 잔뜩 품은 채.

그는 나의 이야기를 주의 깊게 듣고 나서 아프리카의 마사이족과 함께 있었던 일을 들려주기 시작했다. 그리고 마사이족이 학교를 하나 세울 수 있게 도와주는 것이 자신에게 얼마나 큰 기쁨인지 이야기했다. 나는 그의 기쁨과 나의 기쁨의 차원을 비교해 보았다. 그가 힘겹게 마사이족 일을 도와가며 어려움을 조금씩 극복해 나가는 성취감에 비해 나의 잘난 자기만족은 너무도 천박하고 무의미하게 여겨졌다.

다음 날 나는 회사에 사표를 내고 혼자서 사업 준비를 시작했다. 새로운 일을 시작하는 것이 언제나 쉽지는 않았지만, 확실히 전에 느껴보지 못한 생기를 느낄 수 있었다. 프리랜서로 일하면서 나는 어느 정도 열정을 가지고 나의 재능을 발휘하고 있는 것 같았으며, 대부분의 시간을 내가 속한 장소(대개는 사무실 겸 집)에서 내가 좋아하는 사람들과 함께 지낸다고 생각했다. 이보다 더 좋을 수 있겠는가? 그런데 2년 전에 다시 의문을 품게 된 것이다.

그래서 딕이 책을 함께 쓰자고 제의했을 때 나는 신중해지지 않을 수 없었다. 그와 대화를 나누면서 다시 한 번 내가 갖고 있다고 생각했던 모든 것에 대해 질문을 던지게 되었다. 더할 나위 없이 좋아 보이는 이 모든 것에 대해서.

결국 모든 것이 다시 시작되었다. 그리고 내가 지금 이 책을 함께 쓰고 있는 것은 가방을 다시 꾸리는 작업이 얼마나 가치 있는 일인지 내 육성으로 증명하기 위해서다. 이 책을 쓰면서 나는 '가방 다시 꾸리기'의 개념과 질문들을 내 자신의 인생에 직접 적용하고 되묻지 않을 수 없었다. 무엇이든 우리가 책에서 말한 것에 충실하기 위해서 이와 똑같은 문제들을 내 자신에게 실험해 보지 않을 수 없었던 것이다. 나만의 중년의 위기를 불러내야 했으며 앞으로의 여정을 위해 가방을 다시 꾸려나갔다.

그래서 어떻게 되었나? 간단히 말해 나는 '내가 말하는 대로 살아야' 했다. 이 책의 내용을 그대로 내 삶에 적용해야 했다. 일, 사랑, 장소와 관련하여 그동안 내가 짊어지고 온 것들을 몽땅 다시 따져보아야 했다.

나는 나의 인생, 그중에서도 특히 일에 대한 열정이 부족하다는 것을 발견하게 되었다. 이 책을 쓰는 일(내 모든 정열을 다 쏟아 부었던) 외에는 정말 열정적으로 일해본 적이 없었다. 프리랜서 작가로 돈을 버는 일은 비록 수입은 좋았지만 세상에 뭔가 되돌려주고 싶다는 내면 깊은 곳의 욕구를 충족시키지는 못했다. 그 '뭔가'가 무엇인지 분명하게 알 수는 없었지만.

앞서 말한 대로 다시 꾸린 내 가방 속에는 철학 공부에 대한 열망에 다시 불을 지피는 것도 들어 있었다. 그 공부에 몰두하다 보니 대학원에 진학하고 싶은 마음이 생겼고 다행스럽게도(또 놀랍게도) 대학원 시험에 합격했다. 그래서 이 책을 마지막으로 손보고 있는 지금은 프리랜서 작가 일을 그만두고 철학박사 학위를 따겠다는 평생의 소원을 이루기 위해 계획을 세우는 중이다. 대학원과 그 안에 기다리고 있는 온갖 도전이 눈앞에 어렴풋이 떠오른다. 동급생들보다 거의 스무 살은 더 나이 먹었을 누군가의 모습이.

길을 잃을까 두렵지 않느냐고? 물론 두렵다. 하지만 그보다 더욱 두려운 것은 이 기회를 그냥 보내버리고 난 뒤 남은 생애 동안 내내 그 기회를 잡았더라면 어땠을까 아쉬워하며 살게 되는 것이다. 앞으로 어떤 일이 펼쳐질지, 만약 학위를 딴다면 그 학위를 가지고 무엇을 할 것인지 아직은 모른다. 솔직히 첫 학기를 잘 통과할지도 미지수다. 하지만 다가올 변화에 가슴 떨리고 앞으로의 여행에 내 모든 열정을 쏟아부을 거라는 사실만큼은 분명하다.

이보다 더 좋을 수 있을까? 잘은 모르지만 딕과 함께 계속해서 대화를 나누다 보면 이 질문에 대한 답을 언젠가는 알게 되리라고 확신한다.

만 개의 별에게 춤추는 법을 가르치느니,
한 마리 새에게서 노래하는 법을 배우리.

-E.E.커밍스-

14

내가 찾아야 할 것은
마지막 목적지가 아니다

✦

두 가지 아메리칸 드림

우리에겐 두 가지 아메리칸 드림이 있다. 하지만 그 둘은 완전히 상반되는 듯하다. 하나는 자유, 해방 그리고 뉴 프런티어의 손짓이다. 다른 하나는 안전, 안정 그리고 교외에 집을 갖는 것이다. 첫 번째 아메리칸 드림은 잭 케루악Jack Kerouac(미국의 전설적인 모험작가—옮긴이)과 아멜리아 이어하트Amelia Earhart(여성으로서는 세계 최초로 대서양을 단독 횡단한 조종사, 1937년 세계 일주 비행에서 실종됨—옮긴이)의 꿈이며, 두 번째는 프랭크 카프라Frank Capra(미국의 소시민적 가치와 미덕을 강조한 작품을 주로 만든 30~40년대 미국 영화감독— 옮긴이)와 도나 리드Donna Reed(카프라의 영화에 단골로 출연한 30~40년대 미국 배우— 옮긴이)의 꿈이다.

두 가지 꿈 모두 뿌리칠 수 없는 유혹이며 그림의 떡이다. 사람들은 대부분 이 두 가지 꿈 사이를 끊임없이 넘나든다. 어떤 순간에는 단지 머리 위에 있는 하늘과 홀로 조용히 쉴만한 장소만을 원하다가도 다음 순간에는 '새로 나온 최고급 중형차를 타고 지붕창 너머로 지나가는 하늘을 보고 있으면 얼마나 멋질까'라는 생각을 하기도 한다. 무수한 광고가 우리에게 이 모든 것을 다 가질 수 있다고 부추긴다. 하지만 사실 우리는 그게 뭔지도 모른다.

가장 성공한 사람들 중에서도 자신이 성공했다고 생각하는 사람이 극히 드문 것은 바로 이 때문이다. 부와 명예를 거머쥔 사람들을 앉혀놓고 '부와 명예를 가진 사람들의 라이프스타일'에 대해 인터뷰를 한다고 치자. 백이면 아흔아홉은 "성공은 아주 먼 미래에나 있다"고 이야기할 것이다. 그들은 아직도 성공을 갈망하고 있고 그것을 좇고 있는 중이기 때문이다.

'도넛츠Doughnuts'라 불리는 아이들에 대해 들어본 적이 있는가? 이들은 엄청나게 성공한 부모와 모든 것을 다 가진 아이들, 언제나 갖고 싶은 것은 모두 가질 수 있는 아이들이다. 그들은 자신을 '도넛츠'라 부른다. '돈dough'은 넘치지만 실상은 모두가 '바보nuts'이기 때문이다. 성공이라는 겉포장이 내면의 실패를 채워주지는 못한다. '도넛'은 가운데가 뻥 뚫려 있지 않은가.

우리는 몇 년 동안 사람들에게 바람직한 삶에 대해 정의해 달라고 부탁해 왔다. 그들 대부분은 수입의 많고 적음에 관계없이 대부분 지금 가지고 있는 것의 두 배만 가질 수 있다면 만족할 것이라고 대답했다. 이들은 미국 독립선언문에 보장된 생명, 자유 그리고 행복의 추구를 어느 정도 이룬 사람들이었지만 새로운 수준에 도달하고 나서도 여전히 만족을 느끼지 못했다. 결국 그들은 계속해서 불행을 추구하고 있는 셈이다. 이러한 태도는 결국 바람직한 삶을 어떻게 정의하느냐에 달려 있다. 당신에게 바람직한 삶이란 어떤 것인가? 자유인가 아니면 안정인가?

아이작 디네센Isak Dinesen의 유명한 작품《아웃 오브 아프리카》에서 캐런 블릭슨과 데니스 핀치 해튼은 자유와 안정이라는 문제로 갈등을 겪는다. 결혼해서 정착하고 싶은 욕망과 마음대로 돌아다니고 싶은 욕망 때문에 논쟁이 벌어진다.

캐런은 데니스에게 집을 떠날 때마다 꼭 그렇게 멀리 탐험 여행을 갈 필요는 없지 않느냐고 맞선다. 데니스는 옳은 말이라고 인정하면서도 캐런에게 상처를 줄 생각은 조금도 없다고 주장한다. 캐런은 그럼에도 상처를 입는다고 항변한다. 이에 그는 이렇게 대답한다.

"캐런, 나는 당신과 함께 살고 있소. 그건 당신과 함께하는 삶을 내가 선택했기 때문이오. 난 다른 사람의 생각에 따라 살고 싶진 않소. 나한테 그렇게 살라고 하지 말아요. 나는 어느 날 갑자기 내가 다른 사람의 삶을 살다가 죽어가고 있다는 사실을 발견하고 싶진 않소. 나는 기꺼이 내 삶에 대가를 치를 준비가 되어 있소. 때로 외로워도 참을 수 있소. 그럴 수밖에 없다면 혼자서 외롭게 죽을 것이오. 그게 공정한 거니까."

이에 캐런은 전혀 공정하지 않다고 대답한다. 데니스의 행위는 캐런에게도 똑같은 대가를 치르도록 요구하기 때문이다. 이것은 자유와 안정 간의 갈등에서 생기는 다툼이다. 산에서 혼자 나물을 캐먹으며 유유자적하게 사는 사람은 우리 주위에 아무도 없다. 우리의 행위와 태도는 다른 사람의 행위와 태도와 밀접하게 연결되어 있다. 데니스와는 달리 문만 열면 언제든지 이곳을 떠날 기회(물론 꼭 배낭 하나 달랑 메고 지도에도 없는 곳을 찾아가는 것만은 아니지만)가 기다리고 있는 것도 아니다. 하지만 동시에 데니스는 많은 사람이 삶에서 동경하는 것을 대변하고 있다. 우리는 다른 사람의 인생을 살다 죽지는 않으리라는 것을 확인할 수 있는 자기만의 방법을 찾고 있다. 최소한 잠깐 동안이라도 길을 잃은 느낌에 정신이 아득해질 새로운 개척지와 새로운 모험과 새로운 장소를 간절히 찾아 헤매고 있다.

삶, 그 최후의 개척지

"우주⋯, 최후의 개척지. 이것은 우주선 엔터프라이즈의 여정이
다. 끝없이 낯선 신세계를 탐험하고 새로운 문명을 찾기 위해 누
구도 가보지 못한 곳으로 거침없이 나아간다."
- 〈스타트랙〉의 오프닝 중에서

〈스타트랙〉의 오프닝은 엉터리다. 최후의 개척지는 우주가
아니다. 그것은 우리의 삶이다. 알베르트 슈바이처는 이렇게 말
했다.

"아무도 밟은 적이 없는 길에 첫발을 들여놓는 일은 모두 모
험이다. 모험이란 우리의 상상을 뛰어넘는 특별한 상황이 아니
고서는 이해할 수도 성공할 수도 없다."

개척지는 우리가 길을 잃을 수 있는 곳이며, 울타리나 곧게
뻗은 길 따위의 경계가 그어지지 않은 곳이다. 개척지는 한때 대
륙만큼이나 넓었다. 아니 우리의 상상력만큼이나 넓다. 개척지
는 새로운 장소뿐 아니라 그 장소를 가득 채우고 있는 경험까지

상징하는 것이다. 아무도 가지 않은 길을 가는 진짜 즐거움은 그 길을 갈 때 느끼는 자유와 해방감이다. 절대로 정착해 살 일이 없을 낯선 마을로 들어설 때 얼마나 홀가분한 기분인지 느껴본 적 있는가? 나를 아는 사람이 아무도 없기 때문에 나는 얼마든지 내가 되고 싶은 어떤 사람이든 될 수 있고 내가 어떤 사람이든 있는 그대로 나 자신을 드러낼 수 있다.

인간이기 때문에 우리는 모두 타고난 문제 해결사들이다. 인간은 자신을 지탱하기 위해 새로운 도전을 필요로 한다. 개척지는 그저 상징으로서만 유효한 것이 아니라 실제로도 우리에게 귀한 선물이 된다. 개척지는 우리의 존재와 육신을 지탱하게 해주며 온전함과 거룩함을 추구할 수 있도록 자양분을 공급하는 원천이기도 하다.

우리의 친구 로키도 핀치 해튼처럼 아프리카 여행을 영적·도덕적 탐험이라고 말한다. 거룩한 필수품인 셈이다. 로키의 말을 빌리자면 "우리는 우리의 삶이 위기에 직면하면 전에 없던 결속력을 발휘한다. 야생으로 떠나는 모험에서는 모든 것이 더욱 단순해지고 더욱 또렷해지고 그 의미도 한층 더 깊어진다."

로키는 어째서 기회 닿을 때마다 새로운 오지를 찾아다녔는지에 대해 이렇게 설명한다.

"우리 둘 다 끝없이 펼쳐진 저 길, 저 길을 밟지 않고서는 도무지 견딜 수가 없었다네. 아마 우리는 먼지를 좋아하는 체질인 것 같아! 호텔 회의실에 앉아 세미나를 하는 것보다 밖에서 배우는 게 훨씬 실감나고 생생한 삶이야."

그것은 웬들 베리의 말과 비슷하다.

"문제 해결은 세상에서 가장 비밀스런 모습으로 찾아오곤 한다. 그래서 해결책은 형광등 불빛 아래서는 찾기가 어렵고 에어컨 바람이 부는 방에서는 절대로 찾을 수 없다."

잃어버린 리듬을 찾아서

"바로 여기야."

데이비드 피터슨이 앞을 가리키며 로키와 내게 말했다.

"야이다 계곡, 하드자족이 있는 곳 말이야."

몇 년 동안 데이비드는 '리듬을 되찾는 일'에 대해 귀에 못이 박히도록 이야기해 왔다. 그것은 다름 아닌 원주민 하드자족과 함께 여행하며 그들의 전통 몰이사냥법을 배우는 것이었다. 그는 이 야생의 세계에 오래 전부터 마음에 두고 있었다면서 아직도 이 나라의 지도에 직선으로 경계선이 그려지지 않았다고 했다. 그의 말이 맞았다. 길에서 800미터도 못 가서 문명의 마지막 표시가 홀연히 자취를 감추고 아프리카, 그것도 진짜 아프리카가 시작된 것이다. 이것은 우리에게 끝없는 가시덤불과 다듬어지지 않은 길이 펼쳐진다는 뜻이며 야이다 계곡으로 통하는 가파른 내리막길도 여기에 포함된다. 그리고 리듬을 되찾기 위해 지나야 할 내리막길은 그보다 몇 곱절은 가파른 길이었다. 1분 1초를 다투는 현대문명의 끝자락을 벗어나 선사시대를 방불케 하는 초라한 풍경 속으로 들어갔을 때 우리는 말 그대로 과거로 되돌아간 듯한 느낌이었다.

탄자니아에 살던 최초의 원주민들은 몰이사냥을 하는 사람들이었는데, 약 5000년 전에 이 지역을 차지했다고 한다. 그들의 주거지, 돌을 만든 연장, 무기 등이 아직까지 남아 있다. 그리고 초기 거주민의 후예로 생각되는 하드자족은 지금까지도 살고 있다.

"콜라병은 어디 있지?"

로키가 내게 속삭였다. 나는 그때 막 같은 생각을 하고 있었다. 그곳 원주민들은 마치 영화 〈부시맨〉에서 금방 뛰쳐나온 듯한 모습들이었다. 우리를 안내할 세 명의 하드자족 가이드는 그들이 서 있는 바싹 마른 땅과 썩 잘 어울리는 옷을 입고 있었다. 그들은 모두 자기 키만한 활을 갖고 있었고, 화살통에 든 독화살처럼 격렬한 발음으로 이야기하고 있었다. 비교적 다른 부족과의 접촉이 드문 편인 데다 외부 사람에 대한 거부감 때문에 하드자족은 남다른 자의식을 길러왔다. 비록 수줍어하기는 했지만 그들은 우리가 자기네 마을에 온 것을 정말 환영하는 것 같았으며 우리에게 몰이사냥법을 보여주게 된 것을 정말 기쁘게 여기는 듯한 눈치였다.

거의 직감적으로 나는 이 여행이 판에 박은 듯한 휴가와는 아주 다른 것이 되겠구나 싶었다. '휴가vacation'를 사전에서 찾아보면 '무언가를 중지하는 것'이라고 되어 있다. 하지만 이것은 '무언가의 속으로 들어가는' 여행이었다. 로키의 말을 빌리자면 '내가 알지 못하는 땅'으로 들어가는 것이었다. 이것은 알려지지 않은 길을 따라 모험을 떠날 기회, 이미 그 정체를 뻔히 알고 있는 경험의 안전망에서 벗어날 수 있는 천재일우의 기회였다. 그리고 내가 그토록 애타게 갈망해 온 기회이기도 했다.

로키는 '내가 알고 있는 땅'에서 '내가 알지 못하는 땅'으로 건너갈 때는 초심자의 마음을 갖고, 아무런 판단도 하지 말며, 자신이 아무것도 모른다는 사실을 인정해야 한다고 말했다. 그는 새로운 땅에서 만나는 사람들을 이방인이나 외국인으로 보지 않고 그저 단순히 인간으로, 자기 자신과 같은 인간으로만 보려고 했다. '내가 알지 못하는 땅'으로 완전히 건너가 리듬을 다시 찾기까지. 그러니까 모든 일정을 깡그리 잊어버리고 그곳에서의 경험을 있는 그대로 받아들이기까지는 한 시간도 채 걸리지 않았다.

우리는 하드자족 가이드들이 가는 대로 무조건 뒤를 따랐다. 그들은 소리 하나 내지 않고 마치 유령처럼 사라졌다 돌연 다시 나타나곤 하면서 관목 덤불을 헤쳐 나갔다. 소리 없이 성큼 성큼 걷는 그들의 움직임은 경이롭기까지 했다. 지금 여기, 여기 자연과 완벽하게 조화를 이룬 인류 최초의 몰이사냥꾼들이 눈 앞에 있는 것이다. 그들의 움직임은 너무도 가벼워서 바싹 마른 잔가지를 밟아도 부스러지지 않았다. 가시가 있어도 그들은 속력을 늦추지 않았다. 우리 세 사람이 가시덤불에 엉켜서 허우적거리자 그들은 상처 하나 없이 부드럽고도 재빠르게 빼내주었다. 갑자기 키가 제일 작은 마로바가 걸음을 멈추더니 20미터 정도 떨어진 커다란 바오밥 나무에 눈을 고정시켰다. 그때 휘파람 소리 같은 새 울음이 들려왔다. 마로바가 휘파람을 불어 응답했다. 그는 회색 깃털을 가진 울새만한 작은 새를 가리켰다. 새는 이 가지에서 저 가지로 푸드득거리며 날아다니고 있었다.

"저 새는 지금 우리에게 꿀이 있는 곳을 가르쳐주려는 거예요. 우리가 아주 좋아하는 달콤한 꿀이죠" 하고 마로바가 말했다.

"새는 우리의 허니honey 가이드예요. 우리의 친구죠."

이후 반 시간은 정신없이 그 새를 쫓아갔다. 새는 이 나무에서 저 나무로 날아다니며 우리를 안내했다. 가끔씩 날개를 멈추더니 성마른 강아지가 주인을 재촉하듯 어서 서두르라고 휘파람을 불어대기도 했다. 그러면 마로바는 기쁜 표정으로 휘파람을 불어 화답했다. 마침내 새는 커다란 아카시아 나무에 앉더니 곧바로 우리를 향해 기쁨과 기대에 찬 노래를 불러댔다. 마로바는 잠시 그 나무를 둘러보더니 곧 벌집이 들어 있는 곳을 찾아냈다. 그는 마른 덤불을 모아, 불붙이는 나무공이를 양손 가운데 놓고 싹싹 비벼가며 불을 붙였다. 그러고는 불타는 덤불을 나무 구멍에 던져 넣어 연기를 피우자 벌들이 밖으로 나오기 시작했다. 나는 그가 벌침을 요리조리 피하는 것을 보며 감탄해 마지않을 수 없었다. 그는 시간을 두고 차츰차츰 조심스럽게 구멍 속으로 다가갔다. 잠시 후 그는 벌집과 밀랍과 애벌레를 한 움큼 집어냈다. 처음 꺼낸 몇 움큼은 자기가 먹고 그다음에는 나무 위에서 초조하게 자기 차례를 기다리는 허니 가이드 몫으로 제법 많은 양을 남겨두었다.

그날 오전 내내 같은 일들이 반복되었다. 새로운 허니 가이드들이 번갈아 나타나 야생의 보물찾기로 우리를 안내했다. 하지만 그 후 아프리카의 뜨거운 태양에 대지와 공기가 후끈 달아오르자 우리를 안내하던 하드자족 가이드 셋 모두 길을 잃은 것 같았다. 그들은 한 명씩 지그재그로 멀어져가면서 뭔가 길잡이가 될 표지들을 찾아다니는 듯했다.

'만약 저들이 길을 잃으면 그땐 우리도 영락없이 길을 잃을 텐데…, 그럼 우리가 집으로 다시 돌아가려면 허니 가이드보다 훨씬 기발한 뭔가가 우리를 도와줘야 할 텐데' 하는 생각이 들었다. 설상가상으로 갈증마저 점점 심해지기 시작했다. 아침 식사로 꿀을 먹었으니 갈증이 더할 수밖에. 게다가 땅도 바짝 메말라 있었다. 하지만 하드자족 가이드들은 근처에 마르지 않은 강이 있노라고 호언장담했다. 제발 좀 '워터 가이드water guide'가 나타나주기를 마음속으로 기도할 무렵, 가이드들은 우리를 강으로 데리고 갔다. 그것은 뜨거운 모래 가운데 나 있는 몇 개의 물웅덩이에 지나지 않았다. 아마도 전날 밤 얼룩말 떼들이 실컷 퍼마시고 간 듯했다. 그들이 어떻게 이 조그만 오아시스를 찾아냈는지는 알 길이 없었다. 하긴 목축이기에 바빠 그런걸 물어볼 새도 없었지만.

삶의 비결

이제 와서 얘긴데 그때 딕은 하드자족과 함께 있으면 절대로 길을 잃지 않는다는 것을 알고 있었던 것 같다. 아니, 그들은 항상 길을 잃었다. 하지만 우리와는 달리 하드자족은 가만히 서서 귀를 기울이는 법을 알고 있었다. 나무들이 숲이 길을 찾아줄 때까지 기다릴 줄 알고 있었던 것이다. 그들은 미지의 세계를 귀한 손님으로 대하고 그 미지의 세계를 자신들의 삶 안으로 기쁘게 맞아들임으로써 진정한 삶의 비결을 보여주었다. 다름 아닌 과정이 전부라는 것이다.

하드자족은 의지대로 사는 것과 의지를 맡기고 사는 것을 동시에 할 수 있는 요령을 터득하고 있었다. 그들은 무슨 일을 하건 온 자아를 바쳐 그 일을 했다. 그리하여 매순간을 자기 존재로 가득 채웠다. 한순간도 제자리에 머물지 않고 거친 자연 속을 즐겁게 헤쳐 나가면서도 그들은 한 번에 한 가지, 오로지 한 가지에만 집중했다. 그 가운데 온 세상이 그들 앞에 열려 있었다. 딕은 그때의 느낌을 이렇게 전한다.

나는 그렇게 짐을 가볍게 짊어진 채 그토록 안전하면서 살아 있는 여행을 해본 적 없다. 나는 거의 언제나 모든 불상사에 대처할 수 있을 만큼 많은 것을 가지고 떠났다. 그런데 이번에는 그저 관목 숲 안으로 걸어 들어갔을 뿐인데 진짜 삶이 시작되었다. 그전까지는 나의 삶이 아직 시작도 하지 않았다는 느낌이 들 때가 종종 있었다. 그저 진짜 삶을 시작할 적당한 때를 기다리고 있는 중이라고, 이제 마로바처럼 모든 것을 마치 처음 보는 듯 대하는 법을 배우지 못한다면 내 앞엔 항상 실망뿐일 거라는 사실을 비로소 깨닫게 되었다.

어쨌든 길을 잃는다고
그다지 손해 볼 것도 없지 않은가?

하드자족은 숲속의 작은 길에서 길을 잃었을 때 전혀 겁에 질리지 않았다. 자기가 어디에 있는지, 다음엔 어디로 가야 할지 알아내려고 허우적대지도 않았다. 그냥 가만히 귀를 기울이기만 했다. 그리고 바라보았다. 그들은 자신에게 닥친 상황이 그냥 자신을 지나쳐가도록 내버려두었다.

1분 1초를 다투는 급변하는 세상 속에서 우리는 모두 이따금씩 길을 잃은 듯한 느낌을 받곤 한다. 아니, 어쩌면 거의 매일같이 그런 기분 속에서 사는지도 모른다. 우리는 끊임없이 자신의 발자국을 따라가 우리에게 익숙한 곳, 우리의 방향을 일러줄 곳으로 돌아가려 애쓴다. 하지만 그런 곳은 영원히 사라져 버렸다. 이제는 정말 길을 잃어버린 바로 이곳이 가장 익숙한 장소가 되었다. 그래서 우리는 하드자족처럼 새로운 상황을 발견의 기회로 삼을 수 있어야 한다. 그러기 위해서는 용기와 수용이 필요하다. 새로운 것과 마주칠 용기가 있어야 하고, 배워야 한다는 사실을 수용할 줄 알아야 한다. 그것이 관광객과 탐험가의 자세가 다른 점이다. 관광객들은 그저 인생이라는 관광지를 방문해서 명단에 나온 장소만 둘러볼 뿐이다. 하지만 탐험가는 삶을 체험하고, 삶의 모든 것에 온 가슴과 머리를 다해 몰두한다. 둘의 차이는 결국 기꺼이 길을 잃어버릴 의지가 있느냐 없느냐의 차이다. 하드자족과 하루를 보낸 그날 저녁 딕이 쓴 아프리카 여행 일지 첫머리를 살짝 들여다보자.

아프리카에서 길을 잃은 건 내게 말할 수 없이 중요한 사건이다. 이 사건으로 나 자신에 대해 너무도 많은 것(모두가 기분 좋은 경험은 아니었지만)을 경험하게 되었고, 이 같은 경험이야말로 나 자신을 만나고 알아가고 돌보는 데 없어선 안 될 영혼의 양식이리라. 작년까지 나는 삶을 살기보다 삶을 알리는 데 더 많은 시간을 보냈다. 오늘 아프리카에서 나는 희망을 떠벌리는 일에 싫증이 났으며, 나에 대해 다른 사람들이 갖고 있는 이미지 대로 사는 것에 염증을 느끼고 있었다는 사실도 알게 되었다. 오늘 나는 삶을 설명하는 대신 삶을 살았다. 그건 아주 기분 좋은 경험이었다. 삶이 투명하게 발가벗은 이 오지에서 나는 오늘 최고로 행복했던 것 같다. 삶이 투명하게 발가벗은 이곳에서 중요한 것은 오직 사랑(앤디 그레타, 샐리 그리고 내 주위 사람들과의 관계), 장소에 대한 감각(땅과 연결되어 있다는 의미에서), 그리고 일(내가 좋아하는 일을 하는 것)뿐이라는 것을 깨달았다. 그 외의 모든 것은 그저 덤일 뿐.

과정이 전부다

사람들과 이야기를 나눌수록 미국이라는 나라는 참으로 여행 천국이구나 싶은 생각이 든다. 여기 사는 사람들은 평생 동안 평균 8번 정도 집을 옮긴다. 해마다 어림잡아 인구의 5분의 1이 어디론가 새로운 곳을 찾아 옮겨간다. 이렇게 자주 이사를 하니 여기 사람들은 이사하는 것을 기대와 흥분에 들떠서 기다리겠구나 생각할지 모르겠지만 사실은 그와 정반대다. 지리적 이동은 삶에서 세 번째로 스트레스가 큰 사건이다(사랑하는 사람들과의 이별이 첫 번째이고 이혼이 두 번째다).

이 스트레스의 상당 부분이 목적지에 가기도 전에 힘을 다 빼기 때문에 생기는 것이다. 우리는 헉헉거리고 뛰어다니면서 새로운 목적지에 도달하기 위해 아귀다툼을 벌인다. 어쩌면 그 목적지에서 큰 보상을 받게 되지 않을까. 어쩌면 우리가 애타게 찾아 헤매던 바람직한 삶을 찾게 되지 않을까 하는 희망에서.

우리들은 여행의 목적지보다 그 여정 자체를 음미할 줄 알아야 한다. 우리는 모든 감각을 생생하게 열어놓고 여행을 체험해야 한다. 하지만 어떤 이유에서인지 사람들은 과정을 즐기지 못한다. 북쪽 끝에서 남쪽 끝으로 가는 이사든, 번지만 옮기는 이사든 간에 이사 자체를 즐기지 못한다. 그 결과 쏟아부은 노력만큼 보상받지 못하고 투자한 데 비해 돌아오는 것이 너무나 작아질 뿐이다. 하지만 여행에 통달한 사람들은 여행이란 게 뭔가를 얻어내기 위해 안달하는 게 아니라는 것을 잘 알고 있다.

여행은 노력과 보상이 동전의 양면처럼 연결된 채 지속되는 일련의 과정이다. 물론 도중에 갑자기 길을 틀수도 있고 그와 함께 우리도 달라질 것이다. 우리는 끊임없이 가방을 풀고 다시 꾸린다. 여행을 체험하기 위해서는 그렇게 할 수밖에 없다. 우리가 만약 오로지 목적지만을 위해 산다면, 먼 미래에 얻게 될 성공만을 위해서 산다면, 여행 자체는 영영 잃어버리고 만다. 딕은 이 모든 것을 깨닫게 된 한 가지 경험을 들려준다.

몇 년 전 하와이의 마우이 섬에 있는 한 보험업체에 강연 차 간 적이 있다. 그런데 많은 청중이 '나는 하나Hana에 갔다가 살아 돌아왔다'라고 쓰인 티셔츠를 입고 있는 것이었다. 몇 사람에게 그 뜻을 물었더니 그들은 하나로 가는 길이 얼마나 아름다운지, 가는 길에 있는 7개의 성스런 연못이며 이따금씩 나타나는 고래 며 마우이 산꼭대기에 있는 찰스 린드버그의 무덤(린드버그가 미네소타 출신이었던 탓에, 미네소타 사람인 나로선 귀가 솔깃한 얘기였다) 등에 대해 들려주었다.

강연을 마치고 몇 시간 여유가 있었기 때문에 나는 차를 빌려 하나를 향해 달리기 시작했다. 지그재그로 수십 번이나 길이 꺾이는 소위 '지옥으로 가는 길'이 끝없이 이어졌다. 결국 나는 열세 번째 커브에서 도로 한쪽에 차를 세운 뒤 문을 열고 토했다.

나는 하나에 갔다 오기는커녕 그 근처에도 가보지 못한 것이다. 하지만 차를 돌려 공항으로 가면서 나중에 꼭 다시 와보리라 굳게 다짐했다. 집에 돌아와서 15세인 딸 그레타에게 그 이야기를 들려주었다. 그 애는 꼭 가볼 거라며 나만큼이나 좋아했다. 1년 반쯤 뒤 기회가 저절로 찾아왔다. 이번에는 그레타와 함께 하와이로 휴가를 떠날 예정이었다. 우리는 마우이와 하나를 보기 위해 이틀을 더 추가했다. 비행기를 타고 가는 동안 우리는 내내 하나로 가는 길에 볼 7개의 성스런 연못이며, 고래며, 그 길에서 살아남는 모험 등이 얼마나 특별한 경험이 될까 꿈에 부풀어 이야기꽃을 피웠다.

마침내 그날이 왔다. 우리는 밖으로 나가 컨버터블 한 대를 빌렸다. 그리고 부푼 기대를 안고 목적지를 향해 출발했다. 나는 그레타에게 지금 우리는 생애 최대의 모험을 하러 가는 것이며 그리 오래 걸리지는 않을 거라고 호언장담했다. 제 시간에 돌아와 오후에는 아이의 계획대로 해변에서 선탠을 할 수 있을 거라고.

하나로 가는 길에서 여섯 번째 커브에 접어들자 비가 내리기 시작했다. 우리는 컨버터블 지붕을 덮었다. 그런데 그 차에는 에어컨이 없었기 때문에 어쩔 수 없이 속력을 냈다. 새 공기가 들어오고 더운 공기가 나갈 수 있도록, 그리고 빨리 목적지에 도착해 후텁지근한 차 안에서 벗어나기 위해서. 스물다섯 번째 커브에 들어섰을 때 그레타는 차를 세워달라고 했다.

"멀미 때문에 죽겠어요."

그레타는 울면서 말했다.

"여긴 뭐 하러 온 거죠? 해변에 있는 편이 더 좋았을 걸!"

나는 하나에 가면 그곳에 반하게 될 거다. 이제 정말 얼마 남지 않았다 하면서 달렸다. 그리고 마지막 남은 구간은 최대한 빨리 달리겠다고 약속했다. 나는 할 수 있는 한 계속해서 액셀러레이터를 밟고 또 밟아댔다.

그리고 마침내 우리는 하나에 도착했다. 지치고 허기져 비틀거리면서. 하지만 우리를 맞이하는 것이라고는 판자로 지은

다 쓰러져가는 가게뿐이었다. 우리는 하나를 찾아온 다른 '생존자들'과 나란히 주차장에 차를 댔다. 곧이어 근처에 화장실이 없다는 것을 발견했다. 그레타와 나는 물끄러미 서로를 쳐다보았다. 그러고 있는 동안 다른 여행자들이 신나게 떠드는 소리가 들려왔다.

"오면서 고래가 물을 박차고 솟아오르는 모습을 보셨어요?"

"네, 서른네 번째 커브에 있던 그 식물원은 어땠고요! 꼭 딴 세상에 있는 것 같더라고요!"

"맞아요. 그렇게 아름다운 풍경은 난생 처음이에요!"

잠시 후 그레타가 침묵을 깨뜨렸다.

"아빠, 우리 아무래도 여행을 제대로 못한 것 같아요."

하나는 하와이에 있는 여느 작고 아름다운 마을들과 다를 게 없었다. 우리는 잠깐 그곳을 돌아보고 나서 컨버터블의 지붕을 열어놓은 채 천천해 해변으로 돌아왔다. 오는 길은 장관이었다. 우리는 깨달았다. 하나로 가는 길에서 우리가 찾아야 할 것은 하나가 아니라 '그 길'이라는 것을. 우리가 찾아야 할 것은 마지막 목적지가 아니라, 그곳까지 가는 여정 그 자체라는 것을.

"우린 여행을 제대로 못한 것 같아요"라고 했던 그레타의 말은 오늘날 우리가 살아가는 모습에 대한 비유였다.

우리는 그레타의 말을 강연 때나 사람들과 이야기할 때마다 자주 인용하곤 한다. 사람들은 그 말이 무슨 뜻인지 곧바로 알아 차린다. 지금 이 책을 읽는 여러분에게 이렇게 말하고 싶다.

"남은 삶의 여정은 딕과 그레타가 하나에서 돌아올 때처럼 하세요. 가는 길과 길 위에서의 경험을 즐기세요. 그리고 하드자 족이 우리에게 가르쳐준 것을 잊지 마세요. 과정이 전부랍니다."

내일의 목적을 갖고
오늘을 살아가라

✦

현명한 사람은 자기 자신을 발견하기 위해 여행을 한다.
- 제임스 러셀 로웰 -

"잠보, 딕! 하바리 가니?"

코이에가 스와힐리어로 우리를 반갑게 맞아주었다. 우리
는 그의 부락 한가운데 서 있었다. 주위에는 소, 당나귀, 염소 등
100여 마리의 가축들이 시끌벅적하게 진을 치고 있었다. 그 소
란스런 와중에도 코이에는 아주 편안해 보였다. 하지만 나는 신
경질적으로 여기저기를 두리번거렸다. 녀석들의 시끄러운 소리
와 냄새 때문에 도저히 정신을 차릴 수가 없었다. 저녁 공기는
시원했지만 냄새는 정말 견디기 힘들었다.

코이에의 삶은 그의 가축들 주변에서 맴돈다. 그도 그럴 것
이 살아가는 데 필요한 것을 대부분 녀석들이 공급해 주기 때문

이다. 가축의 젖은 매일 먹는 음식 중의 하나이며 가축은 옷을 만드는 기본 재료이고 피는 비상식량으로 사용되기도 한다. 녀석들의 배설물까지 연료로 쓰거나 집을 짓는 데 사용한다. 정말 버릴 게 하나도 없다.

코이에와 나는 어두컴컴한 곳에서 소에 대해 담소를 나누며 서 있었다. 그는 주민과 가축들 사이의 긴밀한 유대감에 대해 들려주었다. 그는 녀석들의 울음소리와 색깔 그리고 그가 붙여준 이름으로 소들을 하나하나 알아볼 수 있었다.

코이에의 아이들 둘이 와서 머리를 숙여 내 손에 갖다 댔다. 그들의 인사법이었다. 녀석들은 나를 '므지이mzee(어른)'라고 불렀다. 그것은 서른이 넘는 사람들에게 붙이는 존칭이었다. 나는 그것을 스스럼없이 받아들였다.

코이에는 나를 그의 세 아내 중 첫 번째 아내의 움막으로 안내했다. 움막의 겉모양은 길쭉한 타원형의 갈색 빵 덩어리를 연상케 했다. 입구는 반원형으로 된 어두운 굴처럼 생겼다. 비가 들이치는 것과 연기 냄새, 그리고 시원한 움막 안쪽으로 파리들이 모이는 것을 막기 위해서 그렇게 만든 것이다.

세 개의 돌로 만들어진 작은 난로 안에서는 손가락 굵기 만한 나뭇가지 두 개가 타면서 실내에 빛과 온기를 주고 있었다. 반대편 구석에는 두 개의 잠자리가 마련되어 있었는데 나무를 촘촘히 엮어 짠 침대 위에 짐승의 가죽이 덮여 있었다. 하나는 부부가 사용하는 것이고 다른 하나는 아이들이나 손님을 위한 것이었다.

"타쿼냐."

코이에의 아내였다. 작은 체구에 크고 총명한 눈을 가진 그녀는 전통적인 마사이 방식으로 부드럽게 인사를 건넸다. 그는 신선한 꿀맥주가마 속을 저으면서 계속 아이에게 젖을 먹였다. 꿀맥주는 제례 때 어른이나 손님들에게 대접하는 마사이족의 전통음료로 숙성까지 보통 3주 정도가 걸린다. 그 황금빛 술을 크고 둥근 호리병에 담아 불 가까이에 놓아둔 채 코이에의 아내는 숙련된 양조기술자처럼 세심하게 발효시킨다.

모든 것이 너무도 완벽한 풍경이었다. 그 단순한 움막 안에 코이에는 모든 것을 가지고 있었던 것이다. 장소에 대한 감각, 사랑, 의미 있는 일, 그리고 목적 이 모두를. 코이에의 세계는 작았지만 그의 관심은 넓었다. 지금까지도 그는 자기 종족의 미래를 가꾸는 데 깊이 헌신하고 있으며 그들이 생각하는 바람직한 삶을 살기 위해 열심히 투쟁하고 있다. 사실 마사이족도 다른 부족들처럼 격한 변화의 소용돌이 한가운데 위태롭게 서 있다. 젊은이들이 연장자들을 제치고 나서서 현대 문명이 싣고 올 선물을 먼저 열어보려고 안달이다. 시대의 폭풍 한가운데서도 침착함을 잃지 않는 코이에에게서 나는 더욱 깊은 감동을 받지 않을 수 없었다. 코이에가 내게 꿀맥주를 권하며 물었다.

"그래서요 닉, 당신과 함께 여행하는 이 사람들은 어떤 종류의 삶을 추구하고 있나요? 당신이 우리 마을에 사람들을 데리고 올 때마다 대부분 무언가를 추구하고 있다는 것이 점점 더 분명하게 느껴집니다. 이 여행을 처음 시작할 때부터 성공한 모든 사람이 내가 보기에는 어떤 무거운 짐과 씨름하고 있는 것 같았어요. 그래서 당신에게 묻고 싶어요. 어째서 성공은 꼭 그토록 무거워야만 합니까?"

나는 이 사람들이 모두 각기 다른 바람직한 삶을 추구하고 있는 것 같다고 대답했다. 그리고 코이에는 어떻게 생각하는지 물었다. 그는 꿀맥주 잔을 내려놓더니 내가 선물로 준 새 일기장과 펜을 집어 들었다. 그러고는 빠르게 그러나 깔끔하고 조심스럽게 글씨를 써나갔다. 마사이의 언어인 '마아'로 쓴 글이었다.

"미타이 오이드파, 오이투무라 아케-에타이. 이건 오래 전부터 내려오는 마사이의 격언인데 바로 당신들이 말하는 바람직한 삶에 대한 정의라고 할 수 있습니다."

코이에가 설명해 주었다.

"무슨 뜻이죠?"

"내일의 목적을 갖고 열정을 다해 오늘을 살라, 대충 그런

뜻입니다. 당신이 아무리 부자라 해도 당신이 즐길 수 있는 건 오로지 이 순간뿐이라는 얘기지요. 모든 건 너무 빨리 끝나버리니까요."

그는 계속해서 좀 더 분명하게 설명해 주려 애썼다.

"오늘 행복할 수 있다는 것이 참된 성공의 증거라는 뜻입니다. 당신에겐 별것 아닐지도 모르지만 나에게 바람직한 삶이란 이미 성공한 것을 하나하나 음미하는 걸 의미합니다. 나의 건강, 나의 가축들, 아이들, 제때 내리는 비, 뭐 이런 것들 말이지요. 다음 주 내내 마실 우유가 그득하다고 해도 지금 내가 우유를 마실 수 없다면 무슨 소용이 있습니까? 그렇지 않아요?"

내가 그동안 사람들에게 설명하려고 애써온 것을 코이에로부터 완벽하게 들은 셈이었다. 하긴 코이에는 늘 이런 식이었다. 그와 함께 있으면 언제나 우리 모두 내면 깊은 곳에서 알고 있고 인정하고 있는 것들이 새삼 또렷해진다. 우리에게 정말로 소중한 것은 일도, 물질도, 소유도 아닌 그저 우리 자신일 뿐이라는 것을.

그날 저녁 코이에와 헤어지고 나서도 그의 말과 그의 모습이 내내 머리에서 떠나지 않았다. 그것은 내게 힘과 용기가 되었으며 인간본성에 대한 나의 믿음을 더욱 굳건하게 해주었다.

지금 나는 코이에의 사진을 물끄러미 바라보고 있다. 담요를 몸에 두른 채 까마득한 지평선을 응시하고 있는 마사이족장의 모습을. 코이에는 진정으로 두 세계가 만나는 경계선 위에 살고 있다. 내일이라는 바깥 경계선과 오늘이라는 안쪽 경계선이 하나로 만나는 곳에서. 마사이족의 격언처럼 내일의 목적을 갖고 열정을 다해 오늘을 살고 있는 것이다.

무엇이 나를 행복하게 만드는가

ⓒ 리처드 J. 라이더·데이비드 A. 샤피로, 2024

초판 1쇄 발행 2024년 3월 4일
초판 6쇄 발행 2024년 7월 1일

지은이 리처드 J. 라이더·데이비드 A. 샤피로
옮긴이 김정홍
책임편집 김아영
콘텐츠 그룹 배상현, 김다미, 김아영
북디자인 유어텍스트

펴낸이 전승환
펴낸곳 책 읽어주는 남자
신고번호 제 2021-000003호
이메일 bookpleaser@thebookman.co.kr

한국어판 출판권 ⓒ 책 읽어주는 남자, 2024
ISBN 979-11-985303-5-6 03190